송샘의 아름다운 수업

송샘의 아름다운 수업

초판 1쇄 발행 2018년 9월 10일 | 5쇄 발행 2022년 5월 20일

지은이 | 송형호

발행인 김병주
COO 이기택 CMO 임종훈
행복한연수원 이종균, 이보름, 반성현
에듀니티교육연구소 조지연 뉴비즈팀 백헌탁, 이문주, 백설
경영지원 박란희
편집주간 이하영 디자인 홍윤이

펴낸곳 ㈜에듀니티(www.eduniety.net)
도서문의 070-4342-6114
일원화 구입처 031-407-6368 ㈜태양서적
등록 2009년 1월 6일 제300-2011-51호
주소 서울특별시 종로구 인사동 5길 29, 9층

이메일 book@eduniety.net
홈페이지 www.eduniety.net
네이버포스트 post.naver.com/eduniety

ISBN 979-11-85992-86-0 (13370)
값은 표지에 있습니다.

송샘의
아름다운
수업

송형호 지음

에듀니티

제가 젊을 때는 은퇴를 앞둔 선배 교사가 계시면 이렇게 여쭙곤 했습니다.

"선배님, 이대로 그냥 은퇴하실 수는 없지 않습니까. 평생의 교직 노하우가 책으로 펴내면 여러 권이 될 텐데 후배들을 위해서 책으로 엮어 남겨주시면 어떻겠습니까."

제가 이런 말을 하면 대부분의 선생님은 그냥 싱긋 웃고 마셨습니다. 그런데 이제 그 자리에 제가 서게 되었네요.

제가 못 쓰는 글이지만 써보려고 노력하게 된 동기가 있습니다. 1989년에 동북고등학교에 재직하고 있을 때 전국교직원노동조합(전교조)에 가입한 것을 이유로 11명의 동료교사와 함께 해직됐습니다. 단지 노조에 가입했다는 이유 하나로 해직 조치는 부당하다는 내용을 동료교사들과 학생, 학부모들께 알려야 했지요. 홍보물을 만들 때, 글쓰기는 주로 국어 선생님들께 의지했습니다만, 분량이 많고 횟수도 잦아지자 국어 선생님들도 난감해하셨습니다. 그때 선배인 도장식 선생님께서 이렇게 말씀하셨어요.

"글쓰기가 왜 국어 선생님 몫이 돼야 합니까. 필요하다면 모든 교사가 글을 써야죠."

그 말씀이 제게 신선한 충격으로 다가왔습니다. '그래 필요하다면 누구든지 글을 써야지. 내용이 문제지 글 쓰는 기술이 전부는 아니지 않은가.' 이런 생각으로 저도 글을 쓸 엄두를 내게 되었습니다. 해직된 이후 저는 전교조 서울 강남강동지회 사무실에서 상근하고 있었는데 그때 조합원이던 아내 정명옥과 만나 이듬해 결혼하게 되었습니다. 우리는 하객에게 의미 있는 답례품을 드리고 싶어 의논 끝에 식상한 답례품이 아니라 해직된 이후의 일상과 서로를 만나 결혼에 이르기까지 과정을 문집으로 만들어 드리기로 했습니다. 제가 글을 쓰면 아내가 편집을 맡아주었습니다. 제가 상근자여서 제목을 〈상근 일지〉라고 지었습니다. 저희 부부가 만든 첫 책이지요.

재작년에 자율연수휴직을 신청해 1년을 쉬는 동안 그동안 썼던 글을 모아봤습니다. 인터넷 카페나 SNS 단체대화방에 썼던 글들을 모아보니 A4용지 기준으로 300쪽 가량이 되었습니다. 그걸 제 전속 편집자인 아내에게 넘겼지만 초등학교 교사인 아내가 시간 내기 어려워 묵혀두었습니다. 그러다가 올해 초부터 명예퇴직을 고민하기 시작했고, 결국 아내의 승인을 얻어 퇴직을 결정했습니다. 그렇게 교단 생활을 마무리하게 될 입장이 되자 예전에 제가 은퇴하는 선배에게 했던 질문을 저 자신에게도 하게 되었습니다. 부족하지만 책으로 정리하는 게 좋겠다는 생각이 들어 아내에게 의논했더니 아내도 같은 생각을 하고 있다고 했습니다.

모아둔 원고는 300여 쪽이 넘었지만 체계 없이 산만했는데 아내가 갈래를 잡아 중복된 내용을 빼고 주제별로 챕터를 나누어 큰 틀을 만들어주었습니다. 그러던 중 호형호제하며 지내는 ㈜에듀니티의 김병주 대표가 "형님 책은 제가 꼭 한 권 냈으면 한다"며 출판 의지를 피력해주었고, 아내와 함께 출판팀을 만나면서 일이 탄력을 받게 되었습니다. 마침 대학 졸업을 앞두고 있는 둘째에게 검토와 윤문을 부탁했더니 교사가 아닌 일반 독자 입장에서 이해하기 어려운 부분들을 잘 짚어주었습니다. 덕분에 상당히 다듬어진 원고를 출판사에 송고하게 되었습니다. 올여름 더위는 백여 년만의 폭염이라고 했는데 이하영 편집자와 홍윤이 디자이너가 그 더위 속에서 땀 흘려 만들어주었습니다. 이런 과정을 거쳐 드디어 후배 교사들께 책 한 권을 남길 수 있게 되었네요. 고마운 마음뿐입니다.

35년의 교직 생활 속에서 함께한 제자, 학부모님과 학교 밖의 여러 선생님께도 깊이 감사드립니다. 힘들 때도 있었지만 함께 배우고 성장하는 과정에서 기쁨과 보람이 더 많았습니다. 인생의 어느 한때 학생으로, 학부모로 잠시 거쳐 가는 곳이 학교라 생각하기 쉽지만 학교는 우리 사회가 함께 가꾸어 가야 할 소중한 공간이라는 점을 퇴임하면서 다시 절감합니다. 학교를 떠난 후에도 학교에 대한 따뜻한 관심을 잃지 않으셨으면 합니다. 저도 교직에 있는 동안 배운 것들을 책으로 차근차근 정리해나가며 더 좋은 교육을 위한 고민을 계속할 생각입니다.

끝으로 저의 퇴임을 축하해주신 여러 선생님께 감사드립니다. 여러분이 보내주신 글들이 제 마음에 깊은 여운으로 남아있습니다. 과분하게 받은 사랑을 되새기며 솔바람처럼 인생 2막을 향해 나아가겠습니다.

2018년 8월
송형호

차례

돌봄

1교시: 아이들은 어디에서 올까

2교시: 아이가 감춰놓은 보물은 무얼까

3교시: 초긍정 학급 운영 노하우?

성장

방과 후: 교실 밖에서

부록: 방학 편

35년 쌓인 보물

이 책은 보물 창고다. 선생님께서 35년간 만난 아이들과의 이야기가 마치 보물처럼 담겨 있다. 아이들은 무단으로 조퇴하기도 하고 대들기도 하지만 하나도 밉지가 않다. 책에서 선생님은 "나무라기 전에 원인부터 알아야 하는데 원인을 알고 나면 나무랄 수 없는 경우가 대부분"이라고 말씀하신다. 학생들을 항상 사랑하고 진심으로 대하시는 송형호 선생님의 모습이 그대로 그려진다. 이 책에는 그간 선생님이 아이와 학부모와 나눈 문자 내용들이 소개돼 있는데 학생에 대한 선생님의 사랑이 그대로 전해진다. 학생을 완전한 인격체로 존중하는 선생님의 마음이 고스란히 읽힌다. 이 책에는 이런 따뜻함이 있다.

내가 송형호 선생님을 만난 것은 교생실습 기간이었다. 선생님의 수업은 항상 학생들과 함께하는 수업이었다. 학생들의 적극적 참여를 위해 늘 고민하시고 아이들에게 자신감을 심어주신다. 기대에 미치지 못하는 학생이 있어도 나무라지 않고 스스로를 귀하게 여길 수 있게 하신다. 자신을 존중하는 마음이 있어야 스스로의 길을 만들어 갈 힘이 생긴다고 믿고 계시기 때문이다. 학생들에게 무한한 사랑을 주시고 학업을 위해 항상 고민하시는 선생님의 모습에서 참스승의 모습을 볼 수 있었다. 이 책은 교직의 길을 꿈꾸는 나에게 앞으로의 방향을 알려주는 등대가 되어줄 것이다.

신유진

언제나 함께하는 인생 멘토

『송쌤의 아름다운 수업』은 송선생님의 교직생활 35년 동안 만났던, 흔히 문제아로 여겨지던 다양한 학생들과의 이야기를 에피소드 형식으로 담아놓은 책이다. 학부모, 학생들과 직접 나누었던 문자 내용을 그대로 첨부하여 구체적으로 선생님이 학생뿐만 아니라 학부모님들과도 관계형성을 위해 얼마나 노력하셨는지가 고스란히 느껴진다. 끊임없이 학생, 학부모, 동료교사와 소통하려고 했던 노력, 공감과 이해 덕분에 누구나 어려움이 생기면 선생님께 먼저 도움을 요청할 만큼 신뢰가 형성될 수 있었던 것 같다.

학교생활은 초등학교 6년, 중학교 3년, 고등학교 3년으로 끝이 난다. 선생님은 이 기간에 학생들과 단지 몇 시간의 영어 수업으로 만나는 것이 아니라 긴 레이스와 같은 삶에 꼭 필요한 인생수업을 제공해주려 하셨다. 1인 1역과 같은 활동을 통해 아이의 자존감을 높여주고 책임감도 심어줌으로써 학생 스스로 소중한 존재라는 것을 느끼게 해주셨고 아이가 스스로 깨닫고 행동을 교정할 수 있는 기회를 주려 하셨다. 잘못한 행동보다는 잘한 행동을 격려하고 칭찬함으로써 학생이 스스로 발전하고 성장할 수 있도록 곁에서 동행해주셨다.

임용 합격 후, 교단에 서기 전에 송형호 선생님 같은 좋은 멘토를 만난 것은 행운이었다. 송형호 선생님을 바라보면서 교사로서 많은 생각과 더불어 구체적인 준비를 할 수 있는 시간이었다. 내가 본 선생님은 아이들의 학습 스타일에 맞는 다양한 수업방법을 모색하기 위해 끊임없이 연구하고 학생들의 단점보다는 장점을 찾기 위해 애쓰는 분이셨다. 아이의 변화에 민감하게 반응하고 인정하고 칭찬해주셨고 아이들을 다그치기보다는 묵묵히 기다려주셨다.

이 책은 교직을 꿈꾸는 예비교사, 교직에 막 들어선 초임교사들뿐만 아니라 현장에서 어려움에 부딪혀 처음에 가졌던 열정과 마음을 잃어버린 교사들, 힘들고 지친 교사들에게 힘이 되고 방향을 제시해줄 수 있는 지침서가 되어줄 것이다. 나도 교직 생활 중에 초심을 잃게 되거나 어려움을 겪을 때면 이 책을 펴고 답을 구할 것 같다.

정연이

1교시

아이들은
어디에서
올까

It's important to give it all you have while you have the chance. – Shania Twain
기회가 있는 동안 당신의 모든 것을 주는 것이 중요하다. – 샤니아 트웨인

까칠한 홍주 구하기

"아이, 왜 내 것만 이러지?"

종례를 마치고 다들 집으로 돌아가는데 한 여학생이 혼잣말로 짜증을 내며 내게 다가온다. 자기 사물함의 자물통이 고장 났다는 것이다. 이제 막 새학기가 시작된 터라 대여섯 개는 고장이 나 있는 상황이었다.

'얘는 왜 이렇게 까칠해?' 유난히 짜증을 부리는 아이를 보면서 담임인 나도 마음속으로 이런 말을 하고 있었다. 아이의 얼굴을 보니 얼굴에 짜증이 잔뜩 배어 있다. 이후로도 자주 화를 내는 모습이 보이는 홍주.

3월 중순이 되자 홍주 어머니께 연락이 왔다. 학비 지원에 관한 문의였다. 홍주네는 기초생활 수급자도 차상위 지원 대상도 아니지만 담임 추천으로 지원이 가능한지 물으셨다. 홍주 아버지가 사업을 하다 부도가 났는데 구속을 피해 현재 집을 떠나 있는 상태라는 것이다. 담임 소견서를 첨부해 홍주의 학비지원서를 제출하도록 해드렸다. 홍주가 유난히 짜증이 많고 까칠한 데는 이유가 있었던 것이다. '왜 내게만 이런 불행이 다가오는 걸까'하는 분하고 억울한 생각이 들었을 듯하다.

홍주의 마음을 달래줄 방법을 모색하기 시작했다. 우리 반은 전원이 학급 1인 1역을 맡는다. 홍주가 맡은 역할은 환경미화팀장인데 미술 방면 특기가 있어 맡게 되었단다. 4월, 과학의 달 행사로 낸 홍주의 과학 포스터가 색감이 유난히 좋아 한참을 들여다봤던 기억이 떠올랐다. 미술에 재능 있는 홍주가 학급에 기여할 수 있는 아이디어도 자연스럽게 생각났다. 나는 1994년부터 영어 수행평가로 〈그림사전〉이라는 과제를 활용했다. 아이들이 영어 단어를 직접 그림으로 표현하며 적극적으로 단어를 기억하게 하기 위해 고안한 활동이다. 홍주가 기여할 기회를 궁리하던 차에 아이들이 만든 그림사전에 색칠을 하는 역할을 생각해냈다. 홍주에게 이 일을 맡길 명분으로 A4 한 장당 2천 원의 수고비를 제안했다. 아이들이 그리고 홍주가 색을 입힌 자료를 스캔해서 인터넷에 공유하고 학습지로도 사용하니 학생들의 수업 집중도가 더욱 높아졌다. 워낙 수량이 많아 홍주는 쉬는 시간에도 작업을 해야 했다. 물론 다른 친구들에게는 수고비라는 사실을 숨기기로 했다. 그렇게 '우리 반 컬러리스트'라는 별칭으로 불리기 시작하며 홍주는 반 아이들과 잘 어울리게 되고 얼굴도 밝아졌다.

6월에는 교내 통일포스터그리기대회에 홍주가 학급 대표작으로 작품을 내 동상을 차지했다. 홍주를 격려하기 위해 학급비로 액자를 구입해 홍주의 수상작을 교실 벽에 걸어주었다. 홍주는 '굳이 이렇게까지…'하는 표정이었지만 뿌듯해하는 표정을 감추지는 못했다.

홍주에게 아르바이트비를 줄 때마다 이걸로 휴대전화 비용은 댈 수 있으려나, 하는 생각이 들었다. 우리나라에서 휴대전화 가입자 신분을 유지하는 것은 최저 생활 기준이다. 아무리 가난해도 휴대전화 없이는 못 사는 시대니까. 내가 홍주에게 아르바이트를 제안한 것은 의미 있는 일을 통해 친구들의 학습에 기여했다는 자존감을 갖게 하겠다는 의도가 컸지만, 홍주에게는 세상과 연결되는 끈인 휴대전화를 유지하는 비용이 더 절실했을 거라는 생각이 든다.

✓ **Tip**

• 우울증은 힘은 세다. 자살도 두려워하지 않으니까. 우울증을 이기는 유일한 힘은 마음속의 자존감self-esteem이다. <인본주의 심리학>을 주창한 칼 로저스Carl Rogers는 개인 성장의 핵심요소는 <자아인식>이며 아이의 행동에 가장 큰 영향을 미치는 요인은 <자기 이해의 정도>라고 했다. 상처로 형성된 부정적 자아인식을 긍정적 자아인식으로 바꿔주지 못하면 아이들은 한 뼘도 자라지 못하고 오래 제자리에 머물러 있게 된다.

• 학급 구성원 1인 1역은 아이들이 학급에 기여하며 소속감과 자존감을 갖게 하는 통로가 되어준다.

늦게 오고 빨리 가는 주은이

내가 담임을 맡은 반에서는 일주일
동안 두 명씩 주번 활동을 하고, 거
기에 대해 아이들이 5단계로 동료
평가를 하게 했다. 평균 3점 이상인
경우에는 학생생활기록부(생기부)에
그 점수를 소수점 이하까지 기록한다. 그렇게 하니 주번 활동을 빼먹
는 아이가 거의 없어졌다. 못하고 갈 사정이 있으면 다른 친구에게 부
탁하고 간다. 간혹 잊고 가는 경우도 있지만 전화를 하면 부리나케 달
려와 죄송하다며 맡은 일을 한다.

그런데 어느 날 이 제도에 위기가 생겼다. 한 학생이 사흘째 주번
활동을 거부하고 말없이 하교해버린 것이다. 그동안 지각도 수십 차
례 했던 주은이다. 지각의 이유를 알 수 없어서 그냥 지켜보던 차에
무슨 심각한 일이라도 벌어지고 있는 건 아닌가 염려되어 어머니께
전화해 자초지종을 말씀드렸다. 주번 활동 빼먹은 걸 문제 삼는 게 아
니라 저간의 학급 분위기로 보아 이런 일은 드물기 때문에 혹시 그 원
인에 대해 도움 주실 말씀이 없을까하고 조심스레 여쭈었다. 어머니
께서 잠시 망설이시더니 이런 얘기를 해주셨다.

"사실 주은이가 주중에는 아빠 집에서 지내고 주말에 엄마한테 와서 자요. 그런데 애가 아빠를 많이 미워해요."

그때 뇌리에 이런 생각이 스쳤다.

'아하. 그럼 그렇지. 주은이는 미운 아빠에게 앙갚음의 수단으로 지각을 택한 거구나!'

아이들은 자신의 바람을 들어주지 않거나 화나게 만든 부모에게 복수의 수단으로 부모가 싫어할 일을 골라하기도 한다. 늦잠을 자면 아버지가 화를 낸다. 아버지의 화를 돋우려고 더 게으름을 부리거나 지각을 해서 담임이 전화를 하게 만든다. 그러면 아버지는 더 화를 낸다. 그렇게 손쉬운 방법으로 복수하는 것이다.

"어머니. 말씀 감사합니다. 주은이를 이해하는 데 많이 도움이 되었습니다. 이혼하면 부모의 역할까지 서로에게 미뤄버리는 무책임한 분들이 많은 데 두 분은 참 멋지십니다."

주은이 어머니와 이렇게 통화를 마무리하고 며칠이 지난 뒤 다시 전화를 드렸다.

"어머니, 곰곰이 생각해보니 아이가 지각을 안 하도록 하려면 잔소리가 필요한 게 아니라 아이의 화를 풀어줘야만 할 것 같아요. 부모님 이혼 과정에 아이가 많이 화가 나 있는 것 같아요."

며칠 후 어머니께서 전화하셔서 토요일에 주은이와 바람을 쐬러 동해에 다녀오고 싶다고 하셨다. 체험학습으로 출석을 인정해드릴 테니 아무 걱정 마시고 다녀오시라고 했다. 그날 아침 열 시쯤 되었을까 어머니로부터 문자 한 통이 왔다.

> 고속도로 휴게소예요.
> 막상 떠났는데 무슨 이야기를 할지 막막합니다.

> 처음에는 다 그런 거예요. 힘내세요.
> 주은 어머니, 아자

그다음 주부터 주은이의 지각이 신기하리만치 줄어들었다. 늦더라도 전과 달리 미안해하는 기색이 역력했다.

"어째 요즘 지각이 팍 줄었다?"하고 물었더니 자기 돈으로 자전거를 한 대 샀다고 했다. 동네에 버스 편이 많지 않은 걸 핑계 삼아 지각을 했지만 이제 지각하지 않기로 한 것이다. 아침 등교지도를 하는데 주은이가 빨간 색 자전거의 페달을 열심히 밟으며 학교로 들어오는 모습이 보였다.

아이의 사정을 살펴보기 전에 섣불리 충고하거나 나무라서는 안 될 일이다. 이해하고 나서는 충고도 나무람도 소용없는 경우가 대부분이지만.

어차피 지각인데

어떤 아이는 매사에 공평성을 지나치게 따지고 든다. 고2 담임할 때 일이다. 한 아이가 6교시가 끝나고서야 등교했다. 왜 늦었냐는 질문에 "뭐 특별한 것은 없고 늦잠을 자고 뭐 그래서" 그랬단다.

부모님과 아이에게 문자를 보냈다.

> 노마가 오늘 6교시가 끝난 시각에 학교에 왔습니다. 본인은 늦잠을 잤다고 합니다. 담임 올림

아이 아버지가 전화를 주셨다. 아이의 말로는 아침에 일어나니 어차피 늦은 것 같고 10분 늦게 가나 6교시 끝나고 가나 지각인 건 마찬가지라서 그랬단다.

노마는 일 년 내내 야간자율학습을 신청해놓는다. 하지만 내가 감독을 하는 날에 살펴보면 출석만 체크하고 내 눈을 피해 슬쩍 나간다.

얼마 뒤 노마에게 이런 문자가 왔다.

> 선생님. 그런데 전에 부모님한테 보내는 모든 문자는 저한테 같이 온다고 하셨는데 부모님한테만 오는 문자도 있던데요.

아뿔싸. 학기 초에 학생들에게 해둔 약속이 기억났다. 이른바 〈학부모에 뒷담 안 까기〉. 노마는 지금 "뒷담 안 까기로 해놓고 뒷담 깐거 아니냐"고 따지고 있는 것이다.

이미 지난번에 노마에게 한 번 낚여서 문화상품권 만 원을 준 적이 있다. (문화상품권은 학급 내 뒷담 방지를 호소하려고 아이들에게 내건 상품이다. 학기초마다 담임도 학부모와 뒷담하다 걸리면 벌칙으로 문화상품권 만 원권을 주겠다고 약속한다.)

1학기말 학년부 회식에서 노마 때문에 힘들다는 교과선생님들의 하소연을 듣고 부모님과 상담 전화한 것을 두고 노마가 문제 제기를 했었다. 같은 일로 또다시 노마와 다툰다면 이길 수가 없을 것이다. 이 아이 휴대폰 벨소리 음악이 「세상은 요지경」이다.

세상은 요지경 요지경 속이다
잘난 사람은 잘난 대로 살고 못난 사람은 못난 대로 산다
짜가짜가 짜가짜가짜가 야이야이야들아 내 말 좀 들어라
여기도 짜가 저기도 짜가 짜가가 판친다
인생 살면 칠팔십살 화살같이 속히 간다
정신 차려라 요지경에 빠진다
싱글벙글 싱글벙글 도련님 세상 방실방실방실 아가씨 세상
영감하고도 삐틀어지고 할멈씨도 도망갔네
하! 짜가닥단 짜가짜가 세상은 요지경 요지경 속이다
잘난 사람은 잘난 대로 살고 못난 사람은 못난 대로 산다

세상은 불공평하다는 것을 끊임없이 확인하고자 하는 우울 앞에

어떤 논리가 이길 수 있을까? 노마는 지각과 결석으로 일등이다. 그렇다고 학생생활기록부에 "시간관념이 부족하며 타인의 결점에 대해 예리한 비판을 가하지만 정작 자신의 미진함에 대해 알지 못함"이라고 써야 할까? 이번에는 시치미 뚝 떼고 있다가 다음 날 종례신문에 이렇게 내보냈다.

고발과 고자질: 뒷담과 상담

고자질은 친구를 망치지만 고발은 친구를 살립니다. 고자질은 덮어줘야 할 남의 허물, 비밀을 까발리는 것이고요. 고발은 나쁜 일을 정정당당하게 밝히는 것입니다. 죄가 없는 사람에게 해를 입힐 고자질은 그 사람을 상하게 할 뿐 아니라, 자기 자신도 해를 받게 됩니다. 하지만 정당하지 못한 일에 대한 용기 있는 신고는 이와 다른 것입니다. 어려운 일을 용기 내어 알려준 이나 솔직히 자신의 잘못을 인정한 이나 모두 천사입니다. 실수 없는 인생이 어디 있나요? 저는 지금도 실수하며 사는데….

내가 실수한 걸 알았다면, 자신의 잘못에만 집중하는 노력이 필요합니다. 그래야 진짜 큰 인물이 되지요. 고자질은 친구를 망치고 나도 망칩니다. 고발은 친구도 나도 살리는 길입니다.

같은 논리가 뒷담과 상담에도 해당되지요. 덮어주어야 할 여러분의 허물에 대해 담임이 부모님께 문자로 전화로 따로 얘기했다면 이는 뒷담이지요. 하지만 개인에게 머무는 허물이 아니라 무단지

각 등 교칙을 누적적으로 위반하거나 정당하지 못한 일을 하여 주변 친구나 학급에 안 좋은 영향을 주거나 하는 경우 부모님과 말씀을 나누는 것은 뒷담일까요? 아니면 상담일까요?

민준이는 학급 번호가 두 개

"민준이 아빠는 아이를 골프채로 때려요. 자신이 출신 대학 때문에 직장에서 정당한 대접을 못 받는다고 아이는 좋은 대학에 가서 멋지게 살아야 하지 않겠냐고 하면서요."

고2 담임을 맡고 있던 10여 년 전 3월, 첫 학부모총회 때 들은 말이다. 참석하신 학부모님과 둘러앉아 〈부모 노릇하기 어려운 점 말하기〉를 할 때였다. 여러 가지 고민이 나왔다. 어떤 어머니께서는 아이가 도통 머리를 자르려 하지 않는다고 답답해하셨다. 내 대답은 아이들의 자존감이 충분하게 되면 더 이상 외모에 집착하지 않게 될 것이니 조금만 기다려 보자는 것이었다. 민준이 어머니의 고민은 머리카락하고는 차원이 달랐다. 결국 민준이는 4월 즈음 아빠의 폭력에 견디다 못해 외가가 있는 지방으로 전학을 갔다. 아빠에게서 벗어나고자 한 전학이었고 한편으로는 아빠의 폭력에 대한 경고의 의미가 있었다.

이후 아빠가 충분히 사과를 했고, 그런 상태에서 굳이 불편한 두 집 생활을 할 필요는 없었다. 민준이는 한 달 만에 도로 전입을 오게됐다. 나는 민준이가 전학 가서 제대로 자리를 못 잡고 있다 싶어 행정실에 우리 반으로 당분간 학생 전입을 받지 말아달라고 부탁해두었다가 돌아온 민준이를 다시 우리 반에 받아주었다. 그래서 민준이는 학급번호가 두 개다. 전학 가기 전 번호와 다시 돌아와서 받은 새 번호…. 민준이는 눈이 항상 빨갛게 충혈되어 있다. 체격이 건장하고 운동을 좋아하는 아이인데 아빠에게 맞으면서 어떤 느낌이었을까?

울분을 참아내느라고 간이 상한 것은 아닐까 걱정이 됐다. 눈이 자주 충혈되면 간 건강을 의심해 보아야 한다고 어디선가 들었기 때문이다. 교과선생님께도 민준이의 이러한 사정에 대해 소상히 문자로 알려 두었다. 하지만 민준이는 수업시간에 선생님의 어떤 말이 자기 생각과 같지 않거나 약간이라도 논리적 모순이 있으면 이를 문제 삼아 싸우듯이 거친 말을 하곤 했다.

"우울증에 시달리는 아이는 사사건건 시비 거는 것처럼 보입니다. 우울한 상태에서 교사가 머리를 툭 치면 대뜸 '씨발'하게 되지요. 그럼 문제아가 되고 이는 적응장애(문제행동)로 발전하고 극단적으로는 충동적인 자해나 자살에 이르기도 하지요. 선생님은 아이가 교사에게 욕하는 게 때로는 우울의 증상이라는 걸 잘 이해하지 못하시지요." 신경정신과 전문의이자 〈성장학교 별〉 김현수 교장의 말이다.

아빠가 민준이를 때리는 이유는 민준이를 서울의 일류 대학에 보내기 위해서란다. 이 일에 최선을 다해야 한다며 아이가 축구하는 것조차 막는다. 아이는 축구화를 아빠 몰래 숨겨두어야 했다. 어떻게 하면 좋을까 곰곰이 생각하다가 아빠가 아이 위하는 방법을 몰라서 그러는 거려니 하고 『부모와 십대 사이』(하임 G. 기너트 지음, 신홍민 옮김, 양철북, 2003)를 사서 보내드렸다. 부모의 양육서로 수십 년간 꾸준히 팔린 책이다. 동 저자의 자매서인『교사와 학생 사이』(하임 G. 기너트 지음, 신홍민 옮김, 양철북, 2003)는 내가 교사 자습서처럼 읽었던 책이다.

담임으로부터 책이라는 뜻밖의 선물을 받아 부담을 느낀 것일까? 이후로 민준이 아빠가 애를 안 때리시는 듯했다. 신기할 정도로 아이의 눈에 충혈이 가시고 편안해 보이기 시작했다. 교과선생님들도 아이의 변화에 놀라워했다. 문제가 해결이 되어가나 싶었는데 12월에 민준이가 집에서 내쫓겨 친구 집에서 자고 학교에 왔다. 내쫓긴 이유는 아빠가 일일이 플래너로 학습을 점검하는 것과 겨울방학에 기숙학원에 가라는 제안을 거부해서란다. 민준이 아빠는 학교로 찾아와서 "애 버르장머리를 고쳐야 한다"며 자퇴를 시키겠다고도 했다.

이렇게 어수선하게 일 년을 보냈으니 제 성적이 나올 수 없을 터. 재수를 할 수밖에 없었다. 2월 어느 날 민준이 아버지로부터 전화가 왔다. 민준이가 재수 끝에 교원 양성 전문 대학교(4년제)의 체육교육과에 합격을 했다고 한다. 축하드린다고 했더니 상담할 것이 있단다. 애가 신입생 오리엔테이션에 갔다가 선배들이 신입생을 기합 주고 구타했다고 바로 다음 날, 집으로 와버렸다는 거다. 그러고는 바로 삼수 준비에 들어간다고 한단다.

폭력과 체벌이 우리 사회에서 사라져야만 하는 이유가 아직도 부족할까?

욕하는 영록이의 우울

고등학교 2학년, 문과반 담임을 맡았을 때다. 어느 날 방과 후 교실에서 청소 중에 한 남학생이 여학생에게 "○○년"이라고 욕하는 걸 들었다. 너무나 당황스러웠다. 욕을 한 영록이와 면담을 시도했지만 아이는 담임이 왜 그걸 가지고 시비를 거는지 이해가 안 된다는 표정을 지었다. 특이한 경우라 어머니께 전화를 드려 이런저런 얘기를 나누었다. 영록이는 외고에 갈 준비를 하고 있었으나 중학교 3학년 1학기 기말고사를 포기하다시피 해 어머니와 심하게 다투었다고 한다. 그 후에 2년이 넘도록 엄마와 자식간에 일체 대화가 없었고 그 와중에 어머니는 자살 시도까지 한 적이 있었단다. 그리고 아이 일은 아이 아빠와 상의하고 당신에게는 전화를 하지 말라고 했다.

아침 조회 시간에는 종례신문을 미리 나눠주고 그저 교실에 들어오는 아이들과 인사하며 얼굴을 잘 살핀다. 영록이는 항상 꼭 도깨비 같은 얼굴을 하고 들어오곤 했다. 스트레스가 가득 차 있는 것이다. 머리가 좋은 영록이는 교사의 말에 틈만 보이면 바로 우스개 소리를 해서 친구들의 관심을 끌며 자신의 우울을 해소한다. 그래서 오후가 되면 얼굴이 많이 밝아져 있다. 영록이는 시간이 갈수록 더 심하게 수업 방해 행동을 했다.

2학기 들어서 영록이 아버지에게 연락을 했다.

> 영록이 아버님. 영록이가 때로 힘들어 보여요.
> 한번 뵈었으면 싶습니다. 고2가 워낙 힘들 때라.

1학기 때도 영록이 부모님께 문자를 넣은 적이 있었다. 인성검사에서 자살충동이 우려된다고 나온 내용을 문자로 알렸는데 그때는 무반응이었다. 이번에는 바로 답 문자가 와서 오후 세 시에 학교 근처 커피숍에서 만났다. 영록이가 중학교 3학년 1학기 중간고사에서 전교 등수가 한 등수 떨어지자 아이 엄마가 아이를 심하게 공격했고 이에 아이가 반발해 그 영향으로 외고 내신에 반영되는 3학년 1학기 기말고사를 망쳤단다. 이런 모자간의 갈등에 아버지가 몇 차례 개입을 시도해보았지만 아이가 엉뚱한 말(?)을 계속하고 아내의 심신의 병이 너무 심한 상태라 더 이상 관심을 둘 여력이 없다고 한다. "그저 자연 치료가 되기를 기다릴 뿐"이라고 하신다. 준비해간 책 『부모와 십대 사이』를 선물로 드리고 헤어졌다. 이런 면담 내용을 다른 교과선생님들에게도 알렸다.

이후에도 영록이의 방해 행동은 계속되었다. 다양한 개입방법을 써보았지만 의도적으로 무시하는 것이 가장 유효했다. 관심을 끌려고 하는 행동이니 아예 그 기회를 박탈해버린 것이다. 얼마 지나지 않아 영록이가 포기하기 시작했다. 그런데 내 문자를 받고 아이를 이해하려는 태도로 바뀐 선생님의 수업시간에는 방해 행동을 하지 않았지만 그렇지 않은 시간에는 더 심하게 구는 듯했다. 심지어 어느 선생님은 수업 도중에 그만 화가 나 나와버리셨는데 그때 복도에서 담임인 나와 마주쳤다. 영록이 때문이었다.

"제가 녀석에게 얼마나 잘해주려고 애썼는데요. 교사가 의사도 아니고⋯."

선생님 눈에 눈물이 글썽거렸다.

아이와 면담을 시도하기에는 내 상담 능력이 달렸다. 그저 기회만 있으면 학교 앞 마트에 가서 먹을 것을 사주고 학급 대항 축구 시합이 있는 날이면 영록이 때문에라도 아이들에게 음료수를 사주었다. 학기 말에는 아예 교실에 아침 카페까지 차려 빵과 따뜻한 차를 준비해주었다. 집에서 아침 식사를 못 하고 나오니 엄청나게 먹는다. 그 와중에 성적에 신경 쓰는 다른 아이들은 담임이 영록이의 문제행동을 말리지 않는다고 짜증을 내기도 했다. 나도 영록이에게서 풍겨 나오는 우울의 냄새를 맡다 보니 그해 가을이 참 힘들었다. 어느 날에는 혹시라도 아이가 자살을 하지는 않을까 하는 두려움 때문에 용마산에서 한강을 내려다보며 펑펑 울기도 했다. 하지만 2월 종업식 날까지도 아이의 긍정적인 변화가 있을 때마다 부모님과 본인에게 집요하게 문자를 보냈다. 다른 학교로 발령을 받고 떠나게 되었을 때도, 아이와 학부모님께 문자를 보냈다.

> 용마산 자락 면목고로 발령받았습니다.
> 한 번 담임은 영원한 담임!
> 필요한 일 있으면 연락주세요.^^"

영록

> 그동안 저희 잘 돌봐주신 거
> 감사합니다. 선생님~!

영록아버님

> 그동안 잘 지도해주셔서 감사드립니다.
> 답장이 늦어 죄송합니다. 좋은 주말 되세요.
> 영록 아빠 드림

학년 말에는 교과선생님들께 감사의 뜻으로 문자 메시지를 보냈다.

> 5반 교과선생님들께
> 그동안 까칠한 저희 반 아이들을 신경 써
> 지도해주셔서 그럭저럭 한 해가 갑니다.
> 저희 반 P군과 Y군 멘토링한 일지를 정리해보았습니다.
> 까칠이가 선생님들 관심으로 성적이 향상되어
> 자신감도 높아진 듯합니다. 감사합니다.

> ○○선생님
> 1년 동안 아롱이다롱이, 울퉁이불퉁이들
> 이끌고 오시느라 수고 많으셨습니다.
> 그런 선생님 보면서 저도 새로 많은 걸 배웠습니다.
> 여러 모로 고마운 시간이었습니다.
> 이렇게 지지고 볶으면서 살아가는 것이
> 인생인 것 같습니다.
> 내년에는 더 맛있게 지지고 볶을 수 있겠지요? 후후

나무라기 전에 원인을 알아야 한다. 그런데 원인을 알고 나면 나

무랄 수가 없는 경우가 대부분이다. 그래서 〈돌봄·치유·성장〉이라는 키워드를 찾아냈다. 교직은 기다림이다. 미국의 심리학자 브렌드트로 _{Larry K. Brendtro}는 "관계를 만드는 것은 지구력 싸움"이라고 말했다.

√ Tip

- 아이의 미운 행동 밑에는 우울이 깔려 있다. 아이는 부모가 미우면 공부를 안한다.
- 학부모 면담을 교무실에서 하면 부모가 긴장하기 쉽다. 카페 같은 편안한 공간에서 하면 분위기를 편안하게 하는 데 도움이 된다.
- 집이 싫은 아이는 학교에 일찍 나온다. 아침 교실에 모닝카페를 마련해보면 어떨까. 배가 불러야 행복감을 느끼고, 마음이 안정된다.

자퇴 아니고 조기졸업!

고등학교 1학년 새 학기가 시작되고 한 달 남짓 지난 어느 날, 점심시
간이었다. 아이들이 청수가 조퇴 신청을 했느냐고 묻는다. 그런 일 없
다 했더니 "어, 땡땡이 쳤나봐요. 3교시부터 안 보여요"라고 한다. 교
실을 나와 청수에게 전화를 걸어봤다. 응답이 없다. 어머니께 전화를
걸어 청수가 학교에서 3교시 이후에 안 보이는데 혹시 연락받은 거
없으시냐고 했더니 연락받지 못했노라면서 한숨을 쉬신다.

"어제 청수가 느닷없이 가수가 되겠다고 하기에 안 된다고 했더니
그것 때문에 힘들어 그런가…."

그러면서 지난달에 아이 아빠와 이혼한 사실을 털어놓으시기에
"솔직하게 말씀 잘 해주셨네요, 애들 문제는 어른끼리 서로 짜면 답이
나와요"라고 격려해 드렸다.

"그나저나 아이 입장에서는 소리라도 확 질러보고 싶지 않을까요?
아이가 가수되겠다고 하면 가수 학원에 보내주는 것도 방법입니다.
가수되기가 쉬운 게 아닙니다. 가수가 되는 것이 얼마나 힘든지 스스
로 깨닫게 하는 의미에서도 지원해줄 필요가 있고 혹시 그 과정에서
고생을 하면서 자존감이 싹트면 이게 다른 분야에도 적용이 됩니다."

어머니 마음부터 다독이는 게 우선일 것 같아서 『용서의 기술』(딕 티비츠 지음, 한미영 옮김, 알마, 2008)이란 책을 선물로 보내드렸다. 어머니의 반응도 좋았다. "선생님, 감사합니다. 제게 너무 절실한 책이었네요."

책 소개에 이어 신경정신과 전문의도 소개하고 가족치료를 권했다. 엄마가 치유되지 않으면 아이의 치유는 절대 불가능하니까. 청수 어머니가 영어학습지 방문교사라고 하시기에 학교로 한 번 나오시면 재미있는 영어학습지 만드는 법을 알려드리겠다고 했다. 돈 많이 버시라고. 그래야 아이 뒷바라지를 더 잘해주시지 않겠냐고. 그래서 어머니와 약속을 잡았다.

저녁에 아이에게 문자가 왔다. "선생님, 내일 어디 가요?" 다음날 행사(건강걷기대회)에 대해 묻는 것이다. 그러고 보니 평소 청수의 문자가 늘 이렇게 거두절미 식이었다. 그제야 이해가 된다. 여러 차례 조퇴를 시켜달라고 했던 일 등등. 청수가 많이 힘들었던 모양이다.

비가 추적추적 내려 아차산 매점에서 막걸리 한잔하다 보니 아이에게 측은한 마음이 인다. 휴대폰을 꺼내어 문자를 넣었다.

> 청수야, 애들이 너 무단 조퇴한 것 같다고 걱정 많이 하더라. 너한테 마음 아픈 일이 있다는 걸 엄마와 통화하고서야 어렴풋이 알게 되었다. 내일부턴 힘들면 샘이 조퇴시켜 줄게. 마음의 병은 몸이 아픈 것보다 훨씬 힘든 것 같아. 오늘 힘들었을 텐데 먼저 문자로 말 걸어준 용기 짱이다. 고맙다. 사랑한다♥

청수가 학교 나오는 걸 너무 힘들어해서 적응장애 진단서를 받아 집에서 쉬게 했다. 이후 청수는 토요일에 보컬 학원을 다니면서 노래를 배웠다. 반 밴드를 만들자고 하고 밴드 SNS에 내가 노래방 가서 부른 노래를 올려놓고 잘 부른 것 같냐고 청수에게 의견을 물었다. 청수의 관심사로 대화를 나누자는 것, 그 이상도 이하도 아니었다.

청수가 40여 일째 집에만 있던 7월, 주말에 아이와 상담을 할 겸 해서 중앙선 열차를 타고 가는 양평 나들이를 제안했다. 운길산 역부터 펼쳐지는 탁트인 경치를 아이가 신기한 듯 즐긴다. 마침 양평 5일 장이 섰다. 비도 적당히 온 뒤라 덥지 않아 좋았다. 메추라기 안주에 소주 한 잔, 두툼한 빈대떡에 막걸리 한 잔 나누었다. 청수 머리가 빨갛게 염색이 되어 있어서 그런지 합석한 육십 대 어르신 세 분이 흘끔흘끔 애를 쳐다보신다. 청수가 전화 받으러 자리를 비운 틈을 타 어르신들께 아이의 상황을 말씀드렸다. 부모 이혼 후 힘들어서 학교를 쉬고 있고 가수가 되고 싶어 한다고. 아이가 돌아오니 어르신들이 아이에게 손수 술 한 잔씩 따라주면서 한 말씀씩 해주신다. "우리 때는 먹고 사는 것 때문에 하고 싶은 거 못하고 살았다. 너는 하고 싶은 일하며 살아라." "네가 가장 잘할 수 있는 일해라." "실력 있다고 가수되는 거 아니다. 주변 분들에게 인사 잘해라. 실력 비슷할 때는 인간성 먼저 보게 된다." "인생은 길다."
청수가 웃는 모습을 모처럼 보았다.

오는 길에는 결석이 65일까지 가능하니 쉬엄쉬엄 생각하라고 했다. 9월 말부터 중간고사니까 그때 나와 시험보라고. 그냥 찍고 가도 된다고. 우리 목표는 '졸업'이라고 했다. 일단 1학년 마치고 2학년 되거든 3월에 대안학교로 가고 3학년 때 직업반으로 가자고 했다. 학기 중에 갈 수 있는 대안학교가 부족해서 아이가 이토록 힘들다. 어른들의 책임이다.

술 몇 잔에 취기가 온 건지 머리가 몽롱하다는 청수를 집 앞까지 바래다주었다. 또다시 비가 추적추적 내린다. 내 마음도 젖어든다. 어디선가 이런 글을 본 듯하다. 우산 하나를 나눠쓰려면 내 어깨 한 쪽이 젖어야한다고. 아이의 슬픔을 나누다보니 내 마음도 그리되는 것인가 보다. 하지만 청수는 끝내 학교로 돌아오는 걸 힘들어했다.

자퇴 3일 전, 이런 문자를 주고받았다.

> 니가 결국 포기한다니 무척 아쉽고 속상하구나.
> 이 가을을 어찌 보낼꼬.

> 정말 죄송해요. 하지만 포기가 아니라
> 정말 열심히 해볼 거예요.
> 검정고시도 보고 학원도 열심히 다니고.
> 목표가 생겨서 저는 희망을 찾은 기분인 거 같아요.
> 선생님, 정말 죄송하고 감사해요.
> (엄마에게 이거 복사해서 보내지는 마세요. ^^)

청수에게서 이런 당당한 문자는 처음이었다. 무척 놀랐다. 그리고 내가 설득되기 시작했다.

> 엄마께 복사해 보내지 않을게.
> 여태까지 엄마와 담탱이 서로 짠 거
> 서운해하지 마.

담탱과 부모가 서로 짜야 성공하거든.
청수가 이렇게 기운찬 답장을 주는 것도.

안 서운해요. 선생님이 노력하신 거
다 아니까 죄송하기만 하죠.

그런 마음까지 생겼다니 많이 성장했구나.
고맙다. 이 똥꼬야.

선생님 말씀 너무 웃겨요.

사실 너보다 엄마가 더 힘드시겠지?
어제 그래서 한 시간 넘게 통화했어.

그래서 좀 그래요.

엄마가 이제 무슨 즐거움으로 살겠니.
누군가 기운을 드려야 할 텐데….

엄마가 좋아하는 영어 공부
열심히 하면 좀 풀리지 않을까요?

니가 행복하게 하루를 생활하면 될 듯.
뭔가 확 달라진 느낌을 드리면?

말보다 행동이 엄청난 믿음을 주거든.
일찍 일어나 공부하기 등등.
엄마가 좋아할 행동 열 가지를 오늘 해.
내일은 열한 가지, 모레는 열두 가지….

네, 해볼게요.

자퇴 2일전.

오늘은 열한 가지 믿음을 드려라!

엄마를 내 팬으로 만들 능력이 돼야
세상을 내 편으로 만들겠지. ^^

자퇴 다음 날.

엄마도 기대 생기신 듯. ^^
담탱도 제자 중 조기졸업 1호 보고 싶다!
부탁해염♥

열심히 해볼게요.

자퇴 이후에는 내가 교사 연수 도우미 알바를 부탁했다.

연수할 때 컴퓨터 앞에 앉아 조작해주는
아르바이트할래? 교사 연수에서.

저 컴퓨터 잘 못하는데 타자 치는 건 아니죠?

아니, 그냥 홈피 왔다갔다하는
단순한 거야.

연습 같은 거 해요?

이번에는 연습삼아 하고
앞으로 계속하면 돼. ^^

청수가 이 아르바이트를 하면서 영어에 취미가 붙어 영어교사 한다고 하면 좋겠다고 생각했다. 아픔을 아는 녀석이니 좋은 교사가 될 것 같았다. 이 아이에게 맞는 대안학교가 있었으면 더욱 좋았을 텐데….

이듬해 검정고시 응시 직전에 또 문자를 주고받았다.

> 시험이 3일 앞으로 다가왔네.
> 조기졸업 1호 준비 OK?

> 글쎄요. 잠도 안 자고 진짜 열심히 했는데
> 어떻게 될지 불안해요.

> 열심히 했다면 걱정할 게 없지.
> 야구에서 투수가 홈런을 맞았는데
> 최선을 다해 던졌을 때 마음이 더 아플까
> 아니면 실투했을 때 더 아플까?

> 음. 그 공 하나에 모든 걸 걸었는데
> 그게 날라가면 그게 더 아프지 않을까요..?

> 프로 선수들은 그렇지 않대. 최선을 다했는데
> 홈런 맞은 건 상대방이 잘한 거니까 인정하게 된대.
> 그런데 자기가 실수했을 때는
> 최선을 다하지 못한 아픔이 남는대.

> 시합이 끝났는데 운동장을 떠나지 못하는 팀은
> 이긴 팀일까 진 팀일까?

> 진 팀이요....???

응. 아쉬움이 남아서 그러지.
최선을 다한 다음에는 결과에 연연하지 말자.

편안하게 시험 보렴.

네 감사해요ㅎ

시험 끝나면 막걸리 한잔하고
연수 도우미 알바도 하고.

노래방 가서 나랑
노래 배틀 2차전도 하고. ^^

네네. ㅎ그래야죠ㅎ

청수의 마지막 학교생활을 함께했던 당시 우리 반 아이들 모두에
게 문자를 보냈다.

청수가 8월 3일에 검정고시 본단다.
최선을 다해 준비했는데 긴장되고 떨린단다.
상큼한 격려 문자 한 통 보내주면 좋겠다. ^^
010-△△△△-2391
– 송샘이 보냅니다. ^^

애들 중에 혹시 격려문자 보냈거든
내게 전달해주라.
어떤 식으로든 감사 표시를 하려고. ^^

긴장하지 말고 열심히 gogo.
아, 그리고 날 알지는 모르지만 백종호다. ^^

청수야, 검정고시 시험 잘 쳐라~ ㅋㅋ -정명환

이렇게 왔어요. ㅎ

벌써 두 통이?? 우와~ 코끝이 찡~

오는 대로 보내줘.^^

네~

나와 철학이 비슷한 교육 부문 기자들에게도
네 얘기 소개했다.
매니저 해준다는 약속 이행 시작~

하하 감사해요~!

최은석: 청수야, 검정고시보냐~!!

천민재: 나 기억해? 제주도 수학여행에서
온 날 너네 아주머니 차 타고 온 덩치 큰 애.
검정고시 본다며? 합격 기원할게.
우린 1년 6개월 남았는데….
ㅠㅠ 아무튼 합격하시게나.

이경환: 청수야, 나 경환이, ㅋㅋ 화이팅!

청수는 검정고시를 치른 후에도 친구들로부터 많은 격려 문자를
받았다. 그해 청수는 본인이 원하는 실용음악과에 합격해 내 제자 중
'조기 졸업 1호'가 되었다.

다음은 청수가 자퇴하던 날 우리 반 학생들에게 발행했던 종례신
문이다.

조기 졸업 1호 제자를 기대하며 〜〜〜〜〜〜〜〜〜

청수가 어제 날짜로 자퇴를 하였습니다. 가수가 되기 위해 대학을 빨리 가고 싶어서입니다. 청수는 자퇴 후 바로 대입 검정고시 준비에 들어간다고 합니다. 이미 기출문제를 내려받아 풀어보았고 합격 수준인 60점이 넘게 나오는 과목이 많았답니다. 검정고시는 해마다 4월과 8월에 있으며 1) 필수 6과목: 국어, 영어, 수학, 과학, 사회, 국사 2) 선택 1영역: 도덕, 음악, 미술, 체육, 기술/가정 중에서 1과목 선택 3) 선택 2영역: 가정, 과학, 공업기술, 해양과학, 정보사회와 컴퓨터, 일본어 등의 제2외국어, 한문 중에서 1과목 선택해 총 8과목을 응시하여야 합니다. 시험은 8과목 전부를 응시하여야 합니다. (1과목이라도 결시하면 불합격) 평균 60점(총점480점) 이상이면 합격입니다. 평균 60점 미만이어도 과목별 60점이 넘은 과목은 과목합격이라 하여 다음번 시험에는 면제받습니다.

자퇴 후 6개월이 지나야 검정고시 응시 자격이 있으므로 청수는 내년 8월 시험만 응시 가능합니다. 검정고시생의 내신을 결정하는 방법은 두 가지라고 합니다. 검정고시 성적으로 내신을 대신하는 방법과 수능점수로 비교내신을 적용하는 방법입니다. 두 방법 중 대학교에서 원하는 방법으로 내신을 반영하는데 수능을 비교내신으로 선택하는 학교가 더 많다고 합니다. 청수는 검정고시 성적으로 내신을 대신하는 전문대 실용음악 전공을 택하여 수시로 진학할 것을 꿈꾸고 있습니다. 실용음악과는 실기 비중이 70%로 성적보다 실기가 더 중요하다네요.

청수가 목표를 달성하려면 비교적 우수한 성적(80점 이상)으로 합격하고 내년 10월부터 수시 지원에 들어가야겠지요. 결론적으로 말하면 실기에서 가수 능가하는 실기 능력을 키워야 하고 8과목 모두 60점 이상 합격은 기본이고 내신 등급을 잘 받으려면 점수를 올리기 위해 자신과 끊임없이 싸워야 하겠네요. 내년 8월 시험에 통과하지 못하면 조기졸업도 불가능하게 됩니다. 그래도 본인의 선택이기에 소중하다고 봐요. 실패도 경험이거든요.

에디슨이 정규 교육을 받은 것은 고작 3개월뿐이었다지요. 만일 에디슨을 막무가내로 학교에 두고 교육을 시켰다면, 소외당하다 삐뚤어져 사고나 치는 문제아가 되었을는지도 모릅니다. 에디슨은 ADHD였다는 말도 설득력을 얻고 있고요. 전구를 발명한 직후 기자들이 에디슨에게 이렇게 물었습니다. "전구를 발명하기까지 2천 번의 실패가 있었다고 들었습니다. 보통 사람들은 몇십 번 실패하면 포기하고 말 텐데 어떻게 2천 번의 실패가 있었음에도 불구하고 계속 도전할 수 있었습니까?" 이때 에디슨은 이렇게 대답했답니다. "나는 한 번도 실패한 일이 없습니다. 단지 한 번의 성공을 위해 2천 번의 과정을 거쳤을 뿐입니다."

청수가 제 27년 교직 생활 중 1호 조기 졸업에 도전하였습니다. 저는 제 힘이 닿는 데까지 지원할 것입니다. 결과보다는 태도가 본인은 물론 가족과 주변 사람의 삶을 바꾸는 법이거든요.

왜 자느냐고 묻지를 마라

엎드려 자는 학생들은 인터넷에 중독됐을 확률이 높다. 밤에 컴퓨터 게임을 하거나 무협 소설을 읽거나 음악을 듣는 등의 활동으로 자신의 외로움을 잊으려고 애쓰고 있는 중일 것이다. 그러니 학교에 오면 피곤하여 잠을 청하게 된다. 단순히 수업을 듣기 싫어서, 선생님이 싫어서가 아니다. 알고 보면 다 나름의 사정이 있다. 대부분의 아이들은 교사의 기분에 신경 쓸 만큼 마음의 여유를 갖고 있지 않다.

학교에 와서 엎드려 자는 아이들을 보면 생각나는 친구가 있다. 내가 고등학생이던 시절에도 늘 엎드려 자는 친구가 있었다. 중학교 때도 같은 반이었는데 그때 그 친구는 부반장이었다. 고등학교 1학년 때도 같은 반 친구로 만났는데 어찌된 일인지 일 년 내내 수업시간에 잠을 잤다. 1교시 전부터 자기 시작해서 점심시간에 일어나 밥을 먹고 5교시 시작 전에 잠들어 종례 직전에 깬다. 때로는 종례 시간에도 자다가 나중에 일어나 겨우 집에 간다. 별명을 '잠자는 기계^{Sleeping Machine}'라고 붙여주었다. 졸업 후 스물여덟 살쯤인가 되어 동창회에 나갔더니 이 친구가 와 있었다. D그룹에 취직했다는 친구가 싱글벙글 미소를 띠고 앉아 있었다. 한창 술이 오갈 즈음 그때 일을 물어봤다.

"야, 너 고1 때 왜 그렇게 잤냐? 내가 너 슬리핑 머신이라고 한 거 기억나냐?"

"아, 그때? 너도 알잖아? 우리 아버지 ○○백화점 사장이셨던 거? 고1 때 아버지 회사에 부도가 나서 매일 같이 집에 빚쟁이들이 와 있는 거야. 너무 견디기 힘들어 밤새 음악 듣다가 학교 가서 잔거야. 그렇게 버텼어."

단호한 아빠 효과

1994년, 여중에 발령을 받았다. 여중이라 그런지 남교사가 적어 학생생활지도부(학생부)에 배치되었다. 학교폭력이 한참 언론에 문제가 되던 시절이었다. 그 학교에도 언론에 자주 오르내리던 '일진'이라는 서클이 있었다. 그 학생들의 문제행동 전반을 파악한 것은 아이들과 거의 전쟁을 치르다시피 한 그해 겨울이었다. 한 해 동안 교내에서 수차례 도난사고가 발생했다. 이 아이들에게 음주, 흡연은 기본이었다. 심지어 일부 학생들은 남학생들과 수시로 혼숙을 하기도 했다. 자신들끼리 특정 남학생을 두고 다툼을 벌이기도 했다. 이 아이들을 이대로 방치해서는 도저히 안 되겠다는 생각이 들었다. 아침에 조깅을 하면서도 또 운동 후 일부러 찬물로 샤워를 하면서도 서클을 해체시키겠다는 다짐으로 이를 악물었다.

하지만 어디부터 손을 대야 할지 해결책이 쉽게 떠오르지 않았다. 2월에 개학하자마자 지난 1년간 모은 아이들의 진술서를 퍼즐처럼 맞추어 사태의 전모를 파악한 다음 학생부 모든 선생님과 이를 공유하였다. 사안의 심각성에 공감한 학생부에서는 우선 부모님들에게 아이들의 실상을 알리고 공동으로 보조를 맞추는 일이 급선무라고 의견을 모았다. 일진 서클 아이들을 모아놓고 학생부에서 부모님을 뵙고 꼭

드릴 말씀이 있으니 학교를 방문해주십사 여쭙도록 했다.

"일진 서클 해체"

당시 아이들은 징계를 받을 만한 특별한 일이 없었기 때문에 학생부의 단호한 행보에 어리둥절해하면서도 순순히 협조해주었다. 두 분부모님이 함께 오시거나 그러시지 못할 경우는 아버지가 오시도록 부탁드렸다. 대체로 어머니는 자식의 잘못을 알게 되더라도 아버지에게 말씀을 전하지 않는다는 점과 딸이 올바로 가도록 하는 데는 아버지의 참여가 꼭 필요한 점을 고려한 것이었다. 학생별로 면담에 필요한 자료를 파일 형태로 일목요연하게 정리하고 중요한 부분에 빨간색 사인펜으로 밑줄을 그어놓아 학부모님께서 차례로 읽기만 하셔도 사안의 심각성이 절로 인식되도록 철저히 준비했다. 면담은 늘 조용한 상담실에서 따뜻한 차 한 잔 나누는 것으로 시작했다. 드시면서 각 학생별 파일을 읽으실 수 있도록 잠시 자리를 피했다. 상담에 참여한 아버지들은 한결같이 도저히 믿을 수가 없다는 표정이었다. 학생들이 그동안 직접 쓴 진술서를 짚어가며 사실 위주로 차분하게 설명했다. 아버지들의 표정은 그야말로 사색으로 변하였다. 분노 그리고 체념…. 아이들이 빠져나오고 싶어도 빠져 나올 수 없는 덫에 걸린 것이고 어머니도 모르게 은밀하게 자기들끼리 저지른 일이라 어머니의 관리 소홀 탓이 아니니 이제부터 새로 시작해보자고 함께 약속했다. 그 아이들은 이후 무사히 고등학교에 진학해서 잘 다녔다. 아버지들과의 면담이 성과가 있었던 것 같다.

아버지가 결코 오실 수 없다는 두 아이는 하는 수 없이 어머니들을 모시고 말씀을 나눴다. 두 아이 모두 가정 형편이 괜찮은 아이들이었다. '요 선도 학생'(학생부에서는 문제아를 이렇게 점잖게 부른다)의 가정은 경제적으로 어렵고 부모가 이혼 또는 별거하는 경우가 90% 이상이다. 두 어머니 중 먼저 나오신 어머니는 연세가 좀 많아 보이셨다. 어머니는 학생부의 설명을 아버지들보다 더 믿지 못하셨다. 아마 믿기 싫으셨을 것이다. 설명을 계속해 나가는 도중 어머니의 눈이 벌개지더니 갑자기 고개를 떨구셨다. 어머니는 옷이 젖는 것도 아랑곳하지 않으시고 아무 말씀도 없으신 채 한참을 우셨다. 티슈를 가져다 드렸더니 눈물을 훔치며 그제야 말문을 여셨다. "남경이는 늦게 본 자식이에요. 마흔 넘어서 봤으니까요. 어찌나 예쁘던지 애 아빠나 저나 여태까지 매 한 차례 들어본 적이 없어요. 그런데 초등학교 5, 6학년 때쯤 집에 늦게 들어오기도 하고 썩 좋아 보이지 않는 애들하고 어울리더라고요. 참다 못해서 애 아빠한테 혼을 내주라고 했어요. 아빠도 처음엔 내키지 않아 했지만 한 번은 마음을 모질게 먹고 매를 들었어요. 그랬더니 애가 그만 새파랗게 질려버리는 거예요. 그후로는 매도 못 들었어요. 그게 그만 지금 저 모양이 되었으니…."

또 한 어머니는 학생부 요청으로 여러 차례 방문한 적이 있었는데 이번에는 안 나오시려다가 종업식 바로 전날에 나오셨다. 학생부의 설명을 듣는 도중 어머니는 아예 부인을 하셨다. "글쎄 다른 집 애들은 어떤지 몰라도 우리 애는 그럴 리 없다니까요." 설명을 계속하려다 문득 그렇게 말씀을 하시는 것은 이미 아이의 나쁜 행동을 어머니가 어느 정도 알고 계시기 때문이 아닐까라는 느낌이 들었다. 설명을 그만두고 가만히 어머니를 마주보았다. 어머니는 고개를 돌려 눈길을 외면하신다. 그러기를 2, 3초…. 어머니의 뺨에 굵은 눈물이 흘러내리고 있었다. 어머니는 아무 말 없이 한참을 그러고 앉아 계셨다. "선생님도 알고 계시듯이 우리 집은 형편은 괜찮지만 저도 아이 아빠도 가게에 나가서 밤늦게 돌아와요. 애한테 미안하니까 용돈을 많이 주는 편이에요. 그러니까 애 주변에 아이들이 자꾸 꼬이더라고요. 다른 애들한테 사주기를 잘하니까요. 그런데 하나같이 못된 애들이었어요. 그런 애들 사귀지 말라고 잔소리를 하다가 어느 날 매를 들었어요. 그랬더니 눈을 동그랗게 뜨고는 절 노려보면서 엄마가 나한테 해준 게 뭐가 있냐며 대드는 거예요. 글쎄 매가 튀더라니까요. 하도 기가 막혀 그 이후로는 네 인생은 네 꺼니까 알아서 하라는 생각이 들더라구요. 그게 그만…." 그 아이는 중학교는 간신히 마쳤지만 고등학교에 가서 중퇴를 하고 말았다.

종이비행기의 지존

고등학교 수학여행 가는 버스 안. 일부러 보검이를 내 옆에 앉혔다. 이런저런 이야기를 나눠보고 싶어서다. 보검이 부모님은 얼마 전 이혼을 했는데 보검이가 아버지 몰래 어머니를 만나고 있었다. 보검이는 수학여행비도 미처 내지 못했다. 보검이와 이야기를 이어가기 위해 슬쩍 수첩을 들춰보았다. 보검이의 학급 내 1인 1역은 종이접기 팀장.

"너, 종이접기 잘하니?"

"그럼요, 제가 지존이에요. 제가 접은 종이비행기는 짱 멀리 날라가요."

"그럼 오늘 밤에 종이비행기 멀리 날리기 시합할까? 문화상품권 5천원 걸고."

저녁에 있는 담임과의 시간을 종이비행기 멀리 날리기 대회로 만들었다. 아이들 반응이 뜨거웠다. 종이비행기 접는 아이들 모습이 어찌나 진지하던지…. 바깥에는 바람이 많이 불어서 복도에서 비행기를 날리기로 했다. 그게 그토록 재미있는 경기가 될 줄은 정말 몰랐다.

그런데 보검이는 아쉽게도 2등에 머물고 말았다. 아이들은 느닷없이 펼쳐진 종이비행기 날리기 대회를 그저 즐겼겠지만 나는 보검이에게 5천 원이라도 용돈으로 주고 싶었던 것인데….

2등을 하여 문화상품권을 놓치고서도 보검이는 싱글벙글이었다. 우리 반 모두에게 즐거운 추억을 선사해준 이 아이가 천사처럼 느껴졌다.

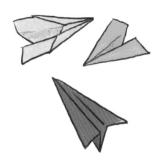

아이가
감춰놓은
보물은
무얼까

It's not the load that breaks you down. It's the way you carry it. – Lou Holtz
인간을 좌절시키는 것은 짐이 아니라 그것을 짊어지는 방식이다. – 루 홀츠

귀하신 몸

복도에서 권투 시늉을 내곤 하던 아이가 있었다. 소위 '학교 짱'이라 불리는 수창이다. 이 아이는 복도를 지나가는 사람을 위협하듯 주먹을 내질러 학생들이 복도를 지날 때마다 불안하게 만들었다. 심지어 복도를 지나는 교사가 수창이 주먹에 맞을 뻔한 적도 있었다. 주먹이 휙 지나가는데 '쉭쉭' 소리가 날 정도로 빨랐다. 당시 학생부를 맡고 있던 나는 수창이를 보고 운동을 시키는 게 좋겠다는 생각으로 체육 선생님과 의논을 했다.

체육 선생님과 함께 아이를 상담한 후 골프를 가르치기로 했다. 골프는 '순간 빠르기'가 중요한 운동이어서 수창이가 가진 재능이 빛을 볼 수 있을 거라는 판단이 들어서다. 다행히 수창이 부모님도 이런 제안을 긍정적으로 받아들여 아이에게 개인 코치를 붙여 골프를 시작하게 했다. 조회시간에 학생들에게 수창이가 선수생활을 시작하게 된 것을 알리면서 공개적으로 조언을 덧붙였다. 담배를 피우지 말라는 것과 겸손하라는 것이었다. 정식으로 선수 등록을 한다기에 플래너와 3색 볼펜을 준비해 조회시간에 수창이에게 전달했다.

"앞으로 시합 나가느라 바빠질 테니 이걸로 일정 관리 잘하길 바란다."

반 아이들도 박수를 치며 격려해주었다. 얼마 지나지 않아 수창이가 체육회로부터 선수 등록증을 받아왔다. 스캔해서 학급 커뮤니티에 올리고 사본을 코팅하여 교실 벽에 붙였다. 수창이 스스로 자신을 소중한 사람으로 느끼는 것이 중요하기 때문이다.

> 수창이는 골프선수입니다.
> 이 아이와 몸으로 장난하면 안 됩니다.
> 몸에 상처를 입히면 선수생활에 막대한 영향을 미칩니다.
> 귀하신 몸입니다.

이후 '학교 짱' 수창이는 '복도 권투'를 멈췄다. 기말고사에 임하는 자세도 완전히 달라졌다. 그토록 말이 많던 아이가 수업시간에 일체 말이 없어졌다. 프로 골퍼가 스스로를 귀하게 여기게 되니까 전에 하던 문제행동을 그만두게 된 것이다.

더러움의 이면

중2 교실은 깨끗한 게 이상할 정도로 어지럽기 마련이지만 초현이의 책상과 주변은 유난히 지저분했다. 교실 맨 뒤에 앉은 그 녀석 주변은 주변이 청소를 해도 다음 날이면 바로 또 지저분해지고는 한다. 초현이 주변은 대체 왜 이렇게 지저분할까 하고 이유를 알고 싶어 관찰하고 기다리기를 몇 주 동안 했다. 이 녀석은 늘 뭔가를 만들고 있었다. 어느 날인가는 책상 위에 종이를 오려 가로 세로 10cm 가량 크기의 권투장 링을 만들고 그 안에 어린 아이들이 가지고 노는 미니어처 장난감을 올려놓고서 싸움을 붙이고 있었다.

"내 교직 생활 20년이 다 되도록 책상 위에 링을 만들어 인형 권투시키며 노는 경우는 처음 본다."

이 녀석은 쉬는 시간에 우리 반 '일진 짱'이라는 녀석과 노는데 그 노는 방식이 매번 주먹을 날리고 발로 차는 일이었다. 자기들 말로는 초현이가 '부짱'이라나? (짱이라는 녀석은 작년 학생부에 있을 때부터 이 녀석에게 들락거리는 것을 본 적이 있지만 역시 일 년 내내 모른 척하고 있었다.)

4월이 되면 과학의 달 행사가 열린다. 초현이가 교내 글라이더 대회에서 전교 1등을 하여 학교 대표로 공군사관학교 대회에 나가게 되었다. 조회시간에 "만들기의 지존 초현이가…"하며 출전 사실을 알렸다. 쉬는 시간에 아이를 데리고 학교 앞 철물점에 가서 가장 좋은 펜치와 드라이버를 사주었다. 펜치와 드라이버 한 세트에 만 원도 채 안 들었다.

초현이가 대회에 참석하느라 학교에 나오지 못한 날 아침. 칠판에 "오늘 김초현이 대회에 출전하니 상큼한 격려 문자 한 통!"이라고 써 놓았다. 아쉽게도 입상권에는 들지 못했단다. 어쨌든 그후로 녀석은 우리 반의 '만들기 지존'으로 인정받았다. 이런 인정에 부응하기하도 하듯 녀석은 버려지는 샤프의 고리 부분을 모아 제트비행기를 만드는 등 만들기로 아이들에게 즐거움을 주었다.

겨울 방학식 날 초현이 아버지가 나를 저녁 식사에 초대했다. 술자리야 마다하지 않는 편이지만 학부모와의 첫 술자리는 긴장이 되기 마련이다. 송파 석촌호수 근처의 횟집에서 만난 초현이 아버지는 가족 내력부터 들려주셨다. 지방에서 살다가 농산물 직거래 가게를 열려고 초현이 1학년 2학기 때 서울로 이사왔단다. 1학기 때는 반장을 할 만큼 친구들로부터 인정을 받았는데 여기로 전학을 오고부터는 석차가 확 떨어지면서 자신감을 잃었다고 한다. 그러면서 껄렁껄렁한 애들하고 어울리더란다. 안타까웠지만 그냥 지켜보고 있었는데 담임한테서 만들기를 잘한다고 격려를 받으니 학교생활을 즐거워하기 시작하고 공부도 점점 열심히 하는 것 같단다. 이제 막 가게를 차린 터라 정신없이 바빠서 아이에게 신경 쓸 시간도 마음의 여유도 없었다며 너무나 고맙다고 하셨다.

식사를 마치고 초현이네 가게에 가서 어머니를 뵈었다. 가게가 아직 자리 잡지 못한 터라 다소 썰렁해 보였지만 열심히 살려는 젊은 부부의 애쓰는 모습이 엿보였다. 차를 한 잔 마시고 인사를 나눈 뒤 가게를 나섰다. 차가운 겨울바람에 얼큰히 취한 술이 살짝 깨는 듯했다.

"허, 참. 지저분한 꼴 봐준 것뿐인데 이런 변화가⋯."

날라리라 불리던 영어 특기자

2007년 가을, 교과교실에서 수업을 준비하고 있는데 한 학생이 교실에 들어와 나를 부른다. "선생님!" 익숙한 목소리에 애틋한 눈망울이 낯설지가 않았다. 깜짝 놀라 정신을 차리고 보니 이전에 근무했던 중학교에서 내가 담임으로 있던 반 학생 황지석이다. 그 녀석이 우리 학교로 전학을 왔다고 나를 찾아왔다. 참 드문 일이다. 중학교 때 가르치던 녀석을 고2 교실에서 다시 가르치게 되다니.

지석이는 가족이 미국으로 가서 꼬박 10년을 살다왔다. 소위 '귀국자녀'다. 농구는 거의 얼룩말 수준으로 경쾌하게 뛰어다니며 잘하고 나보다 영어도 훨씬 잘한다. 발음이 좋은 건 물론이다. 하지만 우리말은 서툴었다. 그런 녀석을 다시 만나니 어찌나 반갑던지 꽉 껴안아 주었다.

퇴근길에 바로 지석이 어머니에게 전화를 넣었다. 한 번이라도 문자를 주고받았던 부모님 연락처는 학년이나 학교가 바뀌어도 지우지 않고 고이 간직해둔다. 지석이 어머니는 지석이가 한국에 적응하게 하느라 친한 친구들과 담임인 나를 식사에 초대하기도 하셨었다. 어머니 말씀으로는 지석이가 송파구의 집 근처 ○○고에서 적응을 못해서 내가 있는 학교로 전학을 시켜달라고 졸랐단다. 그 말을 듣고 생각해 보니 낮에 본 아이의 외모가 심상치 않았다. 귀를 뚫었고 머리도 길렀다. 전 학교에서 힙합반을 했다는데 아마도 교사들로부터 '날라리(?) 같은 놈' 취급을 받은 듯하다. 미국에서 오래 살았으니 힙합이나 랩을 오죽 잘할까. 지석이가 외로운 나머지 내 품을 찾아왔구나 하는 생각이 들었다.

지석이가 속한 반 아이들과 수업을 시작하기 전에 아이들에게 지석이를 소개했다. 착하고 농구 잘하고 영어는 선생님보다 훨씬 더 잘하는데 다른 학과 공부는 엄청 못하는 아이라고. 수업이 끝날 무렵에는 모방송사에서 제작한 전학생 왕따 예방 비디오를 보여주었다. 다음 수업부터 지석이가 내 보조교사 노릇을 했다. 중학교 때도 했던 일이다. 그날 배울 교과서 본문을 지석이가 먼저 읽는데 발음이 혼동되기 쉬운 단어 다섯 개를 일부러 틀리게 읽도록 했다. 그 다음에 〈버그 찾기〉 퀴즈를 내어 맞히는 사람에게 건빵을 하나씩 주도록 했다. 수업 중 영어 활용에 대한 부분을 지석이에게 공개적으로 묻기도 했다.

다음 날에는 지석이를 새로 맡은 담임을 찾아갔다.
"선생님 반에 새로 전학 온 아이 있지요?"
"웬 날라리가 온 것 같아요."
이름도 듣기 전에 짜증이 확 나는 표정을 지으신다. 이런 마음 상태라면 그 어떤 이야기도 소용이 없을 듯해서 이야기를 흐지부지 끝내버렸다. 대신 영어 특기로 대학에 진학한 졸업생 하나를 지석이에게 멘토로 소개해주었다. 둘은 서로 통화를 하고 이메일도 주고받았다. 지석이는 영어 특기자 전형에 합격해 스페인어과에 입학했다.

2년 후 새로 맡은 반에서도 외국에서 3년을 살다가 온 아이가 있었다. 이 아이에게도 영어 특기로 진학할 것을 추천했다. 지석이에게 연락해 멘토가 되어달라고 했더니 흔쾌히 학교 앞으로 와서 아이를 만나주었다. 다음은 지석이를 만나고 온 아이가 쓴 글이다.

재작년에 영어 특기로 ○○대를 간 멘토 형을 만났다. 솔직히 그 형이 좀 귀찮아 할 줄 알았는데 전혀 그러질 않았다. 영자신문하고 영어 특기자 전형 대학 입시전형 자료를 가지고 와서 자세히 설명해주었다. 희망적이었던 건 멘토 형도 나처럼 성적이 안 좋았다는 사실이다. 특기자 전형을 살펴보니까 내신을 안 보는 학교도 많고 수능도 안 봐도 되는 학교도 더러 있었다. 희망적이었다.

이 아이는 토플에서 최고 성적을 받아 영어 특기로 영문과에 입학했다.

온종일 소녀시대 생각

나는 학년 말이 되면 반 학생들에게 롤링페이퍼를 쓰게 한다. 아이들이 급우들에게 〈행동발달 및 종합의견〉을 받는 것이다. 롤링페이퍼 아랫쪽에는 이렇게 써놓았다.

여러분의 학교 생활 일 년을 어떻게 담임 혼자 다 평가하겠어요? 친구들이 돌아가며 한마디씩 칭찬 부탁합니다. 그 칭찬을 모아 모아 생활기록부에 기록합니다. 남의 장점을 콕 집어내는 것은 꼭 필요한 능력이랍니다. 여러분의 영원한 담임. ^*^

실제로 롤링페이퍼에 평가된 내용을 학생생활기록부(생기부)에 입력해준다. "과묵한 성격으로 성실하게 학업에 임하며 급우들에게 믿음을 준다고 학급 동료들이 롤링페이퍼를 통해 평가함."

몇 년 전 12월의 일이다. 우리 반에 일 년 동안 전교 꼴찌를 차지한 신진주라는 아이가 있었다. 진주의 롤링페이퍼에는 소녀시대 이야기가 거의 도배되어 있었다.

무슨 까닭인지 궁금해서 아이들에게 물어보니 진주가 소녀시대 팬 블로그를 운영한단다. 블로그에 방문해보니 과연 하루 방문객이

천 명이 넘고 연간 방문객은 백만이 넘었다. 이른바 파워블로거인 셈이다. 소녀시대의 사진은 물론 공연정보를 자세히 올리고 방문객들의 댓글에 일일이 답글을 달고 있었다. 집에 가면 그 일을 하느라 공부에는 신경 쓸 여유가 전혀 없었을 테고 아침마다 상당히 피로한 채 등교했을 것이다. 수업시간에도 머릿속으로는 블로그 포스팅을 기획하고 있었을 터. 교직생활이 26년째인데도 한 해가 다 지나도록 이 아이의 특기를 읽어내지 못한 것에 자괴감을 느꼈다. 이 정도의 블로그 운영 실력이면 입학사정관제를 이용해 홍보학과나 신문방송학과 분야에 지원할 수 있을 것 같았다.

학교에 나오는 아이 중에 무기력한 아이는 없다. 무기력하다면 학교에 나올 수도 없다. 다만 아이의 에너지가 어디로 흐르고 있는지 교사가 알지 못할 뿐이다.

수준별 수업 보충반에는 어느 온라인 게임에서 '서든 어택 중장(별 셋)'이라는 계급을 지닌 학생이 두 명이나 있었다. 그 게임에서 그런 계급을 유지하려면 밥 먹는 시간 이외에는 게임만 해야 된다고 한다. 이런 아이들이 수업시간에 할 수 있는 일이 무엇일까?

학교에서 잠자는 데에도 다 이유가 있다. 다른 곳으로 흐르는 아이들의 에너지를 읽어주고 인정해주면 아이들의 태도는 상당히 바뀐다. 파워블로거인 진주는 2학년에 올라가며 블로그 운영을 접었다. 친구들이 인정해주고 담임까지 알아주니 더 이상 블로그에 목 맬 필요가 사라졌기 때문일까? 이제는 공부를 좀 해야겠단다. 대학에 가서 경영학을 전공하고 싶단다. 진주는 대중의 심리를 읽어내는 지능이 있으니 경영학도로서 자질이 충분해 보였다.

진즉 알았으면 나와의 일 년을 정말 행복하게 지낼 수 있었을 텐데 아쉬운 생각이 들었다.

"야! 어째서 너는 특수반 애들보다 성적이 안 나오니?"

이런 말이 목까지 차오를 때마다 참았던 건 그나마 다행이다. 만약 내가 그랬다면 아이는 속으로 비웃었겠지. "당신이 날 알아?"하고.

✓ Tip

The real art of conversation is not only to say the right thing at the right place but to leave unsaid the wrong thing at the tempting moment. – Dorothy Nevill

대화의 묘미는 그 자리에 맞는 적합한 말을 하는 것뿐만 아니라 말하고 싶을지라도 부적절한 말을 하지 않는 것이다. – 도로시 네빌

자양동 효도르

고등학교 2학년 양형주는 무단 지각, 무단 결석을 자주해서 속을 썩였다. 녀석의 채팅 아이디는 '자양동 효도르'. 처음에 이 아이디를 보고 이렇게 생각했다. "녀석 참 기특하기도 하네. 부모님께 효도하고 싶은 마음이 얼마나 깊으면 아이디를 이렇게 썼을꼬."

형주는 수업에는 빠져도 방과 후에 가는 도장은 안 빠진다고 했다. 도장이 우리 집 근처라 저녁에 한번 가보았다. 관장도 만나 뵙고 부탁도 좀 하려고 빵이랑 음료수를 사가지고 도장 문을 빼꼼 열었다가 그만 깜짝 놀라고 말았다. 끈끈한 땀에 뒤범벅되어 대련을 벌이고 있는 아이들…. 이를 뚫어져라 보고 있는 사람들…. 너무 진지하고 무서운 분위기라 그만 기가 팍 질려버렸다. 조용히 형주를 따로 불러 가져간 음식만 건네주고 돌아왔다. 알고 보니 그 도장은 주짓수라는 격투기 종목을 전문으로 하는 곳이었다.

형주 귀는 개떡처럼 뭉쳐 있다. 대련 중에 귀가 여러 번 찢어졌다가 아물기를 반복해서 그렇단다. 운동하는 이들은 이런 귀를 보고 '만두귀'라 부른단다. 나중에 알고 보니 '효도르'는 격투기 세계선수권대회 우승자의 이름이었다. '자양동 효도르'라는 아이디 속에 형주의 꿈이 담겨 있었다. 이리 무식해가지고 담임을 하고 있으니…. 모름지기 교사는 독하게 공부해야 한다. 교사는 아이들 꿈의 코치여야 하니까.

그렇게 열심히 운동하던 형주는 주짓수 전국대회에서 은상을 받았다. 2학년 말쯤에는 체대에 가기로 마음을 굳혔다. 형주가 그동안 왜 지각과 결석을 했는지 그 이유가 다음 글에 담겨 있다.

수능이 끝났습니다. 겨울시즌이 시삭되었습니다. 내가 왜 그동안 공부를 안 했나 후회해봅니다. 체대입시에 발을 들여놓은 것도 후회합니다. 그래도 힘을 내어 "○○학원 화이팅!" 외쳐보지만, 200명에 육박했던 동기들은 40명도 채 남지 않았습니다.
오늘도 하나 둘 떠나는 친구들이 보입니다. 잡고 싶지는 않습니다. 같이 나가고 싶습니다.
드디어 오전운동이 끝났습니다. 하지만 한 시간 뒤 바로 오후운동이 기다리고 있습니다.
윗몸 일으키기를 하는데 1500개에서 더 이상 올라가지 않습니다. 2000개를 얼른 채워야 할 텐데, 시간은 흐르고 있을 텐데…. 지금 내가 500개 못 채우고 있는 동안 친구들은 다른 종목을 운동하고 있을 텐데…. 점점 초조해집니다. 억지로 2000개를 채우고 턱걸이를 하러 갑니다. 정해진 개수는 없습니다. 더는 팔이 반응하지 않을 때까지 몸을 들어올리는 겁니다.
유연성 운동을 하러 왔습니다. 팔근육은 주인 놈 속도 모르고 미친 듯 부풀어 올라 튀어나온 핏줄을 자랑하고 있습니다. 죽을 것 같습니다. 뛰쳐나가고 싶습니다. 그냥 집에서 며칠 누워만 있고 싶습니다.

3교시

초긍정 학급 운영 노하우

Do what you love, give it back in the form of service,
and you will do more than succeed. You will triumph. – Oprah Winfrey
당신이 사랑하는 일을 하고 봉사의 형태로 돌려주라.
그러면 성공 이상을 하게 된다. 당신은 승리할 것이다. – 오프라 윈프리

혼자만 똑똑한 회장 다루기

학기 초에 학급회장 선거를 마치고 교무실에 오니 맞은 편에 계시던 선생님이 누가 회장이 되었느냐고 묻는다. 선생님은 진홍이 이름을 듣고 깜짝 놀라며 그 아이가 작년에 당신 반의 회장이었는데 애가 얼마나 이기적인지 애를 먹었단다. 나는 새로 맡은 아이들에 대한 이야기를 다른 선생님으로부터 들을 때면 좋은 이야기 아닌 것은 뒷담으로 생각하고 귓등으로 흘려버린다.

한눈에도 무척 총명해 보이는 진홍이. 자기 것은 잘 챙기지만 주변까지 잘 아우르는 리더십은 부족해 보여서 전 담임선생님의 이야기가 가끔씩 떠오를 때가 있었지만 그럴 때마다 의도적으로 못 본 척 planned ignoring하기 원칙을 지켜나갔다.

어느 날 종례 후 주번 한 명이 청소하는 걸 잊고 그냥 가버린 모양이었다. 그런데 진홍이가 혼자 남은 주번과 함께 청소를 하고 있었다. 진홍이는 하교 방향이 같은 친구와 같이 가려고 기다리고 있다가 그 아이가 혼자 청소를 하게 된 것을 알고 도와준 것이다.

교무실에 오자마자 진홍이의 생활기록부 〈행동발달 및 종합의견란〉에 이렇게 썼다.

주번 학생이 청소하는 걸 잊고 하교하자 대신 청소를 하는 봉사정신
을 보임.

그리고 학급신문에 이 사실을 실어 다음 날 아침에 나눠주었다.
신문을 읽는 진홍이의 표정이 묘했다. 아마도 이런 종류의 칭찬을 받
아 본 일이 별로 없었던 것 같다.

공부 잘하는 똑순이 진홍이가 달라진 모습을 보이기 시작했다. 아
침 자습시간에 다른 친구들 공부를 도와주는 진홍이 모습이 종종 눈
에 띄었다. 그때마다 생활기록부 〈교과 세부능력 및 특기사항〉에 "아
침 자율학습 시간에 급우 박영포, 김수포 등에게 학습 멘토링을 함"이
라고 입력해주고 이렇게 처리한 사실을 학급신문으로 계속 알렸다.

여름방학이 코앞으로 다가왔을 무렵이다. 여름방학 때도 아이들
은 마음 편히 쉬지 못한다. 봉사활동 점수를 채워야 한다는 미션도 있
다. 기왕 할 봉사활동이면 아이들에게 의미 있는 봉사활동을 소개해
주고 싶었다. 청소나 업무 보조 등의 뻔한 봉사를 주로 하는 것을 보
고 아쉬움을 느꼈기 때문이다. 단순한 일보다 각자의 장기를 살린 재
능봉사가 좋겠다 싶어서 구청 소재지내의 지역아동센터 20여 곳 중
열 군데 가량 전화를 넣어 고등학생 재능봉사가 가능할지를 문의했
다. 담당자 대부분이 고등학생 아이들은 간단한 청소도 잘 못해 곤란
하다며 난색을 표했지만 다행히 광진구 푸른꿈 지역아동센터에서 손
을 잡아주었다. 반 아이들에게 재능봉사에 대해 설명하고 지원자 신

청을 받으니 종이접기, 동화 읽어주기, 농구, 축구, 학습 봉사 등 여러 분야에 진홍이를 포함해 모두 여섯 명이 신청했다.

본격적인 봉사활동에 들어가기 전에 센터측과 상견례가 필요하겠다 싶어 신청자 여섯 명과 함께 센터를 방문했다. 이야기를 나누고 센터에서 나오니 오후 다섯 시쯤이었다. 각자 자신이 잘하는 활동으로 여름방학 봉사활동을 하게 된 아이들의 밝은 표정을 보니 마음이 흐뭇했다. 마침 길가의 분식점이 눈에 띄었다.

"애들아, 출출하지? 오늘 담탱이 쏠게."

아이들이 신이 나서 분식집 안으로 들어가 자리에 앉았다. 회장 진홍이가 일어나더니 정수기로 다가가 물을 날라다 준다. 하지만 이건 생활기록부에 적지 않았다. 이미 아이 스스로 기뻐서 하는 일이 되었을 테니….

✓ **Tip**

날이 갈수록 아이들의 개인주의 경향이 강해져서 지도하기가 힘들다고들 한다. 사람의 성격은 바꾸기 어렵지만 어떤 상황에서의 행동유형은 꾸준히 격려하고 인정해주면 바뀌기도 한다. 학생생활기록부, 학급신문 등을 인정과 격려의 창으로 사용하면 좋다.

칭찬이 밥이다

많은 교사가 〈칭찬스티커제도〉를 활용한다. 〈칭찬스티커제도〉란 학생들이 바람직한 행동을 했을 때 스티커를 붙여주고 스티커 매수가 일정한 숫자에 이르면 보상을 해주는 제도다. 스티커 개수는 교사 마음이다. 3학년 6반이라면 306개로 할 수도 있다. 초등학교 교실처럼 하루 종일 같이 생활하는 경우, 5학년 7반은 507개를 해도 될 것이다. 사실 칭찬스티커는 유치원에서부터 사용하는, 정말 유치한 제도다. 내가 이 제도를 도입한 것은 영어교사로서 서울시교육청 지원을 받아 미국에 한 달 가량 가서 초중고의 수업 장면을 날것으로 보고 온 이후이다. 한 초등 교사가 구슬통에 예쁜 구슬을 넣어두고 아이들이 바람직한 행동을 할 때마다 다른 통으로 옮겨 담는다. 구슬이 모두 옮겨지면 학급 전체에 피자 등의 상품을 쏜다. 이 제도가 전통적인 스티커 제도와 다른 점은 개인별 혹은 모둠별로 주지 않고 학급 전체에 공을 돌린다는 점이다. 마치 네이버의 '콩'기부제도 같다고나 할까?

『The Self-control Classroom』(Levin James, Shanken-Kaye John, Commaker Andrea 지음, Kendall Hunt Publishing, 1998) 6장 91쪽에 〈보상이 가진 문제Problems with Reward〉에 관한 논의가 나온다. 그동안 유치원, 초

중등에서 실시해온 개인별 혹은 모둠별 스티커가 위험할 수도 있다는, 비판적인 논리가 펼쳐져 있다.

보상이 대다수 교사들의 동기부여전략으로 너무 확고히 자리 잡았기 때문에, 우리는 왜 전면적으로 보상을 거부해야만 하는지에 대해 논의하기로 결정했다. 보상은 학생의 동기에 어떠한 효과가 있는가? 학생 자신이 유능할 수 있다는 메시지를 얻을 수 있을까? 알피 콘[Alfie Kohn]은 보상은 통제의 한 형태임을 확언했다. 보상은 교사가 선호하는 기대치에 부응했다는 것 외에는 별 의미가 없다. 학생은 그저 과자를 즐기고, 긍정적인 감정은 쿠키를 먹을 때까지만 지속된다. 미래의 프로젝트에 대한 동기는 과자의 크기와 종류에 의해 통제되고, 학생들은 과자를 원하거나 교사를 기쁘게 하길 원한다. 이런 것이 내재적 동기를 증가시키려는 우리의 목표와는 상반된 외재적 동기를 불러일으키는 외재적 동인이다.

외재적 동기인 보상은 다음 두 가지 단점을 지닌다.

첫째, 보상은 소수 몇몇의 승자에게만 유용하다. 보상은 특정 성취에만 보상함으로써 중도탈락자들을 만든다.

둘째, 보상은 협동 학습을 방해하고 경쟁을 불러일으킨다. 오로지 소수의 학생들에게만 보상이 유용하다면 어떤 학생이 다른 학생을 헌신적으로 돕길 원하겠는가? 결국 보상에 대한 경쟁만 치열해진다.

학급운영의 목표가 자존감과 소속감의 증대로 문제행동을 예방하는 데 있다면 전통적인 제도는 스티커를 잘 받는 학생에게는 긍정적으로 작용하겠지만 그렇지 못한 학생의 자존감과 소속감은 상처를 받기 쉽다. 내가 미국에서 만난 교사는 이 전통적인 제도를 긍정적으로 해석하고 나름대로 응용해 시행하고 있었다. 그는 내게 린다 앨버트 Linda Albert의 『Cooperative Discipline』(협동훈육)을 매뉴얼로 보고 있다고 설명했다. 요약하면 그가 보여준 〈칭찬스티커제도〉의 역할은 학생들이 학급에 기여하도록 함으로써 자존감과 소속감을 향상시키고자 하는 오묘한 제도이다.

귀국하여 이 제도를 시행하려고 하니 아직 교과교실제가 아닌 상황에서 구슬통 사용이 불편해 교실 칠판 옆에 스티커판을 만들어 붙였다. 그런 다음 칭찬팀장을 위촉해 스티커를 부착하게 하고 수첩을 주어 부착 사유를 적게 했다. 다음 정기고사 전에 이를 통계 내서 그 결과를 교실 게시판에 공지했다. 2010년에는 아주 차분한 친구가 칭찬팀장을 맡았는데 수첩에 적은 내용을 개인별로 정리해 보내왔다.

김주철
2010년 4월 15일 3교시
국어과목 시간에 발표를 잘하여 칭찬을 받음
단체 칭찬: 수학 과목 시간에 수업 자세가 좋다고 칭찬을 받음

그걸 보는 순간, 이거다 싶었다. 담임이 생기부 〈교과 세부능력 및

특기사항〉에 입력할 수 있는 분량이 A4용지로 4매, 500자 가량이다. 내용은 교과선생님이 입력할 수 있는 분량과 같았다. 단체칭찬을 포함해 학생별로 수첩에 기록된 내용을 입력하고 이를 학생들에게 알려주었다. 칭찬스티커의 첫 번째 항목은 특별히 교과선생님의 칭찬으로 선정해 두었다. 기능사 자격증 취득 등 열 가지 정도의 항목이 있지만 우리 반 학생들과 교과선생님들과의 긍정적 유대를 강화하는 것이 담임의 중요한 역할이라 보았기 때문이다.

　간혹 수업하러 들어간 교실 교탁에 "떠들거나 자리 이동하면 내선번호 ○○○번으로 전화달라"는 담임의 쪽지가 붙은 걸 볼 때면 마음이 불편했다. 학습 분위기를 다잡고 싶은 담임의 의도는 이해가 되지만 아이들이 교과선생님에게도 혼나고 학급담임에게도 혼나는 이중처벌에 반성보다 반발심만 커지지 않을까 하는 걱정이 된다. 또 교과선생님이 실제로 학급담임에게 전화라도 하게 되면 그런 행동을 치졸한 고자질이라고 생각하고 등을 돌리게 될까 우려도 하게 된다. 담임으로서 교과선생님과의 긍정적 소통이 중요하겠다는 생각에 3월 초면 아이들에게 교과선생님들 PR까지 한다.
　교육이 아이들의 바람직한 행동변화라고 정의한다면 그 변화를 담임을 포함한 주변 사람들이 인지하고 있음을 본인에게 알려주는 것은 교사 역할의 본질에 해당한다고 할 것이다.
　내가 운용하는 칭찬스티커의 발부 기준은 아래와 같다. 기본적으로 학교 상벌점의 상점 항목을 반영했다.

항목	상점 내용
봉사	조기 등교하여 교실 환경을 정리 정돈함
	학급도우미 활동에 참여함
	환경미화, 각종 대회 및 학급행사시 솔선수범하여 봉사함
	자발적 청소활동 및 교사의 임의 청소 임무 부여에 적극적으로 임함
선행	교내외에서 선행을 하여 타의 모범이 됨
	몸이 불편한 친구를 도와줌
	선행, 미담으로 추천됨
예절	평소 예의가 바르고 언행이 모범인 학생
	인사예절이 다른 학생의 귀감이 되는 학생
	고운 말을 지속적으로 사용하며 다른 학생의 귀감이 되는 학생
	욕이 한 마디도 없었거나 화가 나서도 말로 잘 해결한 경우
	용의 복장이 지속적으로 다른 학생의 귀감이 되는 학생
수업태도	교과선생님으로부터 칭찬을 받은 경우
	이전 시험에 비해 점수가 올라간 경우
	카페에 재미있거나 감동적이거나 정보를 제공하는 글을 올린 경우
	지각이 한 명도 없는 날
신고	분실물을 찾아주거나 습득물을 신고한 학생
	규정 위반 사실을 제보, 신고한 학생
	학생 안전사고 및 폭력, 금품갈취 관련 사고를 신고한 학생
	흡연, 음주, 절도, 폭력 등 중대한 교칙 위반을 신고한 학생
단체활동	단체 및 행사 활동에 솔선수범함
수상 및 명예선양	상이나 자격증, 품띠가 향상된 경우
	서울특별시 및 전국대회 입상한 학생 (각 분야)
기타	상기 내용에 포함되지 않으나 상점을 부여해야 할 사항

기타 바람직한 행동의 변화를 한 경우 (You tell me!)

칭찬스티커의 효과를 극대화하기 위해 스티커판을 교실에서 가장 잘 보이는 칠판 옆에 부착하고 아이들이 늘 볼 수 있도록 한다. 동대부고에서는 학급별 청소구역을 예쁘게 표찰로 만들어 붙였다. 잊지 않도록 배려하고 자긍심도 자극하는 좋은 방법이다.

칭찬스티커로 인해 음식을 몇 번 사게 되는데 정기고사가 끝나는 날을 염두에 두고 간격을 조절한다. 정기고사 끝나던 날 내부기안을 결재 받고 체육선생님 반과 축구시합을 한 다음 학부모님이 운영하는 고깃집에 간 날이 가장 기억에 남는다. 삼겹살을 주문했는데 서비스로 꽃등심을 주셔서 배 터지게들 먹었다. 축구 안 하는 다섯 명을 사전에 식탁 세팅팀으로 파견해 학부모님 일손을 덜어드렸다. 음식은 이처럼 가급적 학부모님 가게를 이용한다. 치킨집을 하시는 학부모께 배달로도 부탁드리고 직접 가게로 가기도 한다. 한번은 부대찌개 집으로 갔는데 음식값을 안 받으려 하셔서 몹시 애를 먹기도 했다. 학부모님 가게를 이용하는 것은 서비스를 목표로 하는 것이 아니고 아이가 부모님 직업에 자긍심을 갖도록 하고 이를 계기로 그 집 아이가 다른 아이들과 대화를 나눌 소재를 넓혀주기 위해서다.

음식 경비 조달 방법은 세 가지 정도가 가능하다.

첫째, 담임이 전부 부담하는 방법으로 경비 절약을 위해 식사보다는 간식이 좋다. 여름에 반값 세일하는 아이스크림을 이용하거나 제과점의 마감 빵 등을 활용한다.

둘째, 학급비를 아껴서 쓰고 나머지를 이용하는 방법이다. 학급비를 담임의 학급운영비로 볼 것인지 환경 구성 등을 위한 학급 유지비로 볼 것인지, 학급자치회 운영비로 볼 것인지에 따라 사용 가능 여부에 대한 견해가 달라질 수 있지만 담임의 학급운영비로 보면 사용이 가능하다.

셋째, 학부모 참여를 개방하는 방법이다. 어느 해인가 3월 학부모 총회 때 담임의 학급운영제도를 소개하며 칭찬스티커를 소개할 때 학부모 한 분께서 "선생님 지출이 만만치 않으시겠네요?"라고 질문을 하셔서 "아, 네. 좀…"하고 어색한 몇 초가 흐르자 "저희가 돌아가며 해도 될까요?"하고 먼저 제안을 해주셨다. 맨 처음은 담임이 부담할 테니 그다음부터 돌아가며 부담해주십사 요청을 드리게 되어 우연히 만들어진 제도이다.

음식의 선택은 아이들에게 자율적으로 맡겼다. 처음엔 아이들이 주로 피자를 선택했다. 물론 '원 플러스 원'이 되는 가게에 주문했다. 음식 취향은 엇갈리기 마련이므로 매번 다른 메뉴를 고르기로 원칙을 정했다. 메뉴를 정할 때는 고개를 숙이고 머리 위로 손가락 번호를 표시하는 초간편 비밀투표로 다수결에 따른다. 어떤 해는 스티커 백 개를 채우는데 시일이 너무 오래 걸려 중간중간 간식거리 보너스 코너를 마련하기도 했다.

하나 시키면 하나 더 주는 저가 제품을 이용하더라도 아이들이 싸구려 사준다고 투덜대지 않는다. 자신들의 노력으로 얻은 것이기에 귀한 것이다. 그런데 평소 소통이 원활하지 못했던 담임이 아이들과 친해지려고 갑자기 음식을 사주면 자칫 뒷말을 듣고 더 좌절하기 십상이다.

"우리 담탱은 짜장면, 짬뽕밖에 모르나?"

"우리가 거지냐? 싸구려 피자나 먹게?"

소통이란 밧줄과 같아 한 올 한 올 평소에 짜나가야 한다. 더욱이

디지털 신인류인 요즘 학생들은 양방향 의사소통을 원한다. 학급 일이나 수업도 본인이 참여하지 않고는 못 견딘다. 그러니 아이들이 학급 운영과 수업 활동에 자신의 독특한 방법으로 기여하도록 해야 한다. 하지만 교사들은 아이가 잘하는 것은 당연하게 여겨 가만히 있고, 잘못하는 대목에서만 꾸짖기 쉽다. 『칭찬은 고래도 춤추게 한다』의 저자 켄 블랜차드는 이런 훈육법을 '뒤통수치기 훈육'이라고 했다. 이와 달리 인정과 격려는 학생 행동의 변화를 촉진시키는 가장 강력한 도구이다. 흔히 공부와 성적만 칭찬거리라고 생각하기 쉽지만 학생의 일상생활에서도 칭찬할 거리를 찾아야 한다. 툭하면 땡땡이 치던 아이가 자리에 앉아 있으면 그것도 칭찬한다. 아이의 변화가 발생했을 때 곧바로 인정해줘야 한다. 시간이 지나면 효과는 떨어지기 때문이다. 나는 칭찬을 시스템화하는 방법으로 칭찬스티커제도를 사용하고 있다. 초등교사인 아내는 구슬상자가 가득차면 학생 전체에게 맛있는 것을 사준다. 문방구에서 예쁜 투명 상자 두 개와 구슬을 사서 아이들이 잘 할 때마다 구슬을 한 쪽 상자에서 다른 상자로 옮겨 놓는 방법으로 진행한다. 어느 경우에 몇 개씩 옮길까는 아이들과 학급회의로 정한다. 일 년에 한두 번 먹더라도 아이들은 자신의 노력으로 얻은 상이라 여겨 무척 맛있게 먹는다. 우리 반에서는 칭찬팀장이 구슬 대신 스티커판에 스티커를 붙였다. 100개가 모이면 맛있는 음식이 된다. 스티커는 교과선생님의 칭찬, 교내외 수상, 자치 활동 참여 등 바람직한 행동의 변화가 있을 때마다 준다.

학급 카페 게시판

정주현, 등록일: 2007.09.14 01:25:00, 조회수: 283

칭찬도장 팀장 소감문

흠, 제가 우리 반 학급에서 맡은 역할은 칭찬스티커 담당입니다. 이것이 무엇인고 하니 선생님들이 칭찬해주시거나 아이들이 상을 받을 때마다, 게시판에 붙어있는 종이에 스티커를 붙이고 날짜와 내용을 메모해 정리하는 일입니다.

작년에도 이것과 비슷하게 칭찬을 모으자는 담임선생님 말씀이 있었는데 애들이 선생님들께서 칭찬해주시는 것을 느끼지 못하고 놓쳐버리는 게 좀 안타까웠습니다. 그래서 "선생님! 누구누구 선생님이 칭찬해주셨어요!"라고 직접 말하고 싶었는데 그건 또 좀 오버인 것 같고…. 그 기억을 더듬다보니 이 역할이 제게 잘 맞겠다는 생각을 했습니다. 스티커 담당을 맡은 결과는 꽤 만족스럽습니다. 솔직히 처음엔 '저거 초딩 때 많이 했던 건데…' 하면서 너무 어리게 노는 거 아닌가 싶었는데 뭐 초딩이든 고딩이든 나이에 관계없이 칭찬은 사람을 키우죠! (뭐가 크든 간에…. ㅋㅋ) 칭찬에 인색한 선생님들이 야속할 때도 있지만 그래도 가물에 콩 나듯 들어오는 칭찬을 모으는 일은 꽤 보람이 있습니다.

9월 4일 (화) 종례신문 ～～～～～～～～～～～～～～～～

민조와 수영이가 이발하겠다는 어려운 약속을 지켜주었습니다. 칭찬스티커 두 개 드립니다. 왜 걔네들만 이발했다고 스티커 주냐고요? 원래는 머리를 길게 길렀는데 이제 그 머리카락과 이별하겠다는 나름의 용기를 냈기 때문입니다. 선생님 칭찬의 기준은 다른 사람과의 비교가 아닙니다. 그 아이가 자신의 현재보다 발전하면 칭찬해줍니다.

현석이와 하진이는 머리가 그리 길지 않은데도 벌점을 자청했지요. 학생생활기록부(생기부)에 "자신의 사소한 잘못도 금방 인정하고 고칠 줄 아는 바른 심성을 지녔습니다"라고 입력했습니다.

긍정의 하이파이브

흔히 3월 첫날 기선을 잡아야 담임의 일 년이 편하다고들 한다. 내게도 개학 첫날 기선 제압하는 두 가지 방법이 있다. 첫날, 교실에 가서 두발이 단정한 아이와 눈을 맞추고 칭찬해준 뒤 이름을 일일이 수첩에 기록한다. 가능한 이른 시일 안에 생활기록부에 기록한다.

"개학에 맞추어 자신의 복장 용의를 잘 점검하는 준비성이 있습니다."

그리고 나서 이 사실을 아이들에게 알린다. 다음 주에 복장용의 자율검사가 있을 것이라는 공지사항과 함께. 두발이 단정하지 않은 아이는 일부러 쳐다보지 않는다. 다음 날도 그 다음 날도 그렇게 한다. 일주일이 지난 다음 벌점 카드를 교탁 위에 놓고 본인이 판단해 규정을 어긴 학생은 스스로 벌점 카드를 작성해 내도록 한다. 작년에는 두 명이 스스로 벌점 카드를 냈다. 하루 유예기간을 주었더니 한 아이는 이발하고 오고 다른 한 아이는 목에 피부 트러블이 있어 자르지 못 한다는 한의원의 진단서를 제출해 아이들의 의견을 수렴하여 한 달간 예외로 인정을 해주었다. 결국 어지간한 꼴통(?)들도 두발이 단정해진다. 올해는 네 명의 아이가 스스로 벌점 카드를 적어 냈다. 그 아이들 생활기록부에 이렇게 입력했다.

"자신의 잘못을 솔직히 인정하고 즉시 수정하는 태도를 지님."

학생생활기록부에 이런 내용이 기재된 사실을 학급신문을 통해 알려주었다. 다음 날 보니 딱 한 녀석이 여전히 머리카락이 긴 채로 버티고 있다. 부모님과 이야기를 나눠보니 아이의 정서에 문제가 있는 듯했다. 아이의 행동에 대해 담임의 눈에 보이는 사실들을 몇 차례 전화로 알려드렸다. 학부모와 아이 문제에 대한 공감대가 형성된 다음 신경정신과 전문의 상담을 받아보면 좋지 않겠냐고 했더니 그렇게 하겠노라고 어려운 결단을 하셨다. 병원에 간 아이는 "충동조절장애 증세가 심하므로 주변의 꾸준한 지지와 격려가 필요하다"는 의사의 소견을 받았다. 이 아이에게는 훈육이 필요한 것이 아니라 치유가 필요한 것이다. 상담부에 멘토링을 신청했다. 나도 아이와 함께 산행을 하면서 마음을 열어가기 위해 노력했다.

이는 치유와 상담을 통한 새로운 훈육법이라 할 수 있다. 『하이파이브』라는 소설에는 할머니 코치가 아이들을 격려하는 방식이 자세히 소개되어 있다. 〈3R: Repeated(지속적인) Reward(보상) Recognition(인정)〉을 학급운영의 목표로 삼고 급훈을 "서로 늘 인정하고 격려하자"로 하고 있다. 칭찬이란 상대방의 행동의 바람직한 변화를 인지^{cognition}하고 있음을 알려주는$^{re=back}$ 일련의 과정이다. 전통적인 훈육 방식인 〈3R: Repeated(지속적인) Reprimand(비난, 힐책) Rejection(거부)〉는 선을 그어놓고 선 밖에 있는 아이들을 계속 공격하는 방식의 훈육이다. 나는 인정과 격려 그리고 아이들과 학부모 모두의 참여와 소통에 의한 학급운영을 1994년부터 해왔다. 긍정적인 3R을 위해 모든 학생의 바람직한 행동 변화에 대해 교사가 이를 인식하고 있음을 이용 가능한 다양한 방법으로 알리려 애썼다. 교육이 아이의 변화를 목표로 한다면 교사의 인정이야말로 교사 역할의 핵심이라고 하겠다. '인정'이라는 피드백은 소통의 생명선[lifeline of good communication]이다.

생기부 사용설명서

교육이란 게 원래 소통에서 시작한다. 소통이 안 되면 제대로 된 교육이 불가능하다. 학습능력을 키우는 첫걸음도 소통에서 비롯한다. 소통할 수 있는 통로는 어떤 것이든 적극적으로 활용하는 것이 좋다. 인터넷 상의 정기모임과 휴대전화 메시지, 카카오톡, 페이스북 등을 이용한다.

몇 년 전 고등학교에서 담임을 맡고 있을 때다. 흔히들 말하는 '인생 다 산 것 같은' 표정을 하고 있는 연우에게 어느 날 온라인 메신저로 말을 걸었다.

"너 요즘 수업시간에 보니까 힘들어 보이더라."
잠시 후 대화창에 뜬 연우의 메시지….
"네. 실은 두 번째 아빠가 집을 나갔어요."

이 메시지를 읽고 한동안 모니터만 멍하게 바라봤다. 가슴이 무너지는 것 같았지만 온라인에서 대화하는 것이었기에 안타까운 마음을 드러내지 않고 자연스럽게 대화를 계속 이어나갈 수 있었다.
"그럼 무슨 재미로 사니?"

"운동하는 재미로 살지요."

그러고 보니 연우는 등교할 때 오른팔에 항상 축구공을 끼고 있었다. 체대에 관심이 있냐고 했더니 그렇단다. 마침 체육대학을 간 제자가 있어서 바로 멘토로 소개를 해주었다. 그러자 아이의 수업 태도가 바뀌기 시작했다. 수행평가도 정말 열심히 했다. 내신이 부족했지만 실기가 워낙 탁월해 모 대학 사회체육학과 진학했다. 학교 공부가 수영, 골프, 테니스 등이란다. 너무 행복하단다. 인생이 바뀌었다.

과연 '교사'라는 직업이 무엇인가? 나는 왜 교사가 되려고 했던가? 현장에서 아이들과 부딪치다 보면 처음 가졌던 열정과 그 마음을 잃기 쉽다. 그러나 교사는 교육만 하는 것이 아니다. 아이가 몸이 아프면 의사가 되어야 하고, 정서적으로 어려움을 겪으면 상담가가 되기도 해야 한다. 그런 면에서 교사는 종합 예술가다.

선생님의 손길과 눈길과 마음 씀씀이에 아이들은 놀랍게 변화한다. 지금 이 순간에도 현장에서 아이들과 함께 웃고 울고 계실 선생님, 그들이 바로 세상에서 가장 아름다운 창조를 하고 있는 위대한 예술가다.

일전에 내가 강의하러 갔던 학교의 어느 선생님으로부터 학생생활기록부(생기부) 예시 자료를 요청하는 이메일을 받았다. 기쁜 마음으로 생기부 기록 중 특별활동(자치적응) 기록한 것을 날짜별로 정렬해 보내드렸다. 평소의 기록이 학생을 이해하는 데 큰 도움이 된다. 나는 생기부를 기록할 때 사적인 의견은 지양하고 사실만 기록하는 것을 원칙으로 하고 있다. 생기부에 기록한 내용과 사실을 본인은 물론 학부모에게도 학급신문이나 휴대폰 문자 등을 통해 빨리 알린다.

정기고사 성적표의 가정통신문 〈학교에서 가정으로〉란에 아래처럼 써서 보냈다.

[성적표 가정통신문: 학교에서 가정으로]

우리 반의 면학 분위기가 날로 향상되고 있습니다. 잘한 부분보다 발전한 부분을 놓치지 않고 부모님과 본인에게 알려드린 게 이토록 놀라운 변화를 가져올 줄은 몰랐습니다.

일전에 고교생 20% 가량이 신경정신과의 정밀진단이 필요하다는 뉴스 보도가 있었습니다. 부모님께서 공부를 강요하시든 그렇지 않든 본인이 열심히 하든 그렇지 않든 우리나라(일본도 그렇다고 합니다만)의 고교생은 많은 심적 부담을 갖고 삽니다. 이번 달 24일은 학부모님들께 수업을 공개하는 날입니다. 공개 수업에는 못 오시더라도 아무 부담 없이 3차 학급 학부모 모임에 참석해주세요. 늦더라도 오셔서 삶을 나누어요.

나중에는 아예 생기부 사본을 보내기로 했다.

[공통 가정통신문]
가정통신문 대신 생기부 사본을 출력하여 보내드리겠습니다. 입시 컨

설팅 등에 활용하세요. 출결은 ○○월 말까지의 통계입니다. 이번 가정통신문은 아이들 생기부의 자치적응란에 그동안 입력한 내용을 보내드립니다. 이는 평생 보존할 문서이기도 하지만 내년 대입 전형자료로 성적과 함께 대학교에 전산망에 자동 입력되는 비교과영역의 매우 중요한 사항입니다. 협동정신이 투철하다는 추상적인 말보다 참여와 소통으로 애쓴 모습을 대학에 보여줄 수 있도록 하려는 담임의 노력으로 보시면 되겠습니다. 고맙습니다.

이렇게 쓰고 생기부 사본을 성적표에 철해 보낸다. 칭찬이나 격려의 표현을 굳이 쓰지 않아도 사실이 기록된 생기부만으로도 충분하다. 참여와 소통이라는 담임의 학급운영 철학과 급훈 "서로 늘 인정하고 격려하자"를 실천한 것이므로 이미 칭찬이 되고 보상이 되고 격려가 되기 때문이다. 요즘 칭찬, 격려, 보상이라는 용어 자체를 훈육의 측면에서 다양하게 재정의하고 있어서 혼동이 될 수 있다. 이를 '인정recognition'이라고 부르며 '상대방 행동의 긍정적 변화에 대해 알고 있다고 본인에게 알려주는 다양한 방법'이라고 정의한다. 인정이란 칭찬보다 훨씬 넓은 개념이다.

아이들의 행동변화를 어떻게 일일이 기억할까? 나는 교무수첩 대신 늘 휴대하는 작은 수첩에 적어두거나 휴대폰 메모장에 그때그때 기록해 두었다가 생기부 프로그램을 열 때마다 입력한다.

모든 조직에는 훈육이 필요하다. 군대나 경찰은 물론 회사, 심지어 가족 안에도 훈육discipline이 필요하다. 이를 〈참여소통훈육participative and communicative discipline〉이라 부른다. 참여소통의 포트폴리오로 생활기록부를 활용하는 것이다.

[학생생활기록부 전산입력]

3월 5일 학급 소통팀장으로서 학급의 사이버 토론회를 주재하고 그 결과를 학급 홈페이지에 탑재함.

3월 17일 학급의 자리배치 추첨 담당으로 학급 전원의 자리 추첨을 진행하고 자리 배치도를 작성하여 원활한 수업진행에 도움을 줌.

4월 1일 학교체육대회 학급 축구 대표 선수로서 2학년 4반 방과 후 축구 연습 경기에 참여함.

4월 11일 1학기 학급 부회장으로서 학급의 단합에 기여하고 1인 1역 축구감독으로서 학급 축구반을 이끌어 4월 5일까지 학급 대항 모든 친선 경기에서 승리를 거둘 만큼 리더십이 있음.

6월 1일 여름을 맞아 교실의 선풍기 사용할 시기가 되었으나 선풍기가 겨우내 몹시 먼지를 많이 타 더러워져 있어 학생들이 사용을 꺼리자 자발적으로 담임에게 청소할 것을 제안하여 깨끗이 닦음.

6월 2일 건전한 통일안보관 확립을 위한 글짓기 행사에 적극 참여하여 학급 대표 작품으로 제출함.

6월 4일 동료 주번 한 명이 잊고 그냥 집으로 간 날 혼자 남아 끝까지 교실 청소 및 뒷정리를 함.

6월 7일 1차 학급칭찬스티커 백 개 기념 자장면 파티 학급행사를 한 다음 정리정돈을 자발적으로 열심히 함.

6월 9일 방과 후 학급 대표로 가을 축구대회를 앞두고 다른 반과 연습 경기 도중 친구가 부상으로 병원에 후송되자 경기를 마무리하고 병원

에 가서 친구의 부상 정도를 살피는 동료애를 보임.

6월 30일 기말고사 기간 중 아침 시간에 멘토의 도움을 받아 수학 시험 공부를 하는 자기주도적 학습 태도를 보임.

6월 30일부터 **7월 4일**까지 주번을 하면서 기말고사 기간이 포함되어 있었음에도 교실의 청결 유지에 최선을 다하는 책임감을 보임.

7월 1일 지난달 달력을 떼어내어 주변에 대한 애정과 관심을 보임.

7월 2일 1학기 기말고사 중 칠판에 시험 과목과 시간을 적는 봉사활동을 스스로 함.

7월에 학급 기온 측정 및 기록 담당을 맡아 성실하게 기록하여 층별 난방이 학급별 개별 난방으로 바뀌도록 하는 데 크게 기여함.

8월 21일 개학에 맞추어 복장을 단정히 하는 준비성을 보임.

8월 25일 학급의 발야구 대표 선수로서 1차전에 출전하여 승리함.

8월 25일 학급의 상황팀장으로 체육대회 여자 발야구 예선 경기 장면을 디지털 카메라로 촬영함.

9월 18일 학력평가 보는 날 시험을 위한 책상 배열에 노력을 기울임.

9월 19일 아침 일찍 등교하기 학급 자치행사 첫날 성실히 참여하여 학급 공동체 문화 형성에 기여함.

10월 2일 2학기 중간고사 기간 중 일찍 등교하여 급우들과 시험 예상 문제 묻고 답하기를 하는 등 멘토링 문화에 기여함.

맡겨! 맡겨! 모든 걸 다 맡겨

"동생 줄 것은 없어도 도둑 줄 것은 있다(無贈弟物 有贈盜物)"는 속담이 있다. 아무리 살림이 어려운 집도 도둑맞을 것은 있다는 말이다. 그만큼 도난사고가 쉽게 일어날 수 있다는 뜻이다. 교실에서 도난사고가 생기면 참 난감해진다. 일어나지 않도록 하는 예방이 최선이다.

첫째, 소지품 실명제를 도입한다. 교실에서 도난 사고가 일어났는데 훔쳐간 아이가 끝까지 자기 물건이라고 우기는 경우가 많다. 자기 물건에 이름을 써두면 이런 낭패는 예방된다. 굵은 유성매직으로 책 모서리에 이름을 쓰게 한다. 학년 초 조회시간에 매직 여러 개를 가지고 가서 자기 책에 직접 이름을 쓰도록 한다. "주인을 찾지 못해 버려지는 책이 의외로 많다. 잃어버리고 나서 다른 사람 도둑으로 만들지 말자."

둘째, 3월에는 다른 반 학생 출입을 금지한다. 3월 한 달 동안은 쉬는 시간이나 점심시간이라 해도 우리 반에 다른 반 학생이 들어오지 못하게 한다. 학급 전원이 감시하도록 권유하고 발각됐을 경우 벌점을 부여한다. 대여섯 차례 점심시간에 우리 반 교실에 가서 다른 반

에서 온 아이들을 단속한다. 교실 앞뒤 유리창에는 아래 문구를 붙여
둔다.

> **학급 사정에 의해 다른 반 학생 출입을 무기한 금합니다.**
> **용건이 있으면 입구에서 친구를 불러주세요.**
> **불편을 드려 죄송합니다.**
> –담임 송형호 배상–

이 공지문의 효과가 상당히 크다. 다른 반 애들이 들어온다 해도
적어도 큰 소리로 분위기를 휘젓지는 못한다.

셋째, 귀중품 담임 보관제를 알린다. "맡겨, 맡겨! 모든 걸 다 맡
겨!" 맡긴 금품에 대한 모든 책임은 담임이 진다. 하지만 맡기지 않은
물건을 잃어버릴 경우는 담임한테 말도 하지 말 것! 유감스럽게도 잃
어버린 물건을 되찾아본 일이 없다는 경험도 알려준다. 휴대폰이나
디지털카메라 등을 가져오는 것을 구태여 말리지는 않지만 단 한 가
지 조건이 있다. "분실시 신고 금지!" 맡기지 않은 물건을 잃어버렸다
고 말하면 들을 수 있는 말은 이것뿐이다. "참 안됐구나!(속으로는 쌤
통이다)" 어깨를 으쓱하며 이렇게 말하고 돌려보낸다. 특히 3월 초 아
이들이 서로 얼굴을 잘 모를 때가 가장 위험하다. 액수가 큰 돈(학원비
등)은 선생님에게 맡기라고 조회 때마다 말해둔다. 처음에는 맡기라
고 해도 잘 안 맡긴다. 새 선생님에 대한 부담도 있을 것이다. 그럴 때
는 슬그머니 다가가서 능청스럽게 말한다. "오늘은 뭐 맡길 거 없수?"
한 달쯤 지나면 알아서 갖고 나와 맡긴다.

넷째, 우리 반 수호천사 경호팀장을 임명한다. 1인 1역으로 경호팀장을 맡는 아이가 문단속을 담당한다. 특히 특별실로 이동할 때 교실 문을 열어둔 채 나가는 일이 없도록 한다. 누구도 담임의 사전 허락 없이 혼자 교실에 남지 않도록 한다. 체육시간을 포함하여 이동수업 시간이면 '잃어버리면 서글퍼질 모든 물건'을 다용도 주머니(학급비로 문방구에서 구입한다)에 '퐁당퐁당' 넣도록 하고 경호팀장은 이것을 교무실의 선생님 서랍 등 약속된 공간에 보관해 두었다가 시간이 끝나면 나누어 주도록 한다.

[경호팀장의 역할 수기]

제가 맡은 1인 1역 역할은 '경호팀장'입니다. 처음 1인 1역을 정할 때 선생님께서 선착순이라고 하셨기 때문에 제일 편하고 쉬운 것을 하려고 제일 먼저 선택했던 게 출석부 담당이었습니다. 왜냐하면 선생님께서 선생님 도장 확인하는 것이 출석부 담당이 하는 일이라고 하셨기 때문입니다. 그런데 확정된 표를 보니 출석부 담당이 경호팀장으로 바뀌어 있었습니다. 경호팀장 업무는 출석부 챙기기, 이동수업 때 귀중품 보관하기, 에어컨과 히터 끄기 및 환기, 뒷문 잠그기를 합쳐놓은 것이었는데 이 모든 걸 제가 해야 한다고 하니 당황스러웠던 게 사실입니다. 하지만 쉽고 편한 일만 하려고 했던 이기적인 저의 모습을 반성할 수 있게 해준 좋은 계기가 되었습니다. 반성은 곧 열심히 하고자 하는 의지와 다짐이 되어 이 일을 더욱 열심히 하게 만들어주었습니다. 제가 주로 하는 일은 출석부 확인인데 이동수업하러 갈 때 마지막으로 문 잠근 뒤에 나가고, 마치고 제일 먼저 와서 교실 문을 열어 놓는 것도 포함돼 있습니다. 학기 초에는 반 친구들이랑 친해져야 한다는 조바심이 있었는데 이 일이 그것을 방해한다고 생각했습니다.

다른 애들은 다 같이 나가는데 혼자 마지막까지 애들 다 기다렸다가 문 잠그고 허겁지겁 뛰어나가고 또 제일 먼저 뛰어와야만 했기 때문입니다. 보이지 않는 스트레스도 있었고 이 역할에 불만도 생길 수밖에 없었습니다. 그런데 같이 기다려주는 애들이 생기면서 자연스럽게 마지막으로 나가는 시간이 지루하게 느껴지지 않게 되었습니다. 그리고 아이들이 다 나가기를 기다리는 동안 혹시 준비물을 빠트린 것이 없나 다시 한번 둘러보고 생각하게 되는 좋은 점도 있다는 사실을 깨닫게 되었습니다. 또한 이동수업이 끝난 후 제일 먼저 뛰어와서 앞문과 뒷문을 열어 놓았을 때 반 친구들을 밖에서 오랫동안 기다리지 않게 했다는 뿌듯함과 만족감이 제 자신을 즐겁게 해주었으며 책임감을 갖게 해주었습니다. 모든 일은 마음먹기 나름인 것 같습니다. 하기 싫다, 하기 싫다 했을 땐 정말 하기 싫었는데 마음을 고쳐먹고 보니 보다 많은 일을 기분 좋게 해낼 수 있게 되었습니다. 솔직히 이 역할이 힘 하나 안 들고 너무 재밌고 즐겁기만 하다면 그것은 거짓말일 것입니다. 그러나 '경호팀장'이라는 역할은 저에게 많이 부족했던 책임감을 갖게 해주었고 남을 생각하고 배려하는 법을 배우게 해주었습니다. 앞으로도 2학년 2학기가 끝날 때까지 힘차게 뛰어다니겠습니다!

랭킹 1위 모시기

학급에 지각, 조퇴, 결석하는 학생이 많으면 출석부 입력하는 것도 큰 일이다. 그래서 가끔 학생의 도움을 받는다. 그달의 지각 랭킹 1위를 상담이라는 명분으로 교무실에 불러놓고 출결 입력을 돕게 한다. 내가 출석부를 보고 불러주는 대로 아이가 전산 입력을 하는 것이다.

우리 반에 충동조절장애가 의심되는 학생이 한 명 있었는데 이 녀석이 10월 한 달 동안 여덟 번 무단 지각에 여덟 번 무단 조퇴 그리고 결석이 하루였다. 느지막이 오서서 힘드시면 그냥 퇴근하시는 거다. 이 녀석이 교무실로 불려와 한참을 입력하더니 저도 어이가 없는지 픽 하고 웃는다.

퇴근길에 아차산으로 가면서 아이 부모님과 본인에게 문자를 넣었다.

노성이가 오늘 10월달 출결 입력을 도와주었습니다.
10월에는 결석이 한 번밖에 없었네요.
3학년 진급에 무리가 없지 싶습니다.

아버님에게서 답장이 왔다.

네, 이제는 결석 않고 열심히 학교 가니
기쁜 일이네요. 감사합니다.

못난 행동은 못 본 척하고 잘난 행동은 귀신 같이 알아주는 것. 못
난 행동의 교정 원리다.

디지털 네이티브와 통通하였느냐

소비자가 지식 생산자로서 프로슈머인 것처럼 지식정보화 사회에서는 학생도 교사 역할을 하게 하는 것이 필수적이다. 프렌스키^{Marc Prensky}는 디지털 세대의 특징을 "Engage me or enrage me!(관심을 가져주세요. 그렇지 않으면 격분해요!)"라고 표현했다. 디지털 세대의 특징을 나는 이렇게 말하고 싶다. "Engage me and enhance me. (저를 참여시켜 주세요. 그래야 제가 자라기 시작하거든요.)" 디지털 네이티브 세대와 함께 수업하고 이 아이들의 수행평가를 효율적으로 하려면 이것을 화두로 삼아야 한다. "Experience the text book in your unique way and share the experience with your friends.(너만의 독특한 방식으로 교과서를 체험하라. 그리고 그 체험을 친구들과 공유하라.)" 그러려면 다양한 수행평가 방식이 필요하다. 하지만 평가 방식을 다양하게 제시한다고 해서 학생들이 반드시 열심히 참여하는 것은 아니다. 교사의 홍보 전략이 필요하다.

우선 초반에 분위기를 조성하는 것이 포인트다. 온라인 게시판에 숙제를 제출하는 즉시 게시글 평점 기능을 이용하여 만점을 부여하고 잘된 점을 콕 집어 댓글로 칭찬한다. 막연히 수고했다, 잘했다 하는 칭찬보다 훨씬 효과가 있다. 숙제를 올린 학생은 다음 날 교사의 댓글을 확인하러 반드시 다시 들어온다.

고등학교 어느 반에서 숙제를 가장 먼저 낸 학생에게 '일빠', '이빠'라고 하여 학급별로 2명씩 상점 2점(1학기 중간 프로젝트과제 우수모범부문)을 주었다. 숙제 올린 것을 최고급 용지에 컬러로 출력해 코팅한 다음 교과교실 창문에 붙였다. 이 학생들이 가장 먼저 교과실로 오게 된다. 고등학생도 이러니 중학생이야 오죽할까. 교실 안에서 밖을 향해 학생들의 과제작품을 부착해 쉬는 시간에 기다리는 학생이나 지나가는 학생이 모두 볼 수 있도록 했다. 잘 보이도록 창측 형광등은 쉬는 시간에도 켜둔다. 이 과제물은 다음 해 수업의 견본으로 활용한다. 실물로 만들어 온 작품은 스캔하거나 디지털 카메라로 찍어 게시판에 올린다.

숙제가 몇 작품 들어왔다 싶으면 웹진(소식지)을 발행한다. 학생 작품을 소식지에 소개해서 학생 전체에게 메일로 보낸다. 이 정도만 해도 학생들의 자긍심이 하늘을 찌른다. 교사가 제시한 모델을 응용한 퓨전 작품을 낸 경우 '세계 최초'라는 이름으로 대서특필한다.

웹진은 아이들이 메일을 열어보기 좋은 토요일 오후에 발행하여 다음 주 수업 예고, 본수업, 복습의 삼위일체가 이루어지도록 한다. 이렇게 하면 아이들의 의사소통이 활발해진다. 주말 동안 숙제를 마친 학생들이 아직 못 한 학생들을 도와주는 멘토 역할을 하게 된다. 학생들이 숙제에 대해 물으면 숙제를 가장 먼저 낸 학생 이름을 거명하며 그 친구에게 물어보라고 하여 'student as teacher'로 활용한다.

학생들이 낸 과제작품으로 학습지를 만들 수도 있다. 이것을 교과실에 비치하고 수행평가 과제로 사용한다. 그 반 학생 작품으로 그 반 수업을 하는 것을 원칙으로 한다. 부득이 다른 반 학생의 작품으로 수업하게 될 경우, 그 반 작품이 없어서 미안하다고 하면서 은근히 숙제 안 한 학생에게 압박을 주어 다음에는 반드시 참여하도록 한다. 작품 당사자를 기자재 수업 도우미로 컴퓨터 앞에 앉혀놓고 수업을 진행한다. 수업 도우미 학생에게 마이크를 주어 본인이 직접 답을 발표하도록 한다. 이때 일부러 잠시 자리를 비우기도 한다.

이 작품들은 모아두었다가 학교 축제 때 영어과 코너에 전시한다. 해당 학년도 최우수작은 교지에 낸다. 이 정도 되면 아이들은 숙제에 목숨을 걸다시피 한다. 그뿐 아니라 수업에 임하는 자세가 완전히 달라진다. 그 행복한 얼굴들이란…. 너무 행복한 나머지 종만 치면 교과실로 달려온다.

수업이 왜 이렇게 달라져야 할까? 아이들이 달라졌기 때문이다. 이래도 숙제 안 하는 아이들은 어떻게 하나? 내버려둬야 한다. 무슨 마음의 병이 있는 것이겠거니….

담임의 3불^不 정책

3월 첫날 담임으로서 아이들에게 하는 약속은 다음과 같다.

> 첫째, 체벌 없어요.
> 둘째, 말로 야단치지 않아요.
> 셋째, 부모님께 뒷담 안 까요.
> 이상 세 가지 중 어느 한 가지라도 담임이 했을 때 이를 가장 먼저 지적한 학생에게 문화상품권 일만 원권을 줌.

야단칠 일이 있을 때는 학급신문을 통해서 한다. 아이들은 특히 세 번째 약속에 마음을 놓는다. 안심하고 담임 명함을 가져다 부모님께 전한다. 그러면 부모님이 담임에게 문자를 보낸다. 요즘은 사전 예방을 많이 해서 그나마 야단으로 비쳐지지도 않는 듯하다. 학부모총회 때 오신 한 학부모께서 이렇게 말씀하셨다.

"3월 첫날 담임선생님 명함과 소개서를 받고 학부모로서 인정받고 있다는 느낌이 들어 좋았습니다."

담임의 편지 - 화남과 화냄은 달라요 ~~~~~~~~~~~~

어제 성준이에게 담탱이 불쑥 화를 내서 3불 정책을 어겼지요? 화를 내는 것은 상대방을 비난하는 것이지요. 제가 그만 화의 덫에 낚여버렸습니다. 워낙 속이 좁아서요. 매일 산을 오르며 마음을 다스리려 애쓰지만 우울의 덫에 낚여버리면 속수무책입니다. 아직도 내공이 많이 부족합니다.

성준이에게 벌컥 화를 낸 벌로 문화상품권 일만 원권을 주려고 하니 한사코 받지 않겠다고 하네요. 자신의 잘못에서 비롯된 일이라면서요. 해서 여러분 모두를 위해 루이보스 차를 계속 준비하겠습니다. 루이보스 차는 우울증, 불면증, 알러지, 변비 등에 효험이 있다고 합니다.

부모님께서 특히 아버지가 여러분과 대화하는 걸 힘들어하시면 『부모와 십대 사이』라는 책을 선물해보세요. 아버님들께서 엄하게 하시는 것은 사실 그것 외의 방법을 모르시기 때문이라고 봐요. 우리 반 보세요. 공부하라는 뻔한 잔소리 안 해도 영어 1등, 언어 2등하지요. 담탱이 감독 안 해도 주번 땡땡이치는 사람 올해 단 한 사람도 없잖아요. 우리 부부는 이 책을 거실 소파에 두고 만화책 보듯 편안한 마음으로 수시로 보고 있어요. 『다시 태어나는 중년』과 함께 저희 집 가족 행복사전이라고나 할까요. 아버님의 훌륭한 직장생활을 위해서도 꼭 필요한 책이라고 봐요. 리더십의 핵심은 대화의 능력이니까요.

폭력적 대화란 자신의 주의나 주장만을 고집하는 대화법이에요. 자신의 주의나 주장은 반드시 관철되어야 할 '특별한' 것이고, 상대의 그것은 이기주의이며 일방적인 것으로 판단해버리는 것이지요. 폭력적 대화는 긍정적인 결론을 이끌어내기보다는 서로에게 상처만을 남기지요. 이 책은 우리가 의식적이든 무의식적이든 일상적으로 사용하고 있는 폭력적인 대화를 극복하는 방법에 대해 이야기합니다. 우리가 얼마나 폭력적인 대화법을 스스럼없이 사용하고 있는지를 밝히면서 비폭력 대화가 우리 사회와 각 개인을 어떻게 바꿀 수 있는지 알려주지요. 화남과 화냄은 달라요.

종례신문 효과

종례신문은 내 오랜 종례 역사의 산물이다. 오래전부터 종례는 그야말로 마치는 예의로 인사만 했다. 종례신문을 만든 것은 일부러 마음먹은 일은 아니었다. 언제부턴가 종례를 하러 들어가서 할 말이 없어진 데서 비롯된 것이다. 그 사연은 다음과 같다.

첫째, 매일 조회사항을 종례 때 들어가서 반복하느니(시끄러워 말도 안 듣는데) 효과적인 방법이 없을까 연구하다 대형 문구점에 가서 전지 반장 크기의 화이트 보드를 사다가(한 번 구입하면 반영구적으로 사용가능하다. 우리 반 교실 화이트보드는 5년도 넘었다.) 교실 시간표 옆에 붙여 놓고 수업 준비물이며 과제, 전달 사항 들을 기록하기 시작했다. 기록은 학습부장에게 보드마커(흑, 적, 청)와 지우개를 주고 맡겼다. 종례 들어가면 화이트보드를 가리키며 "애들아 알지?"하면 애들은 "네"하고 끝나게 되었다. 하루 종일 이 게시판을 의식적이든 무의식적이든 보게 되니까 따로 설명을 할 필요가 없어졌다.

둘째, 그래도 기록하는 습관이 없는 학생들이 있어 좀 더 궁리해 보았다. 학생 각자 초등학교 때부터 습관이 되어 있던 알림장을 준비해 오라고 하였다. 중학생이니까 '플래너'라고 이름만 바꾸었다. 월요일 1교시 HR시간(Homeroom, 학급회의 등 담임과의 시간)에 플래너를 꺼내어 요일별로 행사, 준비물 등을 칠판에 설명을 곁들여 안내하고 기록하도록 했다. 그러면서 나도 조그만 수첩을 준비해 꺼내어 같이 기록했다. 플래너 검사는 따로 하지 않았기 때문에 적지 않는 아이들도 있었다. 그렇게 한 번 설명해 준 사항을 학생이 다시 질문하면 "플래너를 봐"라고 하고 대답을 안 해준다.

셋째, 한 번 설명한 내용은 설명이 불충분한 경우가 아니고는 절대 재설명을 하지 않는다. 그렇게 집중력 강화 훈련을 한다. 조회시간에 방금 말했는데 되묻는 학생이 있으면 "너, 내 말 씹냐?"하고 핀잔을 준다. 학기초에는 선생이 이렇게 말하면 아이들은 아연실색을 한다. 조금만 시간이 지나면 달라진다. 또 그렇게 되묻는 경우가 발생하면 아이들이 먼저 짜증스럽다는 표정으로 질문한 아이를 쳐다보게 된다. 결국 아이들이 담임의 말에 집중하게 되었다. 꽤 짭짤한 부수입이다. 준비해 오지 않아 불이익을 당해도 학생 책임일 뿐이다. 학년 말에는 교과서 대금을 가져오지 않아 책을 못 받는 학생이 생겼는데 나머지 모든 아이들은 그 아이를 향해 "싸다, 싸"하는 눈길을 보냈다. 자기 책임이니까. 그렇거나 말거나 담임으로서 내가 강조하는 것은 오로지 집중력이다.

넷째, 돈 걷는 일은 액수가 크지 않으면 미리 내가 행정실에 대납하고 아이들이 돈을 걷어 천천히 내도록 했다. 돈 걷는 잔소리를 안 하니까 또 할 말이 많이 없어졌다.

다섯째, 하여튼 위와 같이 하게 되면서 종례 시간이면 문 빼꼼 열고 입구에서 "애들아, 잘 가라"는 말밖에 안 남게 되었다. 조회시간조차 전달 사항이 줄어들어서 그 시간에도 어지간한 잔소리는 하지 않고 감동적인 훈화를 들려줄 여유가 생겼다.

여섯째, 마지막으로 청소 지도 문제가 해결되니까 더 이상 종례가 필요가 없게 되었다.

이런 종례의 역사를 거치면서 어떻게 하면 잡무와 전달 사항을 더 줄여볼까 하는 요량으로 2005년 3월초부터 종례신문을 시작했다. 그런데 언젠가부터 학생들과 의사소통하는 양과 질이 훌쩍 커진 느낌이 들었다.

아리스토텔레스는 설득하는 법으로 세 가지를 들었다. 에토스, 파토스, 로고스가 그것이다. 에토스는 인간이 가진 본연의 인격적인 면으로 설득하는 것인데 이것이 60%의 효과가 있고 파토스는 감성을 터치하여 설득하는 것으로 30%의 효과가 있으며 로고스는 논리적으로 설득하는 것인데 이는 10%의 효과만 있다고 한다. 잔소리는 10점, 감동은 30점짜리인 데 인격적인 설득이 60점짜리라는 뜻이 되겠다. 종례신문은 글을 통해 남 얘기하듯 인격적인 설득을 가능케 한다. 이것이 최고의 훈육법인 셈이다.

실은 종례신문을 전날 방과 후에 준비한다. 하지만 평소에 좋은 글귀, 전하고 싶은 메시지 등을 틈날 때마다 도배한다 싶을 정도로 홈페이지에 잔뜩 올려두기 때문에 필요할 때마다 검색해서 쓰면 된다.

때로는 주제별 속담도 시의적절하게 쓰면 촌철살인의 효과가 있다.

특별한 일이 없으면 종례신문 하나 만드는 데 20분 이상 걸리지 않는다. 하다보니 종례신문의 필요성이 더욱 크게 느껴졌다. 그래서 모임을 통해 다른 선생님들에게도 권하게 되었다.

처음에는 학교 인쇄실에 몇 년 전 정기고사 답안지로 쓰던 A4크기 OMR 카드가 수천 장 보관된 게 있어서 이면을 활용해 썼다. 내가 늘 이 종이를 쓰니까 언제부턴가 교무실 사무원이 모의고사 치르고 남은 답지들을 버리지 않고 챙겨뒀다가 가져다주었다. 학생들에게 나눠준 종례신문은 다시 모아서 교사 연수 때 선생님들에게 다시 실물 자료로 나눠주었다.

부모와 교사가 의견을 주고받을 수 있는 학급신문newsletter도 발행했다. 부모에게까지 전달되는 학급신문에는 학생의 행동, 오늘 완성한 과제, 해야 할 숙제 등을 기록한다. 학생에 관하여 학부모와 자주 상의하는 것이 학생을 이해하고 문제를 해결하는 데 있어서 무엇보다도 중요하다. 부모가 자녀의 상황을 정확히 인지하는 것이 미래의 아동 성장에 도움이 되기 때문에 ADHD 등 자녀에게 문제가 있다는 사실을 부모에게 숨기지 않는다. 학부모도 자신의 자녀가 학교생활에 어려움이 있다는 것을 알고 있다는 사실을 종종 접하게 된다. 아이가 학교에서 경험하는 좌절감만큼 부모도 그것을 똑같이 경험하고 있는 것이다.

2007년 9월 17일. 우리 반 어느 학부모님이 보낸 메일이다.

TO 송샘

FROM 김문영(민재엄마)

안녕하십니까.

신민재 엄마 김문영입니다.

아이가 종례신문을 먼저 꺼내놓지 않으면 이제는 제가 아이 책 가방을 열어서 종례신문을 꺼내 읽게 됩니다. 종례신문을 통해서 교실에 있었던 전반적인 사항들을 더 자세히 알 수가 있어서 좋습니다. 같은 반 친구 이름도 그 어느 학년 때보다도 많이 알 수 있고 그로 인해 아이와 대화도 더 많아졌습니다. 선생님들께서 칭찬해주시면 아이가 더 신이 나서 학교생활을 즐겁게 하는 모습이 보입니다. 어린아이마냥 "오늘은 무슨무슨 수업시간에 칭찬 들었어"로 대화가 시작됩니다. 칭찬은 고래도 춤추게 한다더니 선생님의 칭찬이 아이 성적을 향상시키는 데 많은 도움이 되고 있습니다. 앞으로도 많은 칭찬과 격려 부탁드립니다. 선생님께서 종례신문에서 알려주신 대로 시험 때가 되면 아이가 좋아하는 반찬을 해주고 아이가 최상의 컨디션으로 시험을 볼 수 있게 합니다. 그리고 선생님께서 추천해주신 책 『다시 태어나는 중년』을 읽고 주변 사람들한테도 추천해주고 있습니다. 많이 바쁘실 텐데 선생님께서 종례신문을 통해 알려주신 덕분에 실생활에도 많은 도움이 되고 있습니다. 감사합니다. 저는 우리 아이를 가족을 믿고 사랑하며, 어른들을 공경하고 예의를 지키며, 자신에게 정직하고 엄격하며, 친구와 이웃을 배려하고 남에게 폐를 끼치지 않으려는 마음가짐과 태도를 가르치려고 노력하고 있습니다. 환절기에 감기 조심하십시오.

♣ 어버이날을 축하드리며 학부모님께 드립니다.

저는 홀어머니의 외아들입니다. 어머니는 홀시어머니, 아내는 외며느리인 셈이지요. 결혼하고 오랜 세월 저는 이른바 고부갈등이란 것에 시달렸습니다. 살림을 도맡아 하시던 어머니는 늘 아내에게 이런저런 불만이셨지요. 여우같지 못한 아내는 이런 어머니와 사이좋게 지낼 방법이 없었겠지요. 어머니의 며느리에 대한 불만은 거의 증오에 가까울 지경이었지요.

그런 와중에 저는 갈등의 원인이 늘 아내에게 있고 "시어머니 마음을 만족시키려고 조금만 더 열심히 하면 될 텐데 그걸 못한다"며 서운해하고 있었지요. 그런 상태가 지속되니 결과는 뻔한 것이지요. 아내와 저 둘 사이의 관계가 나빠져서 몇 년 전 심각하게 이혼 생각을 하게 되었습니다. 그런데 저는 그전부터 이혼 가정의 자녀들이 사춘기에 방황하고 힘들어하는 모습을 봐오면서 이혼하느니 차라리 죽는 게 자식들에게 더 나을 것이라는 위험한 생각까지 해왔습니다. 그런데 이제 결단의 순간이 눈앞에 다가왔습니다.

혼란의 와중에 집사람이 성당에 함께 나가 세례를 받자고 제안했습니다. 뜬금없이 웬 성당이냐고 했더니 누님께서 그걸 권하시더랍니다. 부부간의 문제가 심각해지니 시누이와 상의를 했고 누님이 권했던가 봅니다. 해서 저희 부부는 두 달 정도 수요일 밤 8시부터 9시까지 한 시간씩 세례를 위한 학습을 받으러 성당에 다녔습니다. 저는 정말 가기 싫었고 그런 내색을 아내에게 노골적으로 했습니다. 술 잔뜩 먹고 가서 졸기도 하구요. 그런데 세 번째 가는 수요일쯤부터 아내와 단둘이만 가는 그 시간이 달콤한 데이트로 바뀌어 있더군요.

당시 제가 수업 방법 개선 교육강사로 좀 뜨면서(?) 집에 와서도 늘 컴퓨터 앞에 앉아 있었습니다. 그런데 성당에 다니면서 그동안 아내와 단 둘의 시간이 전혀 없었다는 것을 그제야 깨달았습니다. "여보, 우리 둘만의 시간을 갖게 되니까 정말 좋다." 이런 말이 절로 나왔습니다. 결혼 전에 보았던 그 사람의 매력도 다시 느끼고 사랑스런 마음도 다시 느끼게 되었지요. 아내를 긍정적으로 보게 되면서 '아, 왜 내가 이 사람이 늘 최선을 다하고 있다는 생각을 못 했을까? 초등교사까지 하면서 살림하고 애들 키우고…. 이 사람은 늘 과로 상태가 아닌가?'라는 생각이 들었습니다. 그런 마음으로 아내의 일거수일투족을 다시 보니 정말 아내는 늘 힘들고 어렵게 살고 있더군요. 바쁜 아침, 나는 식탁에 앉아 신문을 보고 아내는 식사 준비에 애들 급식 수저 챙기고 보온병에 물도 준비하고… 참 모자란 남편이었지요. 이제는 부엌에서 아침 준비 서두르는 아내의 뒷모습을 보면 안쓰러움에 가슴을 쓸어내리기도 한답니다.

저희 집 이혼 파동은 그렇게 수습이 되었습니다. 그 일 이후로 어머니도 아들인 제게 며느리 흉보는 일이 점차 줄어들어 지금은 아예 하지 않으십니다. 흉을 안 보니 미움도 줄어드시는지 아내가 드디어 어머니를 편안해하기 시작하네요. 어머니도 아내의 장

단점을 있는 그대로 받아들이시고요.

재미있는 사실은 10여 년 동안 제가 〈고부간의 갈등〉이라는 허상에 매여 있는 동안 정작 아내는 늘 그 자리에 같은 모습으로 있었다는 것입니다. 시어머니와 남편이 그 알량한 속내 때문에 못 견뎌했을 뿐인 것이지요. 하지만 그간의 고통이 없었다면 어디 이런 지혜와 감사의 마음이 생겨나기나 했을까요.

The truth will set you free... but first it will make you miserable. -James A. Garfield
진실은 당신을 자유롭게 한다. 하지만 처음에는 당신을 비참하게 한다. -제임스 아브라함 가필드

아이들에게 어버이날 선물로 좋겠다며 학부모총회 때도 말씀드렸던 『다시 태어나는 중년』(이상춘 지음, 한문화, 2015)이란 책을 소개했습니다. 온 가족이 꼭 읽어보시기를 간곡히 권합니다. 시험 기간 중 아이들에게 신경 써주셔서 다시 한 번 감사드립니다. 중간고사 결과가 나오는 하순 경 2차 학부모총회 때 뵙겠습니다.

4교시

마음의
목소리를
듣자

A loyal friend laughs at your jokes when they're not so good,
and sympathizes with your problems when they're not so bad.
– Arnold H. Glasgow

진정한 친구란 당신이 한 농담이 썩 훌륭하지 않아도 웃어주고
당신의 어려움이 매우 심각하지 않아도 공감해주는 사람이다.
– 아놀드 H. 글래스고

꼴찌들의 회복력

ADHD 진단을 받아 전문 상담을 받았던 병준이와 은우가 고등학교를 졸업했다고 연락이 왔다. 내가 두 녀석의 담임을 맡고 있던 전 해에 병준이는 1학기 내내 주무셨고 은우는 2학기 내내 주무셨다. 그 둘을 데리고 함께 아차산에 오르기로 했다. 추우니까 옷을 단단히 입고 오라 했더니 제법 등산복을 갖춰 입고 나타났다. 광나루역에 만나서 산에 오르던 길에 이런저런 대화가 오갔다.

"졸업해서 개운하겠구나."

"뭐, 대학을 갔어야 개운할 텐데 그렇지가 않네요."

병준이 말이다.

"교복이 너무 새 거라 아까워요."

은우 말이다.

"뭐 좀 학교를 나왔어야 교복이 닳지."

병준이가 은우에게 핀잔을 준다. 병준이는 수학 때문에 일찌감치 재수를 결심하고 준비해왔다. 수능에서 수학 4등급, 영어 3등급, 언어 2등급을 받았다. 갈 만한 대학이 없지 않지만 자신이 원하는 대학을 가고자 그해 진학을 포기했다. 은우는 캐나다 유학 2년 경험을 가지고 영어특기자 수시전형으로 여러 곳에 응시했지만 실패했단다.

한강이 훤히 내려다 보이는 산중턱, 막걸리 파는 노점에 가서 막걸리와 꼬치를 시켰다. 졸업도 했으니 축하도 할 겸 막걸리 잔으로 건배를 했다. 그런데 녀석들이 어쩐 일인지 꼬치만 먹고 막걸리를 마다한다. 병준이도 은우도 술을 멀리한지 오래란다. 은우는 병준이 때문에 졸업식 날 두 번 놀랐다고 했다. 병준이가 컴퓨터 활용능력 우수상과 극기 부문 모범상을 받은 것이다. 컴퓨터 자격증이 전교에서 제일 많은 아이니 병준이가 학교 규정 상 컴퓨터 활용능력 우수상을 받는 건 당연했다. 하지만 극기 부문 모범상이라니…. 2학년 때 결석이 40여 차례에 이르고 지각은 셀 수도 없었다. 지각 랭킹 1위였던 병준이가 극기상을 받았다니 나도 놀랐다. 3학년 들어서는 단 한 번도 지각이 없었단다. 극기상을 받을 자격이 충분했다.

이제 어엿한 성인이 된 병준이와 은우에게 당부했다. 초조해 하지 말자고. 인생은 단판 승부가 아니니까…. 말콤 글래드웰^{Malcolm Gladwell}은 〈1만 시간의 법칙〉을 말했다. 어떤 분야든 숙달되기 위해선 하루 3시간 10년의 노력이 필요하다. 두 녀석에게 친구를 경쟁상대로 보지 말고 60억 인구 중에서 내가 가장 재미있게 잘할 수 있는 일을 찾아보면 성공이 꼭 찾아 올 거라고 얘기해줬다.

"정말 그럴 수 있는 거죠?"

은우가 눈을 반짝인다. 2학년 때 체중 100kg을 넘나들던 은우는 3학년 때는 120kg를 넘었단다. 학교 간다고 집에서 나와 PC방에서 살며 인스턴트 식품으로 끼니를 때웠으니 오죽했을까?

"토플 점수가 마음처럼 오르지 않으니 그 좌절감에서 빠져나오고 싶어 게임에 몰입했겠지."

"네, 사이버코쿤이었죠."

사이버코쿤^{cybercocoon}이란 사이버 공간에서 각종 정보를 얻는 차원을 넘어 정서적 만족감까지 느끼는 세대를 일컫는 말이라고 친절히 설명까지 덧붙인다. 대화를 하면 할수록 은우가 영어 공부를 제대로 하고 있다는 느낌을 받았다.

"문제는 자존감이었겠지. 오프라인에서 채울 수 없었던 자존감$^{self-}$^{esteem}을 온라인에서 찾아보고자 하는 절실함."

"네. 그래서 그 안에 우울도 있어요."

"컴퓨터 중독이나 알콜 중독이나 다 같은 의존^{dependency}이라 불리는 걸 보면 오토바이 폭주도 다르지 않을 것 같아."

"네. 'Peer pressure(동료들의 압력)'도 있고요."

은우도 병준이도 둘 다 심하게 폭주했던 아이들이다.

"은우야, 무엇보다 건강해야 한다. 운동해서 체중을 10kg 더 줄여 80kg으로 만들어 봐라."

"네. 그 영어 속담이 뭐더라. Sound mind in a sound body. 면접 때 쓰려고 외워두었지요."

씨익 회심의 미소를 짓는 은우를 보며 병준이가 그게 무슨 뜻이냐고 묻는다.

"아, 영어 3등급은 아직 모르겠군. 건강한 신체에 건강한 정신이지." 자기는 영어 1등급이란 뜻이렸다. 막걸리도 안 마시고 점점 추위를 느끼는 듯해서 산에서 내려왔다. 매점에 들러 국수로 추위를 달랜 뒤 지하철역에서 헤어졌다. 앞으로도 종종 산에서 번개하자고 했다.

서로를 아는 고수가 된 듯하다.

　은우는 재수 끝에 삼육대 영문과에, 병준이는 건국대 컴퓨터공학
과에 갔다. 병준이는 과대표가 되었다고도 했다. 고2 시작할 때 은우
의 성적은 39명 중 39등, 병준이가 38등이었다.

컴퓨터 도사의 우울

한때는 영어 교과실 컴퓨터에 수백 기가의 노래와 동영상을 담아두었다. 수업시간에 학생들이 원하면 언제든지 들려주려고 준비해둔 것이다. 하지만 요즘 아이들은 상상을 뛰어넘는다. 애들이 노래부터 듣고 수업 시작하자고 해서 듣고 싶은 걸로 골라보라고 했더니 온라인 노래방에 들어가 가수 아닌 일반인이 부른 노래를 들으며 다들 좋아라 한다.

이러니 내가 아무리 많은 음원을 가지고 있다고 해도 당해낼 도리가 없다. 그래서 미리 검색사이트의 동영상 메뉴를 열어놓고 과제를 먼저 마친 학생에게 뮤직 비디오 신청 권한을 상으로 부여하는 시스템으로 바꿔버렸다. 수업 중 배경음악의 문제도 해결되고 컴퓨터도 빨라졌다. 모아둔 음악과 동영상을 모두 삭제해 여유 공간이 생기니 속도가 빨라진 것이다.

나는 컴퓨터 도사가 아니다. 막힐 때마다 아이들에게 물어가며 배울 뿐이다. 90년대 후반, PC통신을 이용해 자료를 내려받던 시절의 일이다. 늦은 밤 통신에 접속해 자료를 받고 있는데 난데없이 누가 컴퓨터로 메시지를 보내 말을 걸어왔다. 우리 반 성재였다. 중학교 2학년의 이 사내아이는 키가 작고 얼굴색은 창백하다 싶을 정도였다. 어머니가 안 계신 외로움을 달래기 위해 컴퓨터와 PC통신에 몰입하고 있는 듯했는데 당시에도 컴퓨터를 스스로 조립하는 수준이었다. 마음 여린 성재는 때때로 복통을 호소하곤 했다. 사춘기의 절정에 이르렀을 아이의 가슴앓이라고나 해야 할까. 그날 밤은 성재에 대한 생각으로 가득 찼다.

이후 성재를 내 컴퓨터 사부로 여기고 가까이 지냈다. 우리 반 아이들에게는 물론 다른 선생님들께도 성재를 가리키며 "제 사부입니다"하고 자랑스럽게 소개했다. 성재는 우리 가족이 컴퓨터 전시회에 갈 때 함께 가서 설명을 해준 적도 있다. 2학년을 마칠 즈음 성재는 교내 컴퓨터 스타가 되어 있었다. 3학년 때는 학교 축제에서 컴퓨터 사운드를 담당하며 맹활약을 펼쳤다. 그 무렵부터는 성재가 묘하게도 나를 피하는 느낌이 들었다. 심리적으로 젖을 떼는 이유기離乳期라고나 할까?

불치하문不恥下問이라고 교사가 학생에게 배우는 것은 부끄러운 일이 아닐뿐더러 학생이 공동체에 기여할 기회를 만들어주게 된다. 얼마 전에는 둘째 아이로부터 휴대폰 대기 화면에 문구를 넣을 수 있는 기능을 배웠다. 이 문구 기능을 이용해 내가 명심해야 할 것을 짤막한 문구로 만들어 저장했다. 휴대폰을 열 때마다 그 문구를 가슴에 되새기고 있다. 최근까지 가장 오랜 동안 표시해 둔 문구는 이것이다. "가르친다는 교만을 버려!"

나 좀 내버려 두세요

남우는 일 년 내내 수업에 전혀 참여하지 않았다. 중학교 3학년이면 중요한 시기인데, 걱정이 되어 무슨 조언이라도 하려고 하면 퉁명하게 이렇게 말한다. "신경 쓰기 귀찮아요." 그냥 내버려 둬 달라는 투였다. 그런데 내버려 두기엔 상태가 만만치 않았다. 결석이 20여 일, 지각도 그 정도, 조퇴도 그만큼. 마침 신문에 난 우울증 기사를 보고 바로 이 아이가 우울증이구나 싶었다. 우선 기사를 복사하여 모든 학생들에게 돌렸다. 특히 남우에게는 어머니께 가져다 드리라고 했다. 남우도 그 기사가 자신과 무관하지 않음을 느끼는 표정이었다.

조회 시간에 기사에 나온 우울한 증상이 마음의 병일 수 있음을 모두에게 알리고 혹시 그런 친구가 주위에 있으면 도와주어야 한다고 당부했다. 남우 어머니와도 전화 통화로 정보를 나누고 교과선생님 전원에게 협조를 요청했다. 물론 비밀을 지켜달라는 부탁과 함께. 남우가 개선된 행동을 하나씩 보일 때마다 집요하게 그점을 짚어서 격려해주었다.

오늘은 모처럼 일찍 나왔더구나.
반가웠지만 쑥스러워할까 봐 인사 못 했다.

주변 친구들도 그 아이가 겪는 괴로움을 이해하기 시작한 듯 점차 말을 거는 아이들이 늘어났다. 그러면서 점점 수업을 방해하는 듯한 태도는 없어지고 소극적이나마 수업의 진행과정을 지켜보곤 했다.

남우가 꿈에서 깨어난
백설공주같이 예뻐지고 있습니다.
수업에 다시 참여할 날도
멀지 않은 듯싶습니다.

어머니와 학생에게 이렇게 문자를 보냈다. 며칠 뒤 어머니께서 학교 앞에서 한번 만나자 한다. 큰 어려움을 이겨내고 있는 아이를 곁에서 지켜보는 서로를 격려하는 자리였다. 면담 끝무렵에 어머니께서 감사의 뜻으로 드리는 거라며 봉투 하나를 건네신다. 고마운 마음을 표현하시는 소박한 어머니 면전에서 차마 거절할 수가 없어 아이들과 행복하게 사는 데 쓰겠다며 받았다.(지금은 김영란법 때문에 어림도 없는 일이지만.) 꼬깃꼬깃 구겨진 만 원짜리 열 장이 들어있었다. 어머니께서 장사하면서 번 돈인 듯싶었다. 코끝이 찡했다. 사양하지 않기를 잘했다 싶었다. 문화상품권을 구입하여 학년말 다양한 학급 행사 상품으로 잘 썼다.

이듬해 나는 다른 학교로 전근을 가게 되었다. 스승의 날이 되자 남우가 문자를 보냈다.

> 생각해보니 제가 작년에
> 선생님께 못되게 군 것 같아요.
> 죄송해요. 고맙습니다.

눈물이 핑 돌았다. 남우 어머니와 통화를 했더니 지금은 특성화고등학교에 진학하여 아르바이트도 하며 집안에 도움까지 주고 있단다. 판타지 소설을 열심히 보는 학생 중에도, 잠만 자는 학생들 중에도 우울한 친구들이 있을 수 있다. 겉만 보고 판단하면 안 된다.

✓ **Tip**
왕따당하는 아이는 고도 우울 증세를 보이기 쉽다. 이런 기미가 보이는 아이는 학급 내 1인1역으로 반에 기여할 기회를 주고 교사가 공개적으로 크게 칭찬해주면 그 아이는 몰라보게 달라질 것이다.

그대 왜 나를 점점 믿지 못하고

2007년 6월의 어느 날, 퇴근해 가까운 용마산에 올랐을 때다. 막걸리 한잔하고 있는데 휴대폰이 울린다. 다른 지역의 학부모님이셨다. 아이가 고등학교 2학년인데 ADHD가 아닌가 의심이 되어 인터넷으로 관련 자료를 검색하다가 내가 얼마 전 카페에 올린 글 〈산만한 아이 수업에 참여시키는 법〉을 읽으셨단다.

　아이는 수업 시간에 선생님 말씀이 끝기가 무섭게 다른 애들보다 먼저 나서서 대답을 하는 통에 아이들로부터 왕따를 당하고 있는데 심지어 지난주에는 친구들로부터 맞기까지 해서 며칠째 학교를 안 보내고 있는 상황이었다. 아이는 피가 나도록 맞은 상황에서도 부모님이 걱정할까봐 얘기하지 말아 달라고 담임에게 신신당부를 했단다. 우선 아이의 심리적 진단이 먼저일 것 같았다. 학교폭력 문제라면 전문가 집단인 청소년폭력예방재단 상담실(1588-9128)을 이용하시라고 하겠지만 그런 차원으로 해결될 일만은 아닐 거란 생각이 들었기 때문이다. 우선 어머니께 아이가 친구들에게 맞아서 학교에 가지 못하는 심각한 상황에서도 합리적인 해결책을 찾으려 하시는 점에서 고맙다고 말씀드렸다. 무엇보다 '정공법'을 택하시는 것이 좋겠다고 말씀드렸다. 소아청소년정신과에 가서 진단부터 받아보라고. 이미 다녀왔는데 병원에서는 ADHD 경향이 있는 것 같다고는 하면서도 딱 부러지게 진단을 내리지는 않더란다. 신경정신과 진단이란 것이 확률적으로 애매하게 말하는 경우가 많지만 그런 경우 아이에게 병이 있다고 받아들이는 것이 도움이 될 것이라고 조언했지만 어머니는 인정하기 싫으신 눈치다.

"아이에게 문제가 생기면 엄마의 잘못으로 몰고 가는 사회 분위기가 문제지요."

이 말에 어머니는 울음을 터뜨리신다. 엄마의 탓으로 몰릴까 두려우셨던 모양이다. 아이의 담임은 전학이나 유급을 권했다는데 학부모로서 담임이 원망스럽게도 했겠다는 생각이 든다. 오죽 답답하면 내가 있는, 천 리나 먼 학교로 전학을 보내면 안 되겠냐고 할까. 하지만 전학은 아이에게 좋지 않은 영향을 줄 수 있다. 정상적인 아이들도 이사나 전학이 큰 스트레스인데 가뜩이나 힘든 성우의 경우, 상태가 더 나빠질 수 있다. 배우자와의 사별이 스트레스 지수 300에 해당한다면 이사나 전학은 100 정도의 부담을 안기는 일이다. 우리사회가 ADHD에 관심을 갖게 된 것이 최근의 일이고 이런 질병에 대한 정보 자체가 없는 선생님은 아이의 행동을 이해하기 어려울 수 있으니 의사의 진단서를 담임에게 내시라고 했다. 담임은 이런 과정을 통해 성우가 꾸지람이나 놀림의 대상이 아니라 돌봄과 치유의 대상임을 인정하게 된다. 그러고 나서 학생들과 교과선생님들 모두에게 이 사실을 알리도록 부탁하라고 했다. 필요하다면 어머니께서 직접 성우네 반 아이들에게 사정을 설명하고 도움을 요청하는 것도 방법일 수 있겠다고 했다. 내 경우에는 장애학생이 있으면 아이들에게 그 아이를 돕는 다양한 봉사활동 기회를 주었다. "자선은 집에서 시작한다(Charity begins at home.)"는 훈화와 함께. 아이가 본격적으로 치료받는 것이 중요하다는 점과 함께 약물치료, 〈말하기 전 세 번 호흡하기 훈련〉 등 의 행동치료도 알려드렸다. 『리틀 몬스터-대학교수가 된 ADHD 소 년』과 『ADHD의 통합적 이해』(학지사)를 사서 가족 모두가 읽기를 권 했다. 두 시간이나 산속에서 통화를 했더니 그만 배터리가 다 닳아 꺼 졌다. 문자가 도착했다.

> 선생님 나중에 통화할게요.
> 오늘 고맙습니다. -성우 엄마

> 현실을 인정하는 용기가 생기시기를
> 기원합니다. -송샘

당시 우리 반에도 ADHD 학생이 둘이나 있었기 때문에 더욱 관심 이 갔다. 2학기에 〈참여소통교육모임〉 서울경기지역 선생님들과 함 께 김현수 원장의 ADHD 강의를 듣기로 했다. 우리 반 학부모 세 분 과 성우 어머니도 모셨다. 강의가 끝나고 뒤풀이까지 이어지는 정말 소중한 자리였다.

이후 성우와도 문자나 휴대폰으로 가끔 연락을 주고받았다. 이 녀 석은 양손에 핸드폰을 쥐고 동시에 문자를 보낼 수 있다고 한다. 『리 틀 몬스터』(로버트 저건 지음, 조아라 옮김, 학지사, 2005)의 저자는 자신의 의 식 구조를 '동시에 상영되는 여러 편의 멀티비젼'이라고 설명했는데 이 아이 역시 대단한 멀티플레이어였다.

다음 해 여름방학에는 성우가 어머니와 함께 상경했다. 김현수 원 장과 상담 약속이 잡힌 것이다. 모처럼 함께 식사를 하자고 청했다.

터미널 근처 식당에서 반갑게 만나 식사를 하며 이런저런 얘길 나누던 도중 아이가 중얼거리듯 말한다. "도대체 나를 이해해주는 사람이 어디 있어야지요." 그 말에 가슴이 먹먹해져 성우 어머니 앞에서 성우를 안고 펑펑 울었다. 얼마나 고독한 세월을 살아왔다는 말인가. 나도 울고 아이도 울고 어머니도 울었다. 울음은 확실히 치유의 효과가 있는 듯하다. 우리 서로 파이팅하자고 하면서 헤어졌다. 그 후 성우는 수시전형으로 대학에 진학을 했다.

잊을 만하면 다시 생각나는 사이가 된 것일까. 성우가 대학 2학년을 앞두고 군대에 간다며 만나자는 연락을 해왔다. 아내에게 성우 얘길 했더니 그런 아이가 군대에 가서 적응할 수 있을지 모르겠다며 걱정한다. 지하철 2호선 강변역에서 성우를 만나 함께 아차산에 올랐다. 휴게소에서 파전과 막걸리를 주문했다.

"고등학교 때보다 살이 좀 빠져 보인다?"

"외모에 신경 좀 썼어요."

성우가 속한 학과는 여학생 수가 압도적이다. 남학생은 복학생 한 명과 성우뿐이다. 이성의 눈길을 받다 보니 절로 멋져진 것 같다. 그동안 어떻게 살았냐고 물으니 친구가 둘 생겼단다. 대단한 발전이다. 세상에서 자신을 알아주는 이가 생겼다는 뜻이기 때문이다. 그런데 자기 반 여학생들에 대해서는 한마디도 하지 않는다. 2년을 같이 지냈으면 친구까지는 아니더라도 이런저런 사연이 있었을 텐데.

어머니와는 어떻게 지내냐 했더니 그저 그렇단다. 어머니는 여전히 자신의 부족한 부분만을 보신단다.

"사람이란 게 인성과 재능, 재주 등 여러 측면이 있잖아요. 넘치는 면도 있고 부족한 면도 있기 마련이고 부족한 점은 다른 사람과의 만남을 통해 깨닫고 보충해 가는 게 사는 거 아닌가요?"

"그게 바로 도인들이 말하는 세상의 진리이지."

어머니가 자꾸 동갑내기 이종사촌과 비교하면서 성우 성적이 뒤처지는 걸 못마땅해하셨단다. 사촌은 고등학교 때 전교 1, 2등을 해왔고 재수 끝에 올해 서울의 유명대학교에 합격해서 요즘은 성우네 집에 와서 성우 여동생 과외를 시킨단다.

"사촌이 와서 동생 과외를 하고 있는 모습을 보고 있자니 동물의 왕국에서 가족을 돌보고 싶으나 늙어서 그러지 못하는 사자 심정이에요."

"진짜 열 받겠네."

맞장구를 쳤더니 성우가 안경을 벗고 눈물을 훔친다. 언젠가 학부모총회 뒤풀이 자리에서 '비교'가 아이들 가슴에 피멍이 들게 한다는 얘길 나눈 적이 있다. 그때 네 자매 틈에서 자랐다는 어느 어머니께서 이런 말을 했다. "맞아요. 슬퍼서 운 적은 없어요. 억울해서 울지." 그 얘길 성우에게 했더니 이런다. "제 말이 그 말입니다." 그래도 너를 알아주는 친구가 두 명이나 생겨서 다행이라고 위로해 주었다. "갠좀 날 알지"라고 할 수 있는 친구가 얼마나 소중한가 말했다. 그랬더니 나도 그런 존재란다.

"와하하. 이거 세대를 넘나드는 친구가 되었네. 영광이다. 자 그럼 건배!"

성우는 내가 형 같단다. 참 어린 동생을 두게 되었다. 입대를 앞둔 시점에 나를 다시 만난 건 참으로 잘된 일 같다. 얼마 전 유명 탤런트가 자살하였을 때 사람은 아무리 괴로운 일이 있어도 세상에 단 한 명만 자신의 마음을 알아주는 사람이 있으면 자살을 하지 않는다는 내용의 기사를 본 기억이 났다. 성우에게 자신을 알아주는 친구가 세 명이나 생겼으니 군대의 고통 정도야 견뎌낼 만하렷다. 사실 군대보다는 미래에 대한 불안이 더 커 보였다. 군대 가서 "사람이 되어가지고 와서"–부모님이 자신에게 그러라고 하셨단다-열심히 돈을 벌어야 한단다. 그래서 어머니 앞에서 보란 듯이 성공한 모습을 보여드려야 한단다. 성우를 그토록 불안하게 만든 것의 실체를 그제야 깨달았다. 마음이 짠하여 눈물이 나왔다. 인정받고 싶은 초조함, 불안감이 아이를 ADHD로 만든 것이다.

"성우야, 벌써부터 성공에 초조해하지 않았으면 좋겠다. 지금 네 마음이 진짜 원하는 건 엄마의 사과가 아닐까?"

성우는 지금도 어머니를 생각하면 한편으로 이해도 되고 자신의 성격적인 잘못도 인정한단다. 그러면서 자신이 어머니와의 사이가 뒤틀린 계기를 들려준다. 초등학교 4학년 때 선배가 다 풀어놓은 수학익힘책으로 숙제를 냈다. 2학기 중반까지 그렇게 하다가 들켜버렸는데 그때 성우는 이 '범죄 행위'를 시인했다. 그 뒤로 갈등이 생길 때마다 해결은 안 되고 기묘하게도 늘 같은 모양새로 끝나 미칠 지경이란다.

"둘 사이에 꼬인 것이 99,999가지인 데 한 가지 일로 매듭이 풀리겠냐?"

성우는 고개를 끄덕이며 검지로 허공에 얽힌 실타래를 그려 보이며 중얼거린다. "맞다! 맞다!"

"그렇다면 이 질기게 얽혀버린 실타래를 푸는 방법은 네가 어머니를 용서해버리는 것뿐 아니겠냐?"

성우가 진지한 표정으로 고개를 끄덕인다. 얘기가 좀 통했구나 싶었다.

"자, 그럼 이만 노래방으로 가자!"

산을 걸어 내려와 동서울터미널 근처 편의점에 들러 각자 좋아하
는 맥주 한 캔씩을 사서 가슴에 품고 노래방에 들어갔다. 성우는 자칭
동네 가수다. 내가 좋아하는 노래라고 해봐야 노래방 벽에 가나다순
으로 붙어 있는 애창곡 리스트에서 아는 게 보이면 그걸 부를 뿐이다.
먼저 김상국의 「불나비」를 불렀다. "밤을 안고 떠도는 외로운 날개~"
이 대목에서 성우에게 "야, 이건 니 노래다"했다. 아이의 노래는 그
나이답게 힘이 있었다. 하지만 가사는 하나 같이 애절했다. 여자친구
없다면서 왜 여자친구의 관심과 이별의 아픔을 호소하는 노래 일색일
까? 내가 마지막으로 고른 노래는 구창모의 「희나리」다.

그대 왜 나를 점점 믿지 못하고
왠지 나를 그런 쪽에 가깝게 했소
나의 잘못이라면 그대를 위한
내 마음의 전부를 준 것 뿐인데

노래를 부르다 나도 모르게 아이의 손을 꼭 잡았다. 군대 잘 다녀
와라. 친구야.

바로 지금 이 순간을 칭찬하자

제자 중에 지독한 ADHD 학생이 있었다. 3월 첫날부터 잠을 자던 달균. 6월의 어느 날에도 달균이는 어김없이 잠을 자고 있었다. 그런데 달균이가 펜을 손에 쥔 채 자고 있었다. 수업시간에 펜을 들기는커녕 눈꺼풀도 든 적 없던 아이에게 나타난 큰 변화였다. 반 전체 학생들에게 이렇게 말했다.

"수업에는 관심도 없던 달균이가 볼펜을 들고 잔다."

아이들이 책상이 부서져라 두드리며 재미있어 했다. 큰 소리에 자다가 깬 아이는 멋쩍어했다. 다음 수업부터는 잠을 자지 않았다. 달균이 부모님께 문자를 보냈다.

> 2학년 올라와 4개월 만에 처음으로
> 수업시간에 잠을 자지 않았습니다.
> 달균이의 변화를 인정하고 격려해 주세요.

교사의 부탁에 따라 부모님이 아들을 칭찬한 모양이다. 달균이는 조금씩 수업에 참여하기 시작했다. 2학년 1학기 중간고사에서 39명 중 38등을 했던 달균이가 기말고사에서는 16등을 했다. 달균이의 변화를 종례신문을 통해 알리고 학생들 앞에서 공개적으로 칭찬했다.

고3이 되자 달균이는 중학교 1학년 공부부터 기초를 다시 다지기 시작했다. 고교 졸업 후 1년 더 공부 하고 치른 대학수학능력시험에서 좋은 성적을 거뒀고 ○○대 컴퓨터공학과에 당당히 합격했다.

그해 초 달균이 아버지와 나눈 문자 대화다.

> 달균이가 일단 ○○대학 컴퓨터공학과에 합격했어요.
> 얼마나 기쁘고 감사한 일인지요. 감사합니다.

> 달균이가 이렇게 가방끈이 길어질 줄이야.

> 네. 가방끈이 길어졌어요.
> 다 선생님을 잘 만난 덕분이지요.

> 달균이의 장점인 컴퓨터 활용 능력을
> 끝까지 지지해준 덕분이네요.

> 네. 컴퓨터 오락에 미쳐 있을 때 엄마와 합의해
> 11시까지는 마음껏 즐기라고 해주었을 때부터
> 달균이가 긍지와 자부심을 가지게 되고
> 부모와 의논하는 관계가 된 것 같아요.

> 결국 아이의 강점을 강화하는 것이
> 최고의 방법인 듯합니다.

> 네. 끊임없이 장점을 부각시키고 일깨워 칭찬해주면
> 세상일에서 자신을 잃어가는 아이를 일으켜 세우지요.
> 선생님이 볼펜 쥐고 자는 달균이를 보고 칭찬해주었을 때
> 이제부터 공부를 해볼까 말까? 갈등했나봐요. 그런 아이의
> 손을 선생님이 잡아끌어준 것이지요. 터닝 포인트~

자더라도 그냥 엎드려 자지 않고 볼펜을 쥐고 자는 것. 이같은 작은 변화를 인정받으면 그때부터 아이들은 달라진다. 인정의 기준은 남과의 비교가 아니라 그 아이의 현재다. 달균이는 지금 컴퓨터공학도로서 훌륭하게 성장하고 있다. 머지않아 우리 사회에 크게 이바지하게 되리라.

점심시간

Start by doing what is necessary, then what is possible,
and suddenly you are doing the impossible. – St. Francis
필요한 것부터 시작하고 그 다음 가능한 일을 하라.
그러면 어느덧 불가능한 일을 하고 있을 것이다. – 성 프렌체스코

애들아, 밥 먹자

고등학교 1학년 우리 반에 흡연으로 〈바른생활교실〉에 입소(벌점 15점 이상인 학생, 교내봉사 이상의 처벌을 받은 학생을 대상으로 일주일간 오후 내내 정신교육, 금연교육, 폭력예방교육, 봉사, 산행 등을 하는 교육과정)한 세 명의 아이들과 하굣길에 우연히 만나게 되어 저녁을 함께했다. 샤브샤브를 먹었는데 식사비가 꽤 나왔지만 같이 시시덕거리며 재밌게 놀았다. 다음날 11시쯤 학교 밖 단골 백반집으로 점심을 먹으러 나갔는데 저만치서 전날 함께 저녁 먹은 세 녀석 중 둘이 어디론가 걸어가고 있는 게 보였다. 옆 골목으로 가기에 서둘러 이름을 불렀더니 녀석들이 담배를 꺼내 입에 무는 순간에 눈이 딱 마주쳤다. 애들은 무안하여 어쩔 줄을 몰라 했다. 못 본 척하고 식당으로 데리고 가서 같이 점심을 먹었다. 담배 피우려고 땡땡이를 치던 중이던 두 녀석에게 쪽지를 써서 쥐여주며 교실로 돌려보냈다.

"두 아이가 〈바른생활교실〉 입소 중인데 오늘 오전 공개수업에 와서 열심히 해주어 함께 점심 먹으려고 데리고 나왔습니다. 출석에 참고해주시면 좋겠습니다. 미리 말씀드리지 못해 죄송합니다."

점심시간 끝날 무렵 한 녀석이 학생생활지도부(학생부)의 〈사실보고서〉 양식을 가지고 왔다. 담임 서명을 해 달라는 것이다. 다른 반에 가서 동전 따먹기를 하다가 시비가 붙어 상대 아이를 때렸단다. 이 정도 사건이면 부모님께 연락해야 한다. 아이 앞에서 바로 전화했다. 안좋은 일로 전화할 때일수록 더더욱 본인 앞에서 한다. 안 그러면 뒷담이 되어 문화상품권 만 원권 벌금을 물어야 한다.

규남이 어머니는 학부모총회 때 오셨던 분이라 어느 정도 공감대는 형성되어 있는 분이셨다. 그런데 어머니는 규남이가 흡연으로 징계받고 있는 것도 모르는 눈치다. 징계 통보서에 도장이 찍혀 있었지만 그냥 도장만 내주었던 모양이다. 규남이가 징계받고 있는 중에 다른 반에 가서 폭행사고를 내고 담임 확인서를 받으러 와서 어머니께 전화를 드리게 되었으며 이런 일이 반복되면 강제 전학조치 등이 있을지도 모른다는 점을 미리 아셔야 할 것 같아 전화했다고 말씀을 드렸다. 강제 전학 운운은 일부러 규남이 들으라고 하는 소리였다. 사실 보고서를 복사한 다음 규남이에게 이렇게 일러두었다.

"담임의 소관 안에서 일어나는 일은 안아줄 수 있다. 하지만 생활지도부 사안은 담임이 어쩔 도리가 없어. 이해하겠니?"

잔뜩 주눅 든 규남이가 고개를 끄덕인다.

(아이들 학생부 관련 사안은 반드시 애 보는 앞에서 복사해서 철해두는 것을 원칙으로 하고 있다.)

다음 날 어머니께서 전화를 하셨다. 아버지께 많이 혼나고 머리도 깎였다고 하신다. "애들이 그렇죠. 그렇지 않으면 어른이게요." 훈육의 가장 중요한 포인트는 관행과 절차의 수립과 집행이다. 담임은 돌볼 수 있는 만큼은 최대한 돌보지만 담임 영역을 넘어갈 경우는 자신이 선택한 행동의 결과를 단호하게 보여줄 뿐이다.

담배 피우다 걸렸던 녀석들이 월요일 아침에 단체로 머리를 스포

츠로 하고 왔다. 그런데 1교시가 끝나자 마자 한 녀석이 조퇴시켜 달란다. 머리 깎은 걸로 애들이 놀려 기분이 나쁘니 조퇴를 해야겠단다. "기분이 나쁘면 먹는 걸로 풀려무나" 하고 매점에 가서 음료수와 과자를 사줘서 들여보냈다.

화요일 아침에 교실에 가서 출석부를 보니 녀석들이 월요일 2교시부터 떡하니 땡땡이를 쳤다. 화를 참고 두 아이와 부모님들에게 휴대전화 문자로 무단 조퇴 사실을 알리고 학부모 면담을 요청했다. 아이들을 불러 교무실 한쪽에 따로 앉히고 무단 조퇴 경위서를 쓰게 했다. 이것을 경찰 수사 용어로 〈분리심문〉이라고 한다. 학생부에 9년 있으면서 사실을 말하지 않으려는 아이들에게서 사실을 얻어내는 법을 알아내려고 시립도서관에서 『수사학개론』을 빌려 읽고 터득한 방법이다. 이렇게 경위서를 쓰게 하면 아이들에게서 서로 다른 내용이 나오고 그 부분을 질문하면 사실 관계가 잘 드러나게 된다. 사실인즉슨 기분이 우울해서 PC방에 가서 게임하고 노닐다 왔단다. 그래서 아이들 보는 앞에서 지난번 눈감아준 땡땡이 건까지 두 번 벌점 4점을 달라고 학생부 선생님께 문자를 보냈다. 벌점 15점에 〈바른생활교실〉 처분이 막 끝난 애들이라 이 벌점도 적잖은 부담이 되었을 것이다. 또 학교 선도규정을 통째로 출력해 빨간 줄을 쳐가며 기다리고 있는 추가조치들을 알려주었다.

"님들은 이미 교내봉사를 하셨으니 다음은 사회봉사–특별교육–강제전학 3단계가 기다리고 있습니다."

규남이 어머니로부터 방과 후에 오시겠다는 연락이 왔다. 면담할 자료를 부지런히 챙겼다. 그동안 아이가 쓴 경위서, 벌점 규정, 선도규정, 아이의 장래희망 조사 등을 준비했다. 목적은 아이에게 꿈을 갖도록 하는 것이다.

　학교 앞 샤브샤브집(며칠 전 애들에게 사주었던)에 가서 같이 저녁을 먹으며 막걸리도 한잔하며 이야기를 나누었다. 학부모총회 때부터 이미 내 막걸리 사랑을 알려둔 터라 피차 어색하지 않았다. 준비해간 자료를 보여드리며 사실 중심으로 이야기했다. 향후 규남이에게 다가올지 모르는 징계의 수위도. 어머니는 이내 가정 사정을 모두 말씀하셨고 규남이에게 심각한 학습결손이 발생하게 된 원인을 정확하게 알게 되었다. 공부는 나중 문제고 일단 규남이의 요리사 꿈을 위해 체험학습을 보내자고 합의하였다. 삼촌이 큰 양식당을 경영하고 있다니 유전적인 적성도 있을 것 같았다. 다음 주에 다른 애들 보란 듯이 체험학습 신청서를 내고 평일에 나흘쯤 삼촌 식당에 가서 요리사 체험을 한 뒤 마지막 날은 부모님이 규남이 데리고 함께 가족 여행을 다녀오십사고 부탁드렸다. 아이에게 다음에는 대안학교를 가야할지도 모른다고 말하기로 짬짜미했다. 학부모총회 때 애들 문제는 부모와 선생님이 짜면 해결 안 될 것이 없다고 말씀드려 둔 것이 효과를 보았다.

　고등학생이 학교를 그렇게 빠져도 지장이 없겠냐고 하시기에 "애가 단 한 글자도 안 배우려고 하고 있는데 뭐가 걱정이세요"라고 했더니 웃음을 터트리신다. 규남이를 위해 같이 잘해보자고 하이파이브까지 하고 헤어졌다. 귀가를 위해 전철을 타고 사가정 역에 내리니 어두워가는 비오는 밤, 술집이 여기저기 눈에 띈다. 이미 막걸리 두 통을 비웠건만 술 생각이 더 난다. 비를 바라볼 수 있는 자리가 보여 그 가게에 들어가 소주 한 병을 마셨다. 내 마음속에도 비가 내렸다. 규남이가 보인 대부분 문제행동의 원인은 부모님에게 있었다.

2학기 들어 또다시 규남이가 부모와 담임을 모두 속이고 PC방으로 땡땡이를 쳤다. 무려 9일을…. 이제 마지막으로 부모님 모두께 협조를 구하기로 했다. 부모님과 방과 후 아차산 매점에 가서 막걸리를 세 통 가까이 마셨다. 신경정신과 게임중독치료를 권했다. 그런데 뜻밖에 ADHD 소견서가 왔다. 처방받은 약도 있었다. 이렇게 병원 치료를 받은 이후 규남이에게 놀라운 변화가 생겼다. 급우들이 "야, 사람이 너무 많이 변하면 죽는다던데"하고 놀릴 정도였다. 2학년이 되자 결석이 단 하루도 없었다.

✓ **Tip**

• 담임이 학부모께 문자를 넣어도 반응이 없는 경우 담임은 이를 부모님의 무관심으로 치부하고 원망하기 쉽다. 하지만 꾸러기들 중에는 부모님 휴대폰에서 담임 전화번호를 스팸으로 처리해두기도 해 부모님이 정작 문자를 못 보시는 경우도 있다. 문자에 답장이 없으면 집전화로 확인을 해보는 센스가 필요하다.

• 꾀병도 마음의 병이다. 자율조퇴증으로 절차를 지키면서 가끔 조퇴 허락을 해주는 것도 좋다.

• 심한 학교 부적응은 신경정신과에서 진단을 받으면 50일까지는 출석을 인정받고 쉴 수 있다.

점심시간이 등교 시간

거의 매일, 점심시간 가까이 되어서야 등교하던 고1 남학생 수현. 초등 5학년 때 부모님이 이혼해 어머니가 집을 나가시고 아버지와 사는데 아버지께서는 한 달에 사나흘 정도만 집에 들어오신다고 한다. 수현이는 혼자 밥하고 청소하고 빨래하는 모든 일이 귀찮았나 보다. 아무리 생각해봐도 수현이를 도울 뾰족한 방법을 찾기 어려웠다. 다행히 수현이가 어머니에 대한 호감을 갖고 있다는 것을 알고 어머니께 아이를 돌봐 주십사 청해보기로 했다. 이혼한 경우 자칫 잘못 개입하면 커다란 어려움을 초래할 수 있어 신중해야 했다. 예를 들어 아이를 위해 부모님의 화해를 권하는 일은 금물이다. 그저 아이를 낳은 부모로서의 책임에 대해서만 언급해야 한다. 아이와도 연락이 잘 안 되는 어머니께 문자로 조심스럽게 접촉을 시도하였다.

> 수현이가 고등학교 들어와 무척 힘들어 보입니다.
> 고등학교 1학년 때가 환경이 바뀌어 특히 힘든데
> 아버님과는 연락이 안 되고 안타깝습니다.

이런 식의 문자를 2, 3일 간격으로 계속 보냈다.

수현이가 중학 때보다 성적이 2.4% 올랐습니다.
격려 부탁드려요.^^ 담임올림

수현이는 고등학교 입학할 때 반 석차가 38명 중에 32등이었다.
문자를 보내고 전화도 한두 번 걸어보았으나 답이 없으시더니 일
주일쯤 지나 드디어 연락이 왔다. 학교에 나오시겠다는 문자다.

수현 어머니, 학교 나오시기 전에
전화 한 통 주실 수 있을지요.

네 알겠습니다. 늘 감사합니다.
수현이한테 잘해주시고 제가 할 수 없는 일을
선생님이 도와주셔서 너무 감사합니다.

매일 볼 수는 없지만 자주 통화하고 있어요.
일주일에 두 번 정도는 수현이랑 시간 보내고 있어요.

수현이가 좋아지고 있다니 너무 기쁩니다.
모든 게 선생님 덕분입니다. 정말 감사합니다.

학급 카페의 종례신문 게시판에
까칠한 고딩이와 나눌 화제 올렸습니다.

오늘 8시 30분부터 4시 20분까지 모의고사 봅니다.
격려와 간식비 부탁드려요.^^

어머니가 챙겨주시니 담임으로서 안심이 돼요.
도와주셔서 감사드려요. ♥

아이에게 목표 하나가 생겼다고 한다. "엄마를 위해서 졸업하자!"

> 그래 고맙다. 정말 힘든 결심을 했다.
> 목표를 이룰 수 있도록 노력할게!

수현이 얼굴에 조금씩 생기가 돌기 시작했다. 어머니와 헤어져 몇 년을 힘겹게 살아온 아이를 올 1년만이라도 내가 잘 돌봐야겠다고 생각했고 아이는 그럭저럭 2학년에 올라갔다. 하지만 어느 날 3교시에 학생부 교무실에 있는데 수현이로부터 점심 한 끼 사줄 수 없겠냐는 문자가 왔다. 학교에 안 나와 집에 있다는 뜻이겠다. 마침 4교시 수업도 없고 해서 둘이 가끔 갔던 학교 앞의 백반 집에서 만나자고 했다. 늘 그런 것처럼 그냥 밥이나 먹는데 오늘은 어쩐 일인지 밥 한 그릇을 다 비우지 못하고 말을 먼저 꺼낸다. 형은 4월에 군대에 갔고 도박 게임장을 운영하시던 아빠는 개학 바로 전에 교도소에 가서 12개월 정도는 계셔야 한단다.

"에고. 우리 수현이 엄청 우울하겠구만. 그래, 나하고 상의하고 싶은 이야기가 뭐야? 아르바이트?"

"아뇨. 학교 나오기 싫어 그냥 집에 누워 TV만 보고 있는데 답답해서요."

청천벽력처럼 고아 신세가 된 수현이. 외로워서 견디기가 힘들었나보다. 식사를 마치고 함께 학교 뒷산에 올라갔다.

용마산 깔딱 고개에는 막걸리 노점이 있다. 녹차를 시켜 함께 마시며 작년 고1 때 같은 반이었던 아이 이야기를 해주었다. 부모 이혼후에 화가 잔뜩 나서 교실에 앉아 있기 힘들어 끝내 자퇴했던 아이는 올해 대입 검정고시에 여유 있게 합격을 해서 전화위복으로 조기 졸업을 했다. 그 아이의 경우에는 잔소리도 하고 돌보기도 해줄 어머니가 계셨지만 수현이는 그렇게 해줄 사람이 없고 만약 자퇴를 할 경우점심 식사를 스스로 해결하는 것부터가 문제가 되지 싶었다. 게다가애들과 워낙 잘 어울리는 성격이라 자퇴해서 혼자 지내기는 힘들지않겠냐고 했더니 고개를 끄덕인다. 실용음악반 동아리에서 베이스기타를 치기는 하지만 직업으로 할 생각까지는 없으니 예능 쪽의 대안학교도 여의치 않다고 했다.

"햐. 그럼 결국 우울을 이겨내는 방법 밖에 없겠는걸. 네가 급식지원을 받고 있으니 상담선생님께 부탁드리면 전문의 도움을 무료로받을 수도 있을 거야. 아니면 네 스스로 딛고 일어서야 하고."

아이 표정이 전에 없이 진지하다. 자신이 여기서 무너지면 벼랑아래로 떨어지게 될지 모른다는 절박감에 나를 찾아왔구나 싶었다.

"그런데 자기 우울을 가장 잘 돌봐 줄 수 있는 사람이 누구겠니?"

"… 저 자신이겠죠."

"그래. 스스로 우울을 들여다봐야 해. 그리고 위로해줘야지."

"아, 그렇지 않아도 주변 동네 친구들에게 저의 집안 일 얘기는 안했어요. 의리 찾는다고 무슨 일을 할지도 모르는 애들이잖아요."

"하하. 정말 잘했어. 그리고 자꾸 다른 환경 속에 있도록 애써봐.그래야 자신이 보여. 방에서 누워 있기만 하면 자신이 안 보여. 내가산행할 때 가능하면 새로운 길로 다니려는 이유야."

"선생님, 여행 가면 숙박비는 얼마나 드나요?"

"여관비가 4만 원쯤 들어. 돈 많이 드니까 그냥 상봉역에서 양평

행 전철 타고 가다 아무 역에서나 내려서 막 걸어다녀. 그러다 졸리면 깔판 하나 사가지고 다니다가 낮잠도 자고. 담탱이 작년에 힘들었던 거 알지? 나도 그렇게 해서 겨우 이겨낸걸. 사람 관계에서 생겨난 고독은 자연이 치유해주더라고."

아이 표정이 조금 밝아졌다. 산을 내려와 교문 앞에 이르렀다. 헤어질 때가 되어 지갑을 열어보니 만오천 원밖에 없다. 여행 갈 때 보태라며 건네니 극구 사양한다.

"선생님. 즐거웠어요!"

그토록 해맑은 표정이라니, 원⋯. 5교시 시작을 알리는 학교종이 울린다. 아이는 다시 집으로 향하고 나는 학교로 향한다.

까짓 인생에서 오늘 하루쯤 오후 수업 빼먹는다고 뭐 그리 대수겠니? 며칠 푹 쉬었다 오너라.

✓ Tip

점심시간에 등교하는 학생이 학교마다 조금씩 있나 보다. 지나치는 말로라도 "대학생이냐?" 심지어는 "양아치냐?"라고 놀리고 싶은 생각이 드는 것은 인지상정이지만 참는 게 좋겠다. 아이는 이미 주변 급우들로부터 그런 비난에 시달리고 있다. 그럼에도 불구하고 학교에 나온다면 "먹고 살려는 의지가 강한, 어찌 보면 기특한" 아이라고 생각하는 것은 어떨지. 심지어 마지막 시간에 등교해 위클래스에 있다가 종례만 하고 가도 출석 처리한다. 아이가 유예나 자퇴를 하기보다 졸업을 하게 하는 것이 사회적 비용을 줄이는 일이다. 아이들이 학교 울타리를 벗어나는 순간부터 사회는 위험해진다. 점심시간에 학교 오는 아이들은 "졸업에 대한 강한 의지가 있는 아이" 정도로 여유를 두고 바라보면 어떨지.

5교시

학교폭력
이라는
괴물 달래기

In violence, we forget who we are. – Mary Mccarthy
폭력 속에서 우리는 우리가 누구인가를 잊게 된다. – 메리 매카시

화해의 기술, 용서의 기술

학생 간에 싸움이 일어나 B학생의 눈 주위가 찢어졌다. 우리반 A학생은 때린 주먹 부위에 부상을 입었다. 이 사안은 학교폭력의 신체폭력 사안으로 학교 안에서 처리과정이 진행되었다. 일단 B를 때린 A가 치료비를 부담하게 되었다.

사안 발생 당일

A학생 어머니께 전화로 자초지종을 말씀드린 뒤 위로의 문자를 보냈다.

> A도 맞아서 멍들었는데 B 치료비를 왜 내느냐고 A친구들이 더 흥분하네요. 걱정이네요.
> 어머니도 속상하시죠? 제가 위로 말씀드립니다.
> 순조롭게 일이 마무리되어 두 애기들이 부쩍 성장하기를 기원합니다.♥

사안을 처리하는 과정에서 B학생 담임과도 많은 대화를 나누게 되었다.

> 고생 많으셨어요, 선생님.
> 일 진행이 앞으로 어떻게 되는 건가요?
> 일단 오늘 B는 치료받고 학교에 다시 나왔습니다.
> 애들마다 입장이 다르고 말도 다르고,
> 중간에서 말을 잘못 전해서 싸움에 불씨를
> 만든 아이도 있고. 꽤 복잡한 거 같아요.

사안 발생 다음 날 학생들 교육하기

우리반 축구부 아이들이 A를 변호하고 나섰다. B가 A에게 시비를 자꾸 거는 것 같다고. 그래서 수업 시간에 설명을 했다. 둘 다 가해자이자 피해자인데 B의 상해정도가 더 심하다고 해서 A에게만 책임을 물을 수는 없다는 법적 설명이다. 아이들은 먼저 때린 아이에게 전적으로 책임이 있다고 생각하거나, 덜 다친 쪽이 치료비를 물어야한다고 생각하는 경우가 많다. 물론 누가 먼저 시비를 걸었는지 피해는 어느 정도인지도 참작이 되지 않는 것은 아니지만 법에서는 법률 용어로 〈쌍방과실〉이라 하여 양쪽 모두 가해자이며 동시에 피해자인 두 개의 사건으로 본다는 설명을 자세히 해주었다.

사안 발생 6일째 A어머니께 보낸 문자

> 아이들이 싸웠을 때 부모님이 화해하는 기술을 담은
> 드라마 「미안해」를 보시라고 권해드렸습니다.
> 상당히 잘 구성되어 있어 감동, 정보는 물론 재미도 있으니
> 꼭 한번 보시고 소감문을 200자 가량 카톡으로 보내주셔요.

학교폭력 발생 후 학부모님들도 교육을 받아야 하는 거 아시지요? 댁에서 편하게 하실 수 있는 방법으로 권해드려요. 숙제도 하시고 화해도 잘되고 재미도 있으니 1석 3조입니다. 비온 뒤에 땅이 굳듯이 싸운 뒤에 부모님들 친구되기~ ^^

사안발생 10일째

사과의 기술, 용서의 기술 등 화해의 기술을 며칠 동안 안내하고 중재한 끝에 B 어머니께서 A 어머니의 사과를 수용하여 화해가 되었다. 이번 일을 자녀의 성장 계기로 삼아야 아이가 평생 제대로 살아갈 수 있음을 집요하게 환기시켜 잘 마무리가 되었다. 아이들 싸움에 부모 등까지 터지면 학교폭력을 예방하려고 법률까지 만든 취지가 유명무실해진다.

와이파이 셔틀?

'학교폭력'의 범위는 꽤 넓다. 친구의 휴대전화를 허락없이 사용한 것도 학교폭력 사안이 된다. 다음은 〈통신 갈취 공갈죄〉 사안이 발생한 학급의 담임K와 상담한 사례다.

첫날

담임K: 선생님, 하나 상담할 게 있어요. …저희 반 학생1이 학생2의 휴대전화를 수업시간에 빌려 사용했다고 교과선생님께 연락을 받았습니다. 학생2에게 나중에 물어보니 학생1이 자기 휴대전화를 빌려간다는 명분으로 빼앗아 가서 동영상을 본다며 70메가 정도 데이터를 이용했다고 해요. 그 친구가 기분이 나빠서 다음부터는 휴대전화를 안 가지고 다니겠다고 하더라고요. 근데 이게 일종의 학교폭력이 아닐까요? 제가 어떻게 대처해야 할지 모르겠어요. 앞으론 선생님들께 알리라고는 했는데….

교과부 자료에 있는 학교폭력 예시와 117 신고 도표를 일단 출력해두었거든요. 이걸 조회 때 돌리면서 다른 사람 입장을 생각해라, 이런 말을 해도 될까요? 그날 당장 여쭈어봤어야 했는데….

송샘: 일명 '와이파이 셔틀'과 비슷한 것으로 통신 갈취로 공갈죄에 해당하며 학교폭력입니다. 3일 이내에 변상은 물론이고 진심 어린 사과로 피해학생의 용서를 받지 못하면 학교폭력대책자치위원회(학폭위)에 회부하여야 합니다.

담임K: 그 내용을 가해자 피해자 모두에게 보내면 될까요? 피해자 아이가 별 거 아니란 식으로 덮으려고 해서 그러면 안 된다고 얘기는 해주었거든요. 가해자 측에는 아직….

송샘: 화해 조정 가능 기간이 3일인데 주말이 끼어서 특별히 이틀 연장해 준다고 하셔요. 모든 아이들에게 3일 룰을 공지하세요. 몰랐으니 이번만 이틀 연장이고 앞으로는 주말도 포함한다고 애들에게 알려주세요.

담임K: 네. 피해자 어머니에겐 처음부터 잘 잡아달란 답변이 왔고요. 가해학생 손준희는 번호가 바뀌었다네요. 준희 부모님에겐 사과와 배상에 대한 설명을 포함한 문자를 드린 상태입니다. 결과가 나오면 알려드리겠습니다. 사실 지금 매우 떨려요.

3일 후

담임K: 선생님, 이제야 결과 보고 드리네요. 손준희에게 사과와 배상을 하게 하고 알아듣게 설명했는데…. 반 애들 말로는 수업시간에 또 다른 아이 휴대전화를 썼다네요. 오늘 혼냈더니 그런 적 없다고 누가 그러더냐며 도리어 따지고…. 사실 준희가 요즘 3일째 무단 조퇴 중이에요. 첫날은 학부모와 통화가 안 되어서 보건실 확인증 가져오랬더니 그냥 가버리고 그다음부턴 말없이 가네요. 어느 순간 교실에 가보면 없어요. 아버님이랑 통화는 했는데 너무 아무렇지 않게 아파서 집에 왔다고만 하시네요. 교칙을 알려드리긴 했는데 쉽지가 않네요. 그래도 이 일을 계기로 아이들이 학교폭력에 대한 경각심을 갖고 상대방을 배려하는 걸 생각하는 기회는 된 것 같아요.

송샘: 다른 아이 휴대전화 쓴 것까지 진술서 받아두시고요. 무단 조퇴 후 무엇을 했는지도 다 받아두세요. 응하지 않으면 제게 넘겨주세요. 육하원칙에 따라 쓰도록 하시고 내일 자습시간에 아이들에게 학교폭력 예방 퀴즈를 풀게 하시면서 고발 정신을 북돋아주세요.

담임K: 네. 그럴게요. 감사합니다.

4일 후

송샘: 아이가 무단 조퇴하면 아주 건조하게 문자로 부모님께 이렇게 보내세요.

"아이가 오늘 몇 시 몇 분에 담임 허락 없이 조퇴하였습니다. 아이가 전화를 받지 않아 소재 파악이 안 됩니다. 아이의 안전이 매우 염려됩니다. 살펴봐주시고 연락주시기를."

"초등학교처럼 아이와 늘 함께 교실에 있는 것이 아니라서 아이가 쉬는 시간에 학교 밖으로 나가면 막을 방법이 없는데 어찌하면 좋을지요. 담임으로서 송구합니다."

송샘: 카톡으로 보내시면 학부모님이 읽으셨는지 확인이 가능하지요? 수신을 하셨으면 휴대폰 화면을 캡쳐해 놓으세요. 문제의 해답은 부모가 쥐고 있습니다. 아주 예의 바르게 안타깝다는 뜻을 표현하도록 하셔요.

담임K: 네 알겠습니다 선생님. 앞으로 또 그러면 그렇게 하도록 하겠습니다! 카톡을 이용하라는 말씀이 이런 뜻이었군요!

9일 후

송샘: 데이터 절취 건 화해 절차는 어찌 진행되었나요?

담임K: 앗. 제가 말씀 안 드렸나요. 데이터 사용한 요금 계산해서 배상하게 하고 사과문 쓰게 했어요. 그런데 준희가 여전히 다른 아이들 휴대전화를 수업시간에 쓴다고 하더라고요. 이야기를 꺼내면 아니라고 누가 그러냐고 하고···. 좀 더 지켜보아야 할 것 같아요. 제 수업 땐 제가 살펴보는데 반성을 제대로 하는 게 아닌 것 같아요. 전화 쓸 일 있으면 교무실 전화를 쓰라고 했는데도···. 이제는 데이터는 안 쓰는 거 같고 통화만 계속 빌려쓰는 거 같아요.

송샘: 자치적응 시간에 가서 개념 교육을 한번 해야겠네요.

담임K: 네, 그렇게 해주시면 감사하죠. 시키지도 않았는데 반장 아이가 알아서 제보해주고 있어요. 상황 파악은 하는 중인데 해결이 문제예요. 아이 아버님은 그냥 물어주라고 하고, 애 아르바이트 때문에 보건증이 필요한데 조퇴증 끊어달라는 연락만 하시고요.

이후 해당 학급에 가서 학교폭력 예방교육을 실시했다. (156쪽 학교폭력예방 퀴즈 참조)

욱해서 욕해 400만 원 날리다

학교폭력은 학교 안에서만 일어나는 게 아니다. 폭력은 온·오프라인을 가리지 않는다. 페이스북이나 카카오톡 등 SNS 상에서 아이들 사이에 언어폭력이 일어나기도 한다. 주로 '저격글'이 많이 발생하는데 이는 특정 이름을 명시하지는 않았으나 읽는 학생들이 누구를 겨냥한지 알 수 있는 비난 글을 가리킨다. 다음은 학교폭력에 해당하는 모욕죄(언어폭력) 사안 처리 사례다.

　　페이스북에 아래와 같은 글을 올렸다.

<천호중 긴급 공지>

욕은 물론이고 익명으로 누군가를 암시할 수 있는 내용의 비난 글을 올리면 명예훼손죄나 모욕죄로 처벌됩니다. 빨리 사과하고 삭제하세요. 저격글을 본 학생은 화가 난다고 욕으로 대꾸하시면 또 다른 학교폭력 사안이 되니 바로 화면캡처만 해두세요. 경찰서로 가서 신고하면 용돈 충분히 법니다.

저의 제자 중에 이러한 일로 벌금과 위자료를 각 200만 원씩 낸 사례가 있습니다. 학교폭력 가해자로 처벌도 받았어요. 전과는 덤이죠. 학생들은 학교폭력으로 인한 처벌 내용보다 돈 문제를 더 심각하게 받아들이더라고요. 그래서 돈으로 리얼하게 표현한 거니까 선생님을 파렴치한으로 생각하지는 마시길. 400만 원 이야기는 제가 이전 학교 제자로부터 페이스북 메시지를 받고 상담한 실제 사례입니다. 본인이 후배들에게 교훈이 되라고 공개를 허락해 주었습니다. 욱하면 본인만 손해란 걸 명심하세요.

제자

선생님, 여쭤볼 게 있는데요.
얼마 전에 어떤 사람이랑 싸웠는데
막 치고받고 싸운 것이 아니라 그냥 욕하면서
싸웠어요. 모욕죄로 100만 원 벌금을 냈는데
상대방이 민사로 피해보상을 넣었어요.
그러더니 저보고 300만 원을 주라고
법원에서 날라왔어요.
이럴 때 어떻게 해야 하나요.

모욕죄로는 이미 벌금형을 받은 거고,
상대방이 정신적 피해 보상을 청구한 거 아냐?
두 개가 별개야.

제자

네. 피해보상 청구서가 왔어요.

심한 경우에는 신경정신과에서 우울증 진단 받아서 1억 소송도 내더라고…. 보험 처리 안 하고 월 70만 원 정도 상담 치료비가 들었는데 십 년은 치료받아야 할 것 같다면서…. 날도 추워지는데 심난하겠구나.

제자 네. 선생님도 추우실 텐데 감기 조심하시고 나중에 만나서 식사라도 같이해요.

명예훼손 주의

학생들은 사실을 말하는 것은 죄가 아니라고 생각하기 쉽다. 그래서 자기가 아는 사실을 여기저기 퍼트리고 다니는 일이 일어난다. 한번은 영어교과실 책상에 누구와 누구가 사귄지 100일이라는 낙서가 있었다. 이 낙서를 계기로 학생들에게 명예훼손에 관한 교육을 했다. 집요한 개념 교육만이 답이다.

학급별 단톡방에 이렇게 공지했다.

영어교과실 책상에 A와 B가 사귄 지 100일이 되었다는 낙서가 있었습니다. 이 낙서를 쓴 학생은 언어폭력과 명예훼손을 한 것입니다. 누군지 모르지만 본인들에게 사과의 편지를 정중하게 쓰고 용서를 받아오면 이번 한 번만 서약서를 쓰고 교과담임으로서 용서해 줄 수도 있습니다. 이와 같은 일이 한 번이라도 더 반복되면 학생생활지도부(학생부)에 신고하도록 법으로 되어 있습니다. 톡에도 에티켓이 있지요. 톡티켓! 누구와 누구가 사귄다는 것을 알게 되었다고 그걸 SNS로 옮기거나 교실 책상 같은 공공연한 장소에 밝히면 설령 그것이 사실이라 할지라도 본인 허락 없이 한 경우 명예훼손이고 언어폭력이 됩니다. 증거를 확보하여 언어폭력은 학생부로 신고하고 명예훼손은 경찰서에 고소하면 두 경우 모두 처벌됩니다.

학교폭력 및 생활 범죄 예방 퀴즈의 탄생

1994년에 발령받은 여자중학교에서 처음으로 학생생활지도부로 배치되었을 때 당시 사회적으로 '일진'이 한창 떠들썩하게 문제를 일으키고 있었다. 여학생 일진의 위세도 대단했다. 사안을 조사하고 처리하면서 학교폭력 가해학생의 상당수가 "그게 그렇게 잘못된 행동인 줄 몰랐다"고 말하는 것을 보고 깜짝 놀랐다. 학생이 개념이 없어서 일으키는 사안이 90% 이상이었던 것이다. 한 예로 일진 학생들은 돈을 빌린 것이지 빼앗은 적이 없다고 말했다. 그래서 "갚을 기약 없이 돈 빌려달라고 하는 것은 금품 갈취"라고 교육하고 아이들 만날 때마다 "갚을 기약 없이 돈 빌려달라는 것을 뭐라고 한다고?"라고 물으며 손가락 네 개를 펴보였다. "금.품.갈.취." 그러자 유사한 사건이 차차 자취를 감추게 됐다.

실제 많은 학생들은 자신이 저지르는 행동이 심각한 범죄행위에 해당될 수 있다는 사실을 모르고 있는 경우가 많다. 자신의 잘못된 행동이 교칙 위반을 넘어 실제 법에 의해 처벌될 수 있다는 것을 깨닫게 해줄 방법을 생각하다 퀴즈 형식을 쓰게 됐는데 이렇게 하나씩 퀴즈 형식으로 법률 상식을 모으기 시작한 것이 어느덧 수십 개 문항에 이르게 되었다. 이런 생활교육 방식이 입소문이 나자 다른 중학교에서도 강의를 요청받게 되었다. 그때 이 내용을 들으신 한 선생님이 아내가 경찰청 여성청소년계장이라며 법률 해석 자문을 받아 전문화시키면 어떻겠냐고 제안을 해주셔서 문항을 보내드리고 자세한 해설을 받았다. 바쁜 3월이지만 시간을 쪼개서 이 퀴즈 수업을 했더니 그 뒤로 범죄 관련 사안이 크게 줄어들었다.

학생들이 자신이 하는 행동에 대한 자각이 없는 데에 당황하는 건 교사만이 아닐 터. 온 사회의 어른이 함께 협력해야 한다. 몰라서 저지르는 범죄가 없도록 친절히 설명하고 매 상황마다 인내심을 갖고 적극적인 안내자가 되어주어야 한다. 사안이 종료된 후라도 아이들의 마음이 억울함이 남지 않도록 끝까지 잘 설명해주는 것도 중요하다.

"아저씨는 왜 저를 한 번도 봐주지 않았어요? 너무한 거 아니에요? 그때 집단폭행으로 조사받을 때 저는 뒤늦게 현장에 간 것밖에 없어요. 한 대도 안 때렸어요. 그런데 아저씨가 집단으로 저까지 처벌받게 했잖아요. 정말 억울해요."

"억울하다고 생각하니? 니가 그때 거기서 위력 과시를 안 했으면 그날 싸움이 그렇게 크게 번지지는 않았을 거야."

어제 저녁 꼬맹이 세 명이랑 수다를 떨었습니다. 스무 살이 넘었으니 소주도 적당히 주었습니다.
저도 막걸리 한 병을 거뜬히 마시고 왔습니다. 이젠 잘 먹었다고 인사를 할 줄도 알고….
곧 군대 간다는데….

혜화경찰서 이상인 사이버수사팀장 제공

행복한 학교생활을 위한 골든벨 퀴즈

학생들에게 딱딱한 법률은 와닿지 않는다. 실제 범죄 요건이 성립돼 법대로 처벌이 되는 사례를 보여주는 것이 좋다. 그렇게 보여준 상황을 직접 겪거나 본 학생은 담임선생님이나 학생부에 도움을 요청하라고 하면 바로 효과가 나타난다. 아이들은 생각보다 엄격한 법률에 놀라고 당황하지만 자신이 무심코 하는 생각과 행동이 어떤 오해를 불러일으킬 수 있는지, 타인과 공동체에 어떤 불편을 주는지 돌아보게 된다.

이 퀴즈는 교사로서 내가 많은 시간을 들이지 않고 효과적으로 학생 사안을 예방할 수 있는 방법이 무얼까 하는 궁리 끝에 나온 것이다. 슈퍼맨 같은 히어로가 되고자 한 게 아니다. 바쁜 3월에 힘겹게 시간 내고 문화상품권 등 각종 미끼를 내걸고 퀴즈대회를 왜 하겠는가. 그렇게 하니까 사안이 70%가 사라졌다. 100건 발생하던 것이 30건으로 준 것이다. 투자 대비 최고의 효과다. '가성비(가격 대비 성능)'란 말에 빗대어 '노성비'라 부르고 싶다. 뒤치닥거리 말고 이런 예방 교육에 힘쓰는 것이야 말로 날로 먹는 생활지도다. 아이들하고 초기부터 코드를 잘 맞추면 1년 동안 소리지르고 속상할 일이 줄어든다. 학교폭력 예방 퀴즈 교육은 "징계punishment 대신 행위의 결과를 미리 안내하고 스스로 선택하게 하라"고 한 드라이커스^{Rudolf Dreikurs}의 이론과도 맞닿아 있다.

---

1. 화장실에서 주운 핸드폰을 돌려주지 않고 팔았다. 주운 물건이라 죄가 되지 않는다. (O / X)

[정답: X]

---

2. 금요일 하굣길에 친구 자전거에 자물쇠가 안 잠긴 걸 보았다. 친구를 놀라게 해주려고 우리 집에 가져다 놓았는데 일요일에 CCTV를 확인해보고 나를 찾아왔다. 하지만 나는 장난으로 한 일이니 무죄다. (O / X)

[정답: X]

---

3. 주인 없어 보이는 오토바이에 열쇠가 꽂혀 있어 친구와 그 오토바이를 타고 동네 한 바퀴를 돌았다. 그리고 난 다음 제자리에 가져다 놓으려고 하다가 순경 아저씨에게 붙잡혔다. 훔칠 의사가 없었으므로 나는 무죄다. (O / X)

[정답: X]

---

4. 술에 취해 남의 자전거를 내 것으로 착각해 집까지 타고 갔다. 취한 상태로 한 실수이므로 죄가 아니다. (O / X)

[정답: X]

5. 친구들과 자전거를 타고 학원을 가던 길에 횡단보도에서 길을 건너던 할머니와 부딪쳤다. 이 경우 교통사고에 해당될까? (O/X)

[정답: O]

6. 다른 학교 아이들이 우리 학교 아이를 불러달라고 해서 학교 앞 공터에 데려다 주었더니 우리 학교 아이가 다른 학교 아이들에게 맞았다. 112 순찰차가 와서 모두 경찰서로 가게 되었다. 나는 구경만 했으니 무죄다. (O/X)

[정답: X]

7. 장애 친구가 묵찌빠하면 묵만 내는 것을 보고 쉬는 시간마다 게임을 하자고 하면서 꿀밤을 때렸다. 게임이므로 죄가 아니다. (O/X)

[정답: X]

8. 어떤 친구가 기분 나쁘게 힐끔 쳐다봐서 "뭘 기분 나쁘게 쳐다보냐?"라고 하면서 인상 한 번 썼다. 팔목을 꽉 잡고 한 번 흔들기도 했다. 친구 팔에 멍이 들었다. 이 경우도 폭행이라고 할 수 있을까? (O/X)

[정답: O]

9. 다음 중 학교폭력을 예방하기 위한 방법이 아닌 것은?

　① 단순한 장난이라도 상대방은 괴로워할 수 있으며
　　 나도 폭력을 당해 괴로움을 당할 수 있다는 생각을 한다.
　② 폭력을 당한 것이 자신이 못났기 때문이라는 생각을 갖지 말고
　　 적극적으로 해결할 수 있다는 자신감을 갖는다.

③ 폭력을 당했던 상황을 기억하면 기분만 나쁘니까
   그때 상황을 기록하지 않는 것이 좋다.
④ 혹시라도 폭력을 당했을 경우 신고할 수 있는 전화번호를 알아둔다.

[정답: ③]

---

10. 3학년 '학폭이'가 운동장에서 축구하던 중 후배가 찬 공에 얼굴을 맞았다. 미안하다고 하는 후배에게 '엎드려뻗쳐'를 시켰다. 학폭이가 한 행동은 무슨 죄일까?

① 공갈죄 ② 상해죄 ③ 강요죄 ④ 무전취식

[정답: ③]

---

11. 나는 수업시간에 집중이 잘 안 되고 선생님 말씀이 끝나기도 전에 질문을 하게 된다. 물건을 자주 잃어버리기도 한다. 이런 내게 의심되는 마음의 병은 무슨 종류일까?

① 우울증 ② ADHD ③ 인터넷 중독 ④ 외상후 스트레스장애

[정답: ②]

---

12. 고3인 오비는 수능을 50일 앞두고 길에서 우연히 주민등록증을 주웠다. 그걸 가지고 친구와 함께 호프집에 가서 술을 마셨다. 그런데 신고를 받은 경찰관이 출동해서 신분증 검사를 하는 것이 아닌가. 오비는 얼떨결에 주운 주민등록증을 보여주었다. 이 경우 오비는 무슨 죄가 될까?

① 아무런 죄가 없다 ② 공무집행 방해죄 ③ 절도죄 ④ 주민등록법 위반죄

[정답: ④]

13. 지하철 에스컬레이터에서 장난삼아 휴대폰으로 앞에 가는 여자의 치마 속을 몰래 찍었다. 이 경우 성폭력특별법상 카메라 등을 이용한 촬영죄가 성립하는데, 어느 정도의 벌을 받게 될까?

① 10만 원 이하의 벌금　　　　　　② 100만 원 이하의 벌금
③ 5년 이하의 징역 또는 1천만 원 이하의 벌금　④ 무기징역

[정답: ③]

14. 하교 후 골목을 지키고 있다가 걸어가는 초등학생에게 약간 인상을 쓰면서 "가진 돈 모두 내놓지 않으면 가만 안 둔다!"라고 하니, 애가 겁을 먹었는지 주머니에 들어있던 1,700원을 모두 꺼내줬다. 나는 어떤 죄를 지은 것일까?

① 미성년자이므로 무죄　　　② 폭행죄
③ 사기죄　　　　　　　　　④ 공갈죄

[정답: ④]

15. 아무개와 아무개가 복도 코너에서 키스했다는 사실을 SNS에 올렸다. 내가 직접 본 사실이므로 죄가 안 된다. (O/X)

[정답: X]

16. 만만한 아이에게 돈을 언제까지 갚겠다는 말은 없이 몇 번 돈을 빌려달라고 해서 쓰고 갚지 않았다. 이 경우 나는 무슨 죄에 해당할까?

① 공갈죄　　　② 절도죄
③ 협박죄　　　④ 빌렸으므로 죄는 되지 않는다.

[정답: ①]

17. 요즘 하루에도 몇 번씩 자꾸 "짱나, 귀찮아, 몰라"하는 말을 하게 된다면 내게 의심할 수 있는 마음의 병의 종류는?

① 우울증   ② ADHD
③ 인터넷 중독   ④ 외상후 스트레스장애

[정답: ①]

---

18. PC방에서 만 원을 빌려주면 한 달 후 2만 원을 주겠다는 아이의 말을 믿고 빌려주었는데 만 원만 돌려주고 이자를 주지 않아 경찰에 신고를 할까 말까 고민 중이다. 경찰에 신고하면 받아줄까? (O / X)

[정답: X]

---

19. 아무래도 게임에서 벗어날 수가 없다. 상담을 요청할 만한 대상이 아닌 것은?

① 중랑청소년수련관 상담실
② PC방에서 아르바이트하는 형
③ 동부 Wee센터
④ 중랑구 정신보건센터

[정답: ②]

---

20. 부모님과 갈등을 겪지 않으려면 부모님께 내 마음을 잘 전달하는 것이 중요하다. 다음 중 잘못된 표현은?

① 잔소리가 심할 때 → "계속 잔소리 듣고 있으니까 정말 힘들어요."
② 내 말은 듣지도 않고 야단칠 때 → "왜 나만 갖고 그래!"
③ 지금 내가 하고 싶지 않은 일을 요구할 때 → "지금은 혼자 있고 싶어요. 시간을 좀 주세요."
④ 칭찬할 때 → "칭찬받으니까 정말 좋아요."

[정답: ②]

21. 면허 없는 친구가 운전하는 오토바이를 타고 가다가 사고가 났다. 함께 탄 내가 져야 할 책임의 비중은 얼마나 될까?

  ① 0 %   ② 5 %   ③ 20 %   ④ 40 %

[정답: ④]

22. 오토바이 무면허운전으로 벌금형을 받은 뒤 운전면허 취득이 제한되는 기간은?

  ① 자동차 6개월, 오토바이 2개월   ② 자동차 1년, 오토바이 3개월
  ③ 자동차 2년, 오토바이 6개월   ④ 자동차 3년, 오토바이 1년

[정답: ③]

23. 고등학생 교통사고 사망자 백 명 중 무면허 운전으로 인한 사망자수는 대략 어느 정도일까?

  ① 15명   ② 35명   ③ 55명   ④ 70명

[정답: ④]

24. 오토바이 무면허 운전시 초범의 벌금은 얼마일까?

  ① 1만 원에서 2만 원   ② 3만 원에서 5만 원
  ③ 6만 원에서 10만 원   ④ 10만 원에서 20만 원

[정답: ④]

25. 고등학교 교통사고 사망자 백 명중 오토바이로 인한 사망자 수는 대략 어느 정도일까?

  ① 10명   ② 30명   ③ 50명   ④ 70명

[정답: ③]

해설

다음 해설은 현직 경관에게 제공받은 해설이다. 법률 개정으로 벌금의 액수나 형기 등은 바뀌었을 수 있다.

1. 주운 핸드폰을 돌려주지 않았어요.

핸드폰을 어디서 습득했는가에 따라 적용되는 법이 달라지는데요. 일반적으로 습득하기 쉬운 길거리, 시내버스, 고속버스, 지하철, 택시 등과 같이 관리인이 없는 곳에서 습득한 휴대폰을 소지할 시 〈점유이탈물횡령죄〉가 적용됩니다.

점유이탈물횡령죄[占有離脫物橫領罪]
1년 이하의 징역이나 300만 원 이하의 벌금 또는 과료에 처하며 친족 간의 범행에 관한 특례가 적용됩니다. 점유이탈물이라 함은 점유자의 의사에 의하지 아니하고 그 점유를 떠났으되 아직 누구의 점유에도 속하지 않는 물건을 말합니다. 타인의 재물을 영득하는 죄라는 점에서 횡령죄와 공통점이 있지만 위탁 관계에 의한 관계의 배반을 내용으로 하지 않는다는 점에서 횡령죄나 업무상 횡령죄와는 구별됩니다. 하지만 학교, 병원, 은행, 당구장, 개인택시에서 주운 물건은 훨씬 무거운 형량인 절도죄가 성립됩니다. 관리자가 있어 물건의 원주인을 찾아 돌려줄 수 있는데도 돌려주지 않았기 때문입니다. 이 경우는 6년 이하의 징역 또는 1천만 원 이하의 벌금형을 물게 됩니다. 때문에 무심코 휴대폰을 습득했다면 교내의 경우 학생부에 신고하고 교외의 경우 우체국에 맡기는 걸 추천합니다. 우체국에 주인 잃은 휴대폰을 가져가면 최고 2만 원 상당의 상품권을 주기도 하고 또한 〈분실물에 대한 주인 찾아주기〉를 우체국에서 맡아 해주기 때문에 서로가 편하고, 잠재적인 범죄를 막는 데 도움이 됩니다.

2. 장난으로 친구 물건을 숨겼어요.

금품 절취[金品 竊取]

금품 절취란

   1. 본인 허락 없이 물건을 빌려가는 것.

   2. 놀라게 해준다는 핑계로 숨기는 등 물건의 위치를 이동시키는 것.

   3. 빌려간 물건을 손상시키거나 금전적 손해를 입히는 것.

   4. 상당 기간 사용 후에 몰래 갖다 놓는 것.

   5. 돈을 빌리고 갚지 않는 것.

이 모두가 금품 절취에 해당됩니다.

금품 절취는 금액에 상관없이 교내봉사부터 출석정지, 출교 조치까지 적용됩니다. 피해자가 경찰에 신고할 경우 절도죄로 6년 이하의 징역 또는 1천만 원 이하의 벌금을 물게 됩니다. 절도죄는 합의하여도 처벌을 받게 되며 전과기록으로 남게 됩니다. 경찰의 모든 기록은 절대 삭제되지 않습니다. 경찰의 처벌과 학교 처벌은 별개입니다. 친구들 사이에 금품 절취가 일어나지 않도록 주의해야 합니다.

3. 주인 없어 보이는 오토바이에 열쇠가 있어 호기심에 친구와 타봤어요.

특수절도[特殊竊盜]

절도란 남의 물건을 허락받지 않고 빌려가거나, 잠시 빌렸다가 다른 장소에 갖다 놓아 주인이 찾을 수 없도록 하거나, 빌린다는 명목으로 가져가서 많이 사용해 주인에게 피해를 주는 경우를 말합니다. 이 경우 특수절도(2인이상)외 도로교통법 43조 위반(무면허 운전)으로도 처벌(30만 원이하 벌금,구류)되며 운전면허 취득도 제한(단순 무면허 운전은 6개월, 차량절도 후 무면허 운전은 3년간)됩니다.

4. 술에 취해 남의 자전거를 내 것인줄 착각했어요.

미필적 고의[未必的 故意]에 의한 절도

미필적 고의란 자기의 행위로 인하여 어떤 범죄결과의 발생 가능성을 인식하였음에도 불구하고 그 결과의 발생을 인용한 심리상태를 말합니다. 이 경우 자기 물건이 아닌 줄 모르고 가져갔음을 입증하기는 매우 어렵습니다. 술에 취한 것이 죄를 없애주지는 않습니다.

5. 자전거 타고 가다 할머니를 치었어요.

교통사고[交通事故]

교통사고란 차의 교통으로 사람을 다치게 하거나 물건을 부수는 것을 말하는데요. 여기서 말하는 '차'에는 자전거도 포함이 됩니다.

6. 화장실에서 싸움이 벌어졌는데 때리는 학생 옆에서 구경만 했어요.

집단 폭행[集團 暴行]

집단 폭행은 폭력행위 등 처벌에 관한 법률에 의거하여 단순 폭행 법정형에 1/2 가중되어 처벌받습니다. 직접 폭행하지 않더라도 밀폐공간에서 상대방에게 공포심을 주어 저항 의지를 포기하게 하는 데 일조하거나 묵시적인 가담도 집단 폭행으로 간주되어 처벌받습니다. 폭행죄는 2년 이하 징역 또는 700만 원 이하 벌금에 처해집니다.

7. 장애 친구에게 게임을 빌미로 딱밤을 때렸어요.

폭행죄[暴行罪]

〈장애인 차별금지 및 권리 구제 등에 관한 법률〉 제32조(괴롭힘 등의 금지)에 3항에 의거하여 폭행죄로 처벌됩니다. 그 구체적인 내용은 다음과 같습니다.

"누구든지 장애를 이유로 학교, 시설, 직장, 지역사회 등에서 장애인에게 집단따돌림을 가하거나 모욕감을 주거나 비하를 유발하는 언어적 표현이나 행동을 하여서는 아니 된다. 이 경우 3년 이하의 징역 또는 3천만 원 이하의 벌금에 처한다."

8. 팔 잡고 흔든 것도 폭행인가요?

폭행죄[暴行罪]

친구 사이에 사소한 폭력이라도 행사하지 않는 것이 바람직하고요. 더욱이, 여러분이 성인이 되어 사회생활을 하다보면 다툼이 생길 상황도 생길 것입니다. 하지만 슬기롭게 대처해서 주먹다짐으로 경찰서까지 가게 되는 일이 절대로 생기지 않도록 해야겠습니다. 다른 사람의 입장에서 포용하는 마음으로 원만한 대인관계를 유지하도록 스스로 노력해야겠죠?

9. 기분 나쁜 기억을 꼭 써두어야 하나요?

혼자서만 힘들어하지 말고 괴롭힘을 당했던 내용을 메모를 해두었다가 부모님이나 선생님 또는 경찰에 신고하세요. 왜냐하면 학교폭력은 나만의 문제로 끝나는 것이 아니라 제2, 제3의 피해자가 발생할 수 있으니 상황이 더욱 나빠지지 않도록 미리 예방해야 서로 더불어 사는 즐거운 학교생활이 되겠지요?

10. 후배의 실수에 화가 나서 얼차려시킨 것도 죄가 되나요?

강요죄[强要罪]

소위 '기합(얼차려)'는 군대에서만 있는 것이 아닙니다. 이런 경우에 문제되는 범죄는 '강요죄'입니다. 강요죄는 폭행 또는 협박으로 사람의 권리 행사를 방해하거나 의무가 아닌 일을 하게 하는 범죄입니다. 폭행이란 직접 다른 사람의 몸에 가해하지 않더라도 자기 뜻대로 활동하지 못하도록 하는 것을 말합니다. 협박이란 상대방이 현실적으로 두려움을 일으키게 하는 것입니다. 의무가 없는 일을 하게 한다는 것은 자신에게 아무런 권리나 권한이 없고, 상대방이 그에 따라야할 의무가 없음에도 불구하고 일정한 행위를 하게 하거나 못하게 하는 것을 말합니다. 강요죄에 해당하는 일을 반복하거나 또는 둘 이상이 공동으로 행하거나 흉기 기타 위험한 물건을 휴대하거나, 단체 또는 다중의 위력을 보여 행해지는 경우에는 <폭력행위 등 처벌에 관한 법률>에 의해 가중처벌됩니다. 후배들은 학폭이의 얼차려에 따를 의무가 없으며, 학폭이는 이러한 것을 협박하였으므로 '강요죄'가 성립됩니다. 학교폭력으로 보호처분을 받을 뿐 아니라 경찰에 신고할 경우 강요죄(强要罪)로 5년 이하의 징역에 처합니다.(형법 324조).

11. 수업에 집중하지 못하고 산만한 것도 병인가요?

ADHD(Attention Deficit Hyperactivity Disorder)

ADHD는 주의력결핍 과다행동장애(注意力缺乏 過多行動障碍)로 주의가 산만하고 과다활동과 충동성과 학습장애를 보이는 소아청소년기의 정신과적 장애입니다. 주의력결핍 과잉행동장애(注意力缺乏 過剩行動障碍)라고도 합니다. 1970년대까지 소아기에 발병해 청소년기까지 지속되는 것으로 알려졌지만, 연구에 의해 성인기까지 지속되는 경우도 많다는 것이 밝혀졌습니다. 조기에 발견하면 성인기까지의 증상지속을 막을 가능성이 높아집니다. 특히 이 장애는 남자에게서 많이 발생합니다. 어릴 때 주로 발생하고, 성장하면서 많이 줄어들지만 성인이 되고 나서도 이 장애에 시달리는 사람도 많은 편입니다.

12. 가끔 주민등록증이 없어서 불편할 때가 있어요.

주민등록법[住民登錄法]

나 외에 다른 사람의 주민등록증을 부정하게 사용한 사람은 주민등록법에 따라서 3년 이하의 징역 또는 1천만 원 이하의 벌금에 처하게 되어 있으니 남의 신분증을 사용해서는 절대로 안 됩니다.

13. 휴대전화에 카메라 기능이 있어서 찍은 건데 촬영죄라고요?

성폭력특별법[性暴力特別法]

카메라나 그 밖에 이와 유사한 기능을 갖춘 기계장치를 이용하여 성적 욕망 또는 수치심을 유발할 수 있는 다른 사람의 신체를 그 의사에 반하여 촬영한 때에는 5년 이하의 징역 또는 1천만 원 이하의 벌금에 처합니다.

14. 초등학생에게 받은 1,700원도 금품 갈취로 처벌받나요?

공갈죄[恐喝罪]

협박으로 금품 갈취를 했다면 이는 공갈죄로 10년 이하 징역 또는 2천만 원 이하의 벌금형을 받게 됩니다. 공갈이 상습적인 경우 <폭력행위 등 처벌에 관한 법률> 제3조 위반으로 5년 이상의 유기징역에 처해집니다.

15. 거짓말을 한 것도 아니고 사실을 말했는데도 죄가 되나요?

명예훼손죄[名譽毀損罪]

사실이라 할지라도 개인정보를 유포시킬 경우 개인정보보호법에 위반될 뿐 아니라 명예훼손죄로 처벌받습니다.

16. 갚을 확실한 약속 없이 돈을 자꾸 빌려달라고 해요.

이는 상습적 공갈에 해당하는 범죄입니다. 14번 답변을 참조하세요.

17. 짜증나고 귀찮은 것도 병이라고요?

우울증[憂鬱症]

우울증$^{depressive\ disorder}$은 우울감, 무기력감, 불안, 흥미의 저하, 식욕장애, 수면장애, 자살 생각 등이 주요 증상으로 하는 질병입니다. 무가치감, 부적절한 죄책감 등의 증상도 나타납니다. 집중력과 기억력이 떨어지고 체중의 변화가 심각한 정도이거나 행동이 둔하고 느려집니다. 만성 피로감, 불면증과 과수면증 등을 겪기도 합니다. 두통, 소화불량, 목과 어깨 결림, 가슴 답답함 등의 신체 증상도 보입니다.

18. 돈을 빌려간 친구가 약속한 이자를 주지 않는데 이걸 달라고 하는 것도 죄가 되나요?

높은 이자로 돈을 빌려주는 사례와 관련한 법률을 잘 알아둡시다.

SNS종례신문

친구에게 돈 빌려 고액 이자 받으면 무슨 죄?

-중랑경찰서 이상인 팀장 제공

돈 빌려주고 이자 많이 받는 것, 안 갚는다고 위협하는 것, 남 앞에서 돈 왜 안 갚느냐고 떠들어 대는 것, 왜 안 갚냐고 옆에서 설

쳐대는 것, 빌리고 안 갚는 것 모두 범죄행위임을 교육해주시기를 부탁드립니다. 계도기간을 둔 후 7월부터는 엄격히 선도하고자 합니다.

〈이자제한법〉

*금전대차에 관한 최고이자율 연 25퍼센트를 초과하여 이자를 받은 자는 1년 이하의 징역 또는 1천만 원 이하의 벌금

〈채권의 공정한 추심에 관한 법률〉

*채권추심을 위해 채무자나 관계인을 협박 감금한 자는 5년 이하의 징역 또는 5천만 원 이하의 벌금
*야간(오후 9시 이후부터 다음 날 오전 8시까지)에 채무자나 관계인을 방문함으로써 공포심이나 불안감을 유발하여 사생활 또는 업무의 평온을 심하게 해치는 행위, 채무자의 직장이나 거주지 등 채무자의 사생활 또는 업무와 관련된 장소에서 다수인이 모여 있는 가운데 채무자 외의 사람에게 채무자의 채무금액, 채무불이행 기간 등 채무에 관한 사항을 공연히 알리는 행위에 3년 이하의 징역 또는 3천만 원 이하의 벌금
*부모 등 관계인에게 채무와 관련된 말, 글, 영상을 도달하게 한 자는 1년 이하의 징역 또는 1천만 원 이하의 벌금

#이런 억울한 경우를 당하거나 보면 바로 학년부로 신고 바랍니다. 신고는 고자질이 아닙니다.

19. 상담받고 싶을 때 어디로 가야 되나요?

우울하거나 ADHD로 의심되거나 게임 중독이다 싶을 때는 청소년수

련관 상담실, 위(wee)센터, 정신보건센터의 도움을 받을 수 있습니다.

20. 부모님이 야단치기 전에 내 말부터 들어줬으면 좋겠어요.

부모님이 여러분 말은 듣지도 않고 야단부터 치실 때는 이렇게 말해 보면 어떨까요? "제 입장은 들어보지도 않고 화부터 내시니까 실망스러워요."

21. 나는 운전하지 않고 뒷자리에 타기만 했는데도 사고에 책임이 있다고요?

오토바이 무면허 운전으로 사고가 난 경우, 그 책임은 오토바이를 빌려준 친구(50%)와 함께 탔던 친구(40%)에게도 있습니다.

22-25. 무면허 운전으로 걸려도 벌금만 내면 돼죠?

초범인 경우 10만 원에서 20만 원 벌금이지만, 도로교통법 82조의 운전면허의 결격사유를 보면 벌금이 확정된 후 자동차는 2년 동안, 원동기는 6개월 동안 운전면허 취득이 제한됩니다. 고등학생 교통사고 사망자 2명 중 1명은 오토바이 사고가 원인이며, 대학수학능력시험이 있는 11월에 가장 많이 발생하고 방학기간인 12월이 그 뒤를 이었습니다. 오토바이 사망자 10명 가운데 7명이 무면허 운전자였습니다. 오토바이 사고는 신체가 외부에 그대로 노출되어 치명상을 입을 수 있으므로 안전에 특히 유의해야 합니다.

나는 끝까지 네 편이다

학교 폭력 사안이 발생하면 피해학생의 치유가 우선이지만 그에 못지 않게 가해학생에게도 어루만짐이 필요하다. 작은 관심과 보살핌이 학교폭력 사안을 순조롭게 마무리하게 하는 것은 물론 아이의 성장에도 큰 도움을 준다. 가해학생을 불러 야단치기 보다는 담당교사가 걱정하고 있다는 마음을 먼저 표현하는 것이 좋다.

> 미안아, 학생부장 송형호라고 해. 어려운 일 겪어 마음고생이 심하겠구나. 이번 일로 훌쩍 어른이 되면 좋겠구나. 얼른 건강 회복해 밥 한번 같이 먹으며 이런저런 이야기 나누자꾸나. 힘내라!
> 내 번호 010- △△△△-2391도 저장해라.

이렇게 먼저 학생의 마음을 열어 놓으면 성찰하는 시간을 통해 피해친구에게 진심으로 사과하도록 유도하는 일이 수월해진다.

가해학생이 자기 잘못을 인정했다 하더라도 막상 사과하라고 하면 어떻게 해야 하는지 몰라 우물쭈물하게 된다. 그런 학생에게 도움을 주고자 호주 공영방송 채널7에서 보도한 효과적인 사과의 요령 열 가지를 정리했다.

1.반드시 얼굴을 마주보면서

사과는 직접 만나서 하는 것이 좋다. 싸운 뒤 서로 감정이 좋지 않은 상태에서 전화나 메신저를 통해 사과를 하게 되면 자신의 진심을 충분히 전할 수 없어 오히려 싸움을 더 키우는 경우도 적지 않다. 싸운 뒤 만나는 것이 어색하다고 생각하는 사람도 있겠지만 오히려 직접 마주본 상태에서 이야기하는 것이 더욱 편안하고 자연스러운 분위기를 만드는 데 도움이 된다.

2. 철저히 상대방 기분에 맞춰

사과의 궁극적인 목적은 상대방의 상한 마음을 풀어주는 것이다. 사과를 할 때는 먼저 상대방의 기분이 지금도 화가 난 상태인지 살펴야 한다. 아직 화가 난 상태라면 상대방의 감정을 상하게 하는 말들은 삼가고 상대방이 좋아할 만한 말을 적절히 골라 사용해야 한다.

3. 상대방의 말을 듣는 것이 먼저

무작정 사과부터 하는 것보다 상대방이 왜 화가 났는지 어떤 점이 불만인지 말하게 하고 이를 귀담아 듣는다. 이런 과정을 통해 상대방은 화를 어느 정도 풀 수 있고 자신도 어떤 점을 사과해야 하는지 정확하게 알 수 있다.

4. 사과는 타이밍

잘못을 저지른 뒤 가급적 빠른 시간 안에 사과하는 것이 좋지만 서로 기분이 상한 그 자리에서 사과하는 것은 진심이 없는 듯 보이기 쉽다. 어느 정도 화가 가라앉을 때쯤 사과하는 것이 좋다.

5. 잘못을 확실히 알고 사과한다

자신이 무엇을 잘못했는지도 모르면서 하는 사과만큼 상대방의 마음을 상하게 하는 것은 없다. 연인 사이라면 특히 더 조심할 것. 여성은 자신이 왜 화가 났는지를 상대방이 아는 것을 매우 중요하게 생각한다. 남성이 여성에게 사과의 의미로 꽃을 보내는 것은 좋은 방법일 수 있지만 자기 잘못이 무엇인지도 모르는 채 무조건 사과부터 하자는 것이었다면 여성은 이 꽃을 쓰레기통에 버릴 수도 있다.

6. 만나기 힘들다면 편지로
진심이 담긴 편지는 상대방의 마음을 움직인다. 사과할 때 가장 적절하지 않은 방법이 문자 메시지다. 성의가 없어 보여 오히려 상대방의 마음을 더 상하게 할 수 있다.

7. 사과는 여러 번 하는 게 좋을까? No!
반복된 사과는 진실성을 떨어뜨리는 역효과를 불러올 수 있다. 상대방이 나를 진실성 없는 사람이라고 인식하면 앞으로도 사과를 받아주지 않을 수 있다.

8. 부모의 사과
부모와 자녀는 서로 사과를 잘 하지 않고 넘어가는 경향이 있지만 부모와 자녀 사이의 솔직한 대화는 많을수록 좋다. 특히 부모들은 사소한 잘못에도 자녀에게 진심으로 사과하는 모습을 보여주어야 한다. 부모의 솔직한 모습이 자녀에게 좋은 영향을 주기 때문이다.

9. 자녀의 사과
어린 자녀들은 대부분 자신이 저지른 잘못을 제대로 알지 못하고 말로만 잘못했다고 하는 경우가 많다. 자녀들도 자신의 잘못을 솔직히 인정하는 태도가 필요하다. 먼저 잘못을 시인하고 부모에게 사과하면 부모는 자녀를 더욱 신뢰하게 된다.

10. 지는 것이 이기는 것
'네 잘못 내 잘못' 따지는 것은 서로의 관계에 도움이 안 된다. 누구 잘못을 따지기 전에 자신의 잘못을 먼저 인정하고 사과하는 것이 서로의 관계를 발전시킬 수 있는 길임을 명심해야 한다.

To 미안이

From 송샘

살다보면 부모와 자식 사이에도 다투는 일이 참 많습니다. 우리 아들 네 살 때 싸웠던 일이 생각납니다. 문방구 앞을 지나던 중 아들이 장난감을 사달라고 졸라대며 땅바닥에 누워 땡깡(?)을 부렸습니다. 그런 아들의 배를 누르고 저는 이렇게 말했습니다. "네 맘대로 해라, 아빠는 간다!"

할머니가 늘 곁에 계시면서 원하는 건 무엇이든 다 사주곤 하여 그게 타성이 되어버린 것 같아 언젠가 한번은 금지의 교육이 필요하다고 생각해서 한 일이지요. 이후로 아들의 그런 행동은 교정이 되었습니다. 하지만 시간이 많이 흐른 뒤에도 아들은 제게 말하기를 꺼려하는 듯 보였습니다. 아빠에게 해야 할 말, 하고 싶은 말도 늘 엄마에게 하는 것이었어요. 날이 갈수록 정도가 심해져서 도대체 왜 그런가 곰곰 생각하다가 네 살 때 그 일이 생각났습니다. 자녀의 행동 교정을 위해 부모로서 특단의 조치를 취할 수는 있었겠지만 이 역시 폭력에 해당하는 일이었습니다. 서로의 흥분이 가신 뒤에 제가 곧바로 사과를 했어야 했던 것이지요. 아들이 고등학교 1학년이 되었을 때 아들 방에 들어가 아이의 눈을 마주보며 13년 전의 일을 말하고 사과를 구했습니다. 아이는 그 일이 잘 기억이 나지 않는다면서도 자신에게 사과하는 아빠의 눈가에 맺힌 이슬을 보았는지 입가가 살짝 올라가더군요. 그렇게 사과를 하고 포옹을 나눈 다음 날, 아들이 문자로 이렇게 말을 걸어왔습니다. "아빠, 저희 반 애들이 지각이 심하게 많은데 이럴 땐 어떻게 해야 하나요?" 자기 일 가지고도 아빠와 좀처럼 상의하지 않던 아들이 친구들 일로 의견을 구하는 큰 변화가 일어났습니다.

최근에 누군가와 다툰 일이 있나요? 위 내용을 참고로 해서 사과의 편지를 써보세요.

> 미안아 친구랑 화해했니? 너 자신하고도?
> 나도 양평에 나와 자전거길 따라 걸으며
> 세상과 화해 중이야~

아이가 자신을 돌아보고 친구에게 진정한 사과를 하고 나면 이후의 과정도 편안하게 받아들인다. 다음 단계는 학교폭력대책자치위원회(학폭위)의 결정 사항을 안내하는 것이다.

> 법으로 정해진 학교폭력 가해학생 피해학생
> 보호 처분은 다음과 같아. 학교폭력_가피해
> 학생_보호조치.hwp

> 미안이가 이제 기운을 내어 성장하기를.

학교폭력 가피해학생 보호 조치

◆ 피해학생 보호 조치

• 제1호: 심리상담 및 조언
학교폭력으로 받은 정신적·심리적 충격으로부터 회복할 수 있도록 하기 위하여 학교 내의 교사 혹은 학교 외의 전문상담기관의 전문가에게 심리상담 및 조언을 받도록 하는 조치이다. 학교 내 상담교사가 없을 때는 외부 상담기관과 연계한다.

• 제2호: 일시보호
지속적인 폭력이나 보복을 당할 우려가 있는 경우 일시적으로 보호시설이나 집 또는 학교상담실 등에서 보호를 받을 수 있도록 하기 위한 조치이다.

• 제3호: 치료 및 치료를 위한 요양

학교폭력으로 인하여 생긴 신체적·정신적 상처의 치유를 위하여 일정기간 출석을 하지 아니하고 의료기관 등에서 치료를 받도록 하는 조치이다.

– 피해학생이 보호조치로 집이나 요양기관에서 신체적·심리적 치료를 받을 때는 치료기간이 명시된 진단서 또는 관련 증빙자료를 첨부하여 자치위원회에 제출하도록 보호자에게 안내한다.

• 제4호: 학급교체

• 제5호: 삭제

• 제6호: 그 밖에 피해학생의 보호를 위하여 필요한 조치

– 피해학생 보호를 위하여 필요하다고 판단되는 다양한 조치 방법으로는 치료 등을 위한 의료기관에의 연계, 법률 구조기관 등에 필요한 협조와 지원요청, 신변보호지원 등을 할 수 있다.

▶ 추가보호조치

• 출석일수 산입: 학생의 결석이 피해학생 보호조치(법률 제16조 제1항) 등 보호가 필요한 학생에 대하여 학교의 장이 인정하는 경우 그 조치에 필요한 결석을 출석일수에 산입할 수 있다(법률 제16조 제4항).

• 불이익 금지: 보호조치를 받았다는 사실 자체가 성적평가 등에서 불이익으로 작용하지 않도록 해야 하며, 피해학생이 결석하게 되어 부득이하게 성적평가를 위한 시험에 응하지 못하게 된 경우에도 학교학업성적관리규정에 의거하여 불이익이 없도록 조치해야 한다.

• 피해학생에 대한 보호조치 등으로 인해 피해학생이 결석하게 되는 경우 학교의 장은 학생의 가정학습에 대한 지원 등 교육상 필요한 조치를 마련해주는 것이 바람직하다.

◆ 가해학생 보호조치

• 제1호: 피해학생에 대한 서면사과
가해학생이 피해학생에게 서면으로 그동안의 폭력행위에 대하여 사과를 함으로써 서로 화해하도록 하는 조치이다.

• 제2호: 피해학생 및 신고·고발 학생에 대한 접촉, 협박 및 보복행위의 금지
피해학생이나 신고·고발학생에 대한 가해학생의 접근을 막아 더 이상의 폭력이나 보복을 막기 위한 조치이다.

• 제3호: 학교에서의 봉사
가해학생에게 반성의 기회를 주기 위한 조치이다.

• 제4호: 사회봉사
사회구성원으로서의 책임감을 느끼기 위한 조치이다.
– 학교에서는 사회봉사를 실시하는 기관과 업무협조를 긴밀히 하고, 각종 확인자료와 담당자 간의 통신을 통하여 사회봉사가 실질적으로 이루어질 수 있도록 한다.

• 제5호: 학교 내외 전문가의 특별교육이수 또는 심리치료
교육감이 정한 기관에서 특별교육을 이수하거나 심리치료를 받아야 하며, 그 기간은 자치위원회에서 정하는 조치이다.

• 제6호: 출석정지

가해학생을 학교에 출석하지 못하게 함으로써 반성의 기회를 주고 일시적으로 피해학생과 격리시킴으로써 피해학생을 보호하기 위한 조치이다. 가해학생에 대한 출석정지 기간은 출석일수에 산입하지 않는다.

• 제7호: 학급교체
가해학생을 피해학생으로부터 격리하기 위하여 같은 학교 내의 다른 학급으로 옮기는 조치이다.

• 제8호: 전학
가해학생을 피해학생으로부터 격리시키고 피해학생에 대해 더 이상의 폭력행위를 하지 못하도록 하기 위하여 다른 학교로 소속을 옮기도록 하는 조치이다. 자치위원회에서 가해학생에 대하여 전학조치를 의결하면 학교의 장은 14일 이내에 전학조치를 취해야 하며, 가해학생이 다른 학교로 전학을 간 이후에는 전학전의 피해학생 소속 학교로 다시 전학을 올 수 없도록 하여야 한다.

• 제9호: 퇴학처분
피해학생을 보호하고 가해학생을 선도·교육할 수 없다고 인정될 때 취하는 조치이다. 다만 의무교육과정에 있는 가해학생에 대하여는 적용하지 아니한다.

이제 가해학생 보호 조치로 정한 특별교육을 안내한다. 이때에도 아이를 염려하고 돕고자 하는 교사의 마음을 표현해 아이를 안심시켜 주는 것이 좋다. 미안이의 경우 제4호 사회봉사 처분이 내려졌다. 이때 담당교사는 코디네이터이자 코치 역할을 해야 한다.

학교폭력이 일어나는 가장 큰 이유는 학생들의 공감 능력이 떨어져 있어서다. 상대방을 이해하고 소통하는 능력이 부족해서 폭력을 행사하고 비행을 저지른다. 그렇다면 아이들에게 결여된 공감과 소통의 능력을 어떻게 키울 수 있을까. 자신보다 약한 존재를 돌보게 하면 좋다. 어린아이를 이해하고 이해시키는 과정이 큰 도움이 된다. 어린아이 표정을 살피고 손발 다 써가면서 소통하다보면 자연히 공감과 소통 능력이 성장한다. 금요일 방과 후 등 아이가 꾸준히 갈 수 있는 시간을 정해서 10~15회 정도 방문하게 한다. 그러면 그 사실이 나중에 좋은 경력으로 작용이 되기도 한다. 순간적으로 실수를 하긴 했지만 꾸준한 봉사활동을 통해 많은 것을 느끼고 새롭게 배워 성장의 계기로 삼았다는 것만큼 자기소개서에 쓸 수 있는 훌륭한 스토리도 드물다. 그러니 부모님에게도 절대 낙담하지 마시라고, 다시 없는 기회일 수 있다고 안심시킨다. 이런 과정을 통해 가해, 피해학생과 학부모들도 서로 원수 안 되고 고맙다는 인사 들으며 원만히 사안을 마무리할 수 있다.

> 미안이가 특별교육을 아동센터에서 하게 되어 참 좋네. 서양의 징계 프로그램도 어린 아이들과 소통하면서 공감능력 키우기래. 어머니께서 한번 찾아가셔서 부탁말씀 나누시면 좋을 거야. 나도 상담선생님하고 시간내서 인사드리러 갈거야.

교내에서 절차가 종료된 후에도 지속적으로 관심을 표현한다.

> 문학C수행평가는 내년에 수시원서에 쓸 자기소개서 연습이나 마찬가지구나. 자기소개서 한 문장 한 문장이 세 가지 중 하나를 반드시 담고 있어야 해. 재미, 감동 또는 정보! 이 세 가지에 해당되지 않는 내용은 과감히 버려. 이번에 완성한다고 생각하지 말고 수시로 내용을 업데이트한다고 생각하렴. 평생 써먹는 귀중한 문서야. ictsong@daum.net 으로 오늘밤까지 보내주면 내일 오전에 교정봐줄게~

학교폭력으로 맺은 인연(?)을 평소의 학습 태도를 변화시키는 계기로 삼는다.

> 홈피에 5, 6, 7과 본문 소리파일 올렸으니 받아쓸 수 있을 때까지 들으세요. 미련하게 통째로 외려하지 말고;;; 모의고사 듣기 대비도 덤으로 되겠네요~

학부모님께 팁을 드릴 것도 잊지 않는다. 재판부가 담임교사 의견을 참고하게 되어 있다는 사실을 알려두면 학부모의 역할을 상기시키는 데에 도움이 된다.

> 미안이 부모님께
> 내일이면 미안이가 학교로 돌아오는군요. 지난 주말에 검찰에서 소년재판 결정 전 〈담임교사 의견 참고제〉를 시행한다는 공문을 보내왔네요.
> 앞으로 미안이가 생활을 모범적으로 잘하도록 격려해서 나중에 검찰에 담임선생님께서 미안이에 대해 잘 말씀해 주시도록 애써야 할 것 같아요. ^^

사과에도 원칙이 있다

학교폭력 가해학생과 그 학부모에게 기술이 필요한 기술이 있다. 바로 사과의 기술. 어떻게 사과하는 것이 좋은지 몰라 고민하는 가해학생과 그 학부모를 위해 다음과 같은 편지를 썼다.

제가 중학교 다닐 때 일입니다. 학기말 고사를 앞두고 담임선생님께서 이렇게 말씀하셨어요. "니들 이번 시험 못보면 낙제야." 공부 열심히 하라고 하시는 말씀인줄로만 알고 있었지요. 키가 큰 편이었던 저는 교실 맨 뒤쪽에 앉아 있었는데 그순간 혼잣말로 이렇게 말했어요. "체육선생 양주나 한 병 사다주면 되지 뭘." 그런데 아뿔싸. 이 말을 담임선생님께서 정확히 들으셨던 거에요. 선생님의 대로大怒하신 모습을 보고 순간 당황해서 이렇게 말했어요. "체육선생님께서 체육시간에 농담으로 아무개 너 점수 올려 줄 테니 양주나 한 병 가져오라고 했던 것 같아요." 그날 제 평생 가장 처참하게 맞았습니다. 담임선생님은 물론이고 체육선생님에게까지요. 지금도 그날 일을 생생히 기억하지요. 그때 일을 제가 두고두고 반성했습니다.

첫째, 입을 무겁게 할 것.

둘째, 살다가 실수가 있었을 때는 가능한 빨리 사과할 것.

(실수가 문제가 아니고 실수를 제대로 사과하지 않으면 문제가 꼬이더군요.)

셋째, 혹시 변명하고 싶은 욕구가 있더라도 되도록 사과로 멈출 것.

"죄송합니다. 생각이 짧았습니다. 변명의 여지가 없습니다."

미안하다는 말보다 변명이 앞서면 진정한 사과로 받아들이기 힘들거든요. 말로 사과하기 힘들면 메일이나 문자로 사과드리는 것도 한 방법입니다.

그 뒤로도 담임선생님께 늘 죄송한 마음을 가지고 살았지요. 지금은 퇴임을 하시고 고향에 돌아가 살고 계신 은사님과 우연히 통화할 기회가 있었습니다. 40년이 넘은 일이지만 그때 일을 사과드렸습니다. 기억이 안 난다고 하셨지만 말씀하시는 어조에서 반가움을 느낄 수 있었습니다. 이처럼 사과에는 유통기한이 없습니다. 그리고 잘 이루어진 사과는 더 깊은 관계를 가져옵니다. 몇 배의 이자가 붙는 셈이지요.

누구든 실수로 친구에게 피해를 줄 수 있어요. 피해 입은 친구의 상처를 헤아려 진심으로 사과할 수 있다면 실수를 빠르게 만회할 수 있습니다. 학교폭력상담을 하다보면 가해학생이 피해학생에게 사과를 한다는 것이 변명으로 일관해 오히려 화를 돋우어 재심 신청을 하게 하는 경우가 있습니다. 잘 생각해보세요. 사과는 어떻게 해야 할까요?

최고의 복수는 용서

학교폭력 피해학생과 그 학부모에게 필요한 기술은 무엇일까? 용서의 기술이다. 하지만 피해학생과 그 학부모 입장에서는 용서가 말처럼 쉽지 않다. 이들을 돕기 위해 또 편지를 썼다.

영화 「인 어 베러 월드」를 보면 아이들 싸움에 끼어든 어른들이 나옵니다. 자동차 수리공이 의사의 따귀를 때립니다. 의사 안톤의 아들이 자기 아들을 쳤다면서요. 안톤은 묵묵히 맞습니다. 그 모습을 아들들이 지켜봅니다. 자동차 수리공이 안톤에게 꺼지라고 말하자 안톤은 그냥 돌아서서 갑니다. 어린 아들 엘리아스와 그 친구 크리스티안은 이 모습이 이해가 안 갑니다. 이 장면만 보면 안톤이 싸움에서 져서 꼬리를 감추고 도망가는 것 같습니다. 그때 안톤이 아들에게 말합니다. "됐다, 이제 끝났어. 내가 같이 치면 싸움이 크게 난다. 똑같은 바보가 되지 말아야 한다."

살다보면 세상으로부터 언어맞은 느낌이 들 때가 정말 많습니다. 물론 잘못된 일에 대해서는 맞서 싸워야겠지요. 하지만 때로는 콕 집어 누구의 잘못이라고 하기 어려울 때도 있습니다. 이럴 때는 가까운 개울가나 강가에 가서 돌멩이를 들어 미운 감정이 떠오를 때마다 그 마음을 담아 하나씩 던져보세요. 저는 한때 비오는 날 울릉도 바닷가에 가서 돌멩이를 백 개가 넘도록 던져본 적이 있습니다. 그러고 혼자 눈물짓고요. 화는 귀한 손님이어서 잘 대접해야 스스로 떠나갑니다. 용서가 최고의 복수인 셈이지요.

✓ **Tip**

욱하는 성질 때문에 사고를 치는 아이에게 마음 다스리는 법을 안내해보자.

송샘: '참을 인'이라는 한자 알아?

욱이: 예. '忍'이죠. '참을 인' 세 번이면 살인도 면한다는….

송샘: 그 '인'이라는 글자를 볼 때마다 참 기가 막혀. 심장 위에 칼이 있는 데 거기에 빗장을 지르는 거야. 예민한 심장에 칼 도(刀)가 있으니 그 연한 심장이 남아나겠니? 그 칼에 빗장을 지르는 점 하나가 있지?

욱이: 네.

송샘: 참지 못하면 결국 누구 심장이 다치겠니?

욱이: 제 심장이 다치고 말겠죠.

송샘: 나도 고등학교 때 힘들면 스케치북 사다가 이 글자를 수백 수천 번을 쓰곤 했단다. 너도 한 번 해보렴.

뭣이 중헌디

여학교에서도 학교폭력 사건이 왕왕 일어난다. 선배가 후배를 괴롭혀 학교폭력으로 신고가 되는 일이 많다. 언젠가 우리 반에서도 그런 일이 있었는데 역시 담임교사의 역할이 중요하다는 걸 절감했다. 꼭 생활지도부나 학교폭력 담당이 아니더라도 담임교사로서 관련 학부모와의 소통은 필수다. SNS를 활용하면 보다 부드럽고 효과적인 상담이 될 수 있다.

> 학교폭력자치위원회(학폭위)가 열린다는 사실보다 앞으로 다린이 처신이 중요해요.

다린엄마
> 아, 후배 학생 째려보지 말라고요?

> 그렇죠. 그게 제일 중요해요. 그 아이가 집에 가서 "아빠, 나한테 병신이라고 했던 언니가 또 째려봤어"라고 하면 망하는 거죠.

> 네, 알겠습니다.

> 그러면 고소당하고 민사 소송까지 갈 수 있어요. 그 아이 아빠가 흥분해서 경찰서로 가지 않도록 하는 게 핵심이지 학폭위 열리는 건 아무것도 아니에요.

애들 싸움이 어른 싸움 된다는 옛말이 있지만
만약에 그런다면 어디 제대로 된 어른이에요?

그러니까 다린이가 지나가다가 그 후배를 만나더라도
위협적인 어떤 행동도 하지 말아야 된다는 거예요.
그 애 아빠는 얼마나 불안하시겠어요?
애를 보호하려면 무슨 일을 못 하겠어요?
어쨌거나 애들은 애들이라 지나가다가 째려보고
'참 잘났다' 이런 말 한마디 해가지고
아빠 귀에 들어가면 아빠가 경찰서 가게 되는 거예요.
아이 단속 잘하는 게 최우선이에요.

아휴. 오늘도 도움이 많이 됐습니다.
오늘 다린이 오면 앉혀 놓고 얘기 좀 해야겠네요.

사실 학폭위고 뭐고 다 필요 없고 다린이가 이런 일을
계기로 성장하는 게 중요해요. 어려움을 겪으면
애들이 성장해요. 부모가 어떤 입장을
가지느냐가 가장 중요하죠. 학폭위 회부 건은
일반 징계와 달라서 졸업할 때까지 잘 생활하면
생활기록부에서 삭제도 가능해요.

우리 애도 혼이 좀 나봐야겠다는
생각이 들기는 했어요. 저쪽에서 돈으로
몰아가지는 않아야 할 텐데요.

오늘 제가 얘기한 걸 잘 전해주세요.
다린이 세뱃돈 통장에 지금 얼마 있어요?

한 백만 원은 되려나?

학교폭력이라는 괴물 달래기

그러면 이제 그걸로 협박을 하세요.
송샘이 그러는데 선생님 제자 애가 욕 한마디
잘못 했다가 벌금 백만 원 내고 전과자 되고,
피해보상으로 가서 3백만 원 냈단다.
어려운 살림인데 엄마가 어떻게 해야 하겠니.
그럼 용돈을 줄이든지 해야 되지 않겠냐는
식으로 이야기를 해보세요. 애들이 제일 약한 게
돈이니까 그런 얘기를 해주세요.
왜 어른이 마음을 썩여요?
걔가 돈을 몇백만 원을 낸다고 생각을 해봐요.
엄마가 아이 머리 꼭대기에 올라 앉아 있어야 돼요.
이런 때가 최고 기회에요. 어른이 '갑'이 될 수 있는
기회잖아요. 이런 기회를 놓치면 안 돼요.
열 받지 마시고 어떻게 이번 기회에 애를
내 손아귀에 넣을 수 있을 것인가를 생각해보세요.

맞아요. 아니 걸핏하면 이러더라고요.
"내 인생이니까 내가 알아서 해."
그래서 저번에 이런 일 있을 때
니 인생 알아서 한다했으니 니가 책임
다 지겠냐고 했더니 미안하다고 하더라고요.

그러면 다음 달부터 용돈을 절반으로 줄이고
절반을 앞으로 일어날 일에 대비해서 적금을 붓겠다
이런 식으로 살살 자극을 줘야 돼요.
엄마가 지금 고생해서 하루 벌어봐야 얼마 안 되는데
너도 좀 대책을 세워야 하지 않겠냐고
점잖게 이야기하는 거죠. 그러면 당황하겠죠?
가령 지금까지 만 원을 줬다면 이제는 오천 원만 주세요.
그러고 저금통장에 넣는 거죠.

그럼 그제서야 다린이도 실감이 올 거예요.
우리가 아이의 머리 꼭대기에
올라갈 수 있는 두 번째 찬스에요.
어른이 영악해져야 돼요. 흥분하면 져요.

이번 기회를 적절하게 활용을 잘해야 되는데.

다시없는 기회입니다.

알겠습니다.
귀한 시간 내주셔서 감사합니다.

꼭 기억합시다. "뭣이 중헌디."

하하하. 명심하겠습니다.

√ Tip

학교폭력 사안에 있어서 담임교사가 학부모와 상담할 때 절대 해서는 안 될 말이 있다. "일이 이런 정도면 이러이러한 정도의 처분이 될 것"이라는 등 결과를 섣불리 예단해 말하는 것이다. 이런 말은 담임교사 스스로 자기 발목을 잡는 거나 마찬가지다. 법이 정한 절차대로 진행해 결정되는 것을 담임교사가 예단해 말하면 학부모는 그 말에 매달리게 된다. 불필요한 오해를 사거나 사안 해결의 걸림돌이 될 말은 하지 않도록 주의해야 한다.

촘촘한 그물이 되어

타하교 학생들과 어울려 다니며 폭력을 일삼는 학생이 있었다. 이 학생의 문제를 해결할 때도 역시 학부모 상담이 큰 도움이 됐다.

폭력사건 발생 후 SNS로 해당 경찰서의 담당 모진경 경관과 당시 우리 학교 담당 천이안 경관께 협조를 부탁했다.

어제 2학년 장그래 선생님 반 함가진 학생 어머님을 급히 모시고 상담선생님, 담임선생님과 함께 아이의 미래에 대해 걱정을 나누었습니다. 뺨을 때린 행위가 벌금형 백만 원을 내야하고 정신적 피해 보상으로 수백만 원을 내야 함을 안내했습니다. 생일이 지난 중학교 2학년 학생은 형법의 적용을 받으며 시간이 흘러 전과가 말소되더라도 경찰청 기록은 평생토록 보관됨을 설명했습니다. 함께 어울린 아이들 부모께도 하루 빨리 만나서 협력하셔야 아이들이 서로를 핑계대고 비행하는 걸 막을 수 있다는 것도 말씀드렸습니다. 조만간 자리가 마련될 듯합니다. 아이들이 더 이상 비행에 빠지지 않도록 어른들이 힘을 모으자고 했습니다. 경관님도 이 아이들 신경써주세요.♡

경찰의 협조를 요청했다는 사실을 학부모에게 알리면서 우리 어른들이 똘똘 뭉쳐 더 이상 아이들 발이 나쁜 길로 빠지지 않도록 촘촘하게 그물을 만들어야 한다고 했다. 경찰은 사법 조치할 때 보호자의 의지를 굉장히 중요하게 본다. 같은 사안도 부모가 보호하기 어렵겠다 싶은 아이는 소년원으로 보내고 그렇지 않은 아이는 낮은 처분의 조치를 하기도 한다. 학생을 지원해 줄 수 있는 부모와 교사의 존재를 경찰이 인식하게 할 필요가 있다.

어울려 다니며 문제를 일으키는 아이들을 분리시키려고만 하면 〈로미오와 줄리엣 효과〉가 일어난다. 떨어뜨려 놓으면 더 만나고 싶어 하기 마련이다. 오히려 어른들이 함께 만나서 맛있는 거 사먹이는 게 더 좋다. 그냥 몇 번 여러 어른이 함께 먹여주면 자기들 스스로 성찰하게 된다. 밥 먹일 때 잔소리는 금지다. 그냥 맛있게 먹으라고만 해야 한다. 어른이 아이들 머리 꼭대기에 앉아 있어야 한다.

사안이 어떤 것이든 부모로서는 아이가 경찰 수사의 대상이 된 것이 속상하고 두렵겠지만 그런 마음은 접어두어야 한다. 이번 기회에 우리 아이가 다시는 남의 몸에 손대는 일이 없어지고 내면이 성장하도록 교사, 경찰과 협력해야 한다. 모든 어른이 아이들의 사회적 부모social parents가 되어야 한다. 어른들끼리 그물을 촘촘히 잘 짜면 아이는 단번에 쑥 성장할 수 있다.

비 온 뒤에 땅이 굳듯이

학교폭력 가해학생 학부모님과 주로 SNS 상담을 하지만 정중한 이메일을 보내기도 한다. 학부모의 고통을 헤아리는 교사의 소통 노력이 사안의 확대를 막는 데 큰 도움이 된다.

TO 재성이 어머니

FROM 송샘

우선 안타까운 일을 접하시게 된 점, 위로드리면서 말씀 올립니다. 사안 처리에 최선을 다해 이번 일을 계기로 아이들이 성숙하게 되기를 간절히 기원합니다.

교육부의 <학교폭력가이드라인>에 담긴 양식을 첨부해 보냅니다. 내려받아 작성하신 다음 답장을 보내주시면 업무 처리에 많은 도움이 되겠습니다.

(학교에게는 이 매뉴얼이 교육부가 지시한 법률입니다. <학교폭력 사안처리 가이드북>이라는 한글 파일을 내려받으면 학교가 진행해야 하는 절차를 소상히 보실 수 있습니다.) 재성이가 퇴원해 등교하면 틈틈이 시간을 내어 상담을 하겠습니다.

날씨가 차갑습니다. 하지만 비 온 뒤에 땅이 굳듯이 이번 일을 계기로 더욱 화목한 가정이 되시리라 믿고 최선의 노력을 다하겠습니다.

학교폭력예방드라마 「미안해」를 보시면 사과와 용서로 모든 가정이 성장하는 것을 실감하실 수 있습니다. 문서 작성 중에 궁금한 점이 있으시면 문자나 전화주세요. 수업 중에는 휴대폰을 비행기 모드로 해두기 때문에 받지 못할 수도 있습니다.

긴 글 읽어주셔서 감사합니다.

재성이에게도 안부 전해주시고 빠른 쾌유를 기원합니다.

학생생활지도부장 송형호 올림

교사의 탄원서

학교폭력 사안에 있어서 일개 교사의 힘은 미약한 것 같지만 생각보다 할 수 있는 일이 많고 재판부에 미칠 수 있는 영향력도 적지 않다. 폭력 사안으로 재판에 회부된 아이의 담당 재판장에게 교사가 제출하는 탄원서는 무시할 수 없는 힘을 지닌다. 우리반 성빈이는 내가 제출한 다음의 탄원서로 가장 낮은 조치인 보호처분 1호를 받았다.

- 탄 원 서 -

성 명: 최성빈
생년월일: 1990년 ○월 ○일생
주 소: 서울시

존경하는 재판장님께

올림픽공원에 산수유가 꽃을 피우기 시작하고 있습니다. 재판장님의 건강과 행복을 기원합니다. 저는 면목고등학교 3학년 최성빈 학생을 지난 3년간 옆에서 지켜본 전 면목고 학생생활지도부장 송형호입니다. 현재는 전국민적인 관심사가 된 학교폭력예방대책을 위해 1년간 서울시교육청에 파견되어 근무하는 중입니다.

저는 2011년 12월 말 서울교육문화회관에서 열린 학생생활지도부장 협의회 회의를 다녀왔습니다. 그때 강지원 변호사의 간단한 특강이 있었습니다. 강 변호사는 소년담당검사를 거쳐 부장검사로, 소년원장에 이어 청소년보호위원장까지 지낸 분으로, 자타가 공인하는 청소년 비행 최고 전문가로 알려져 있습니다. 그분이 우리 사회 범죄의 궁극적 원인을 '상처^{trauma}'로 본다 하셔서 많이 놀랐습니다. 상처가 화^{anger}로 표출되어 공격성^{aggression}으로 나타나는데 외부를 향하게 되면 폭력, 절도 등의 범죄가 되고 자기 안으로 향하게 되면 자살이 된다고 했습니다. 더 이상 자존감의 상처를 받고 싶지 않아 생기는 방어기제로 나타나는 현상이 폭력이라고 본 것입니다.

통계청 자료를 기초로 작성한 인구 10만 명 당 자살자 수를 보면 1998년 자살자 수가 19.9명에서 2008년 26명으로 증가했습니다. 2009년에는 31명에 이릅니다. 자살률이 계속 상승하고 있습니다. 강 변호사님 말씀처럼 폭력과 자살이 같은 궤도에서 출발하는 것이라면 학교폭력이 왜 심각해지는지 쉽게 답이 나오는 것이겠지요. 제가 생활지도부장을 하면서 학교폭력 예방을 위해 키워드로 삼은 것이 바로 아이의 '자존감 회복'이었습니다.

성빈이의 가정환경에 대해서 들으신 바가 있으신지 모르겠는데 제가 들기로는 초등학교 5학년 때 고아원 출신 아빠와 엄마가 이혼을 하면

서 마음속 화가 심해져 가출 등 방황을 많이 했다고 합니다. 전문상담
기관의 도움도 받았지만 본인 스스로도 차도가 없다고 안타까워하고
있습니다. 오랫동안 아픔이 있었음에도 이제 고3이 된 아이는 열심히
공부해서 대학에 가보려고 학원에도 꼬박꼬박 다니고 올바른 태도로
수업에 참여해 생활하고 있습니다. 지난 3년간 아이를 돌봐온 생활지
도부장으로서 많은 분들에게 심려를 끼쳐 드린 데 대해 도의적인 책
임을 느낍니다. 아울러 좀 더 지혜롭고 참되게 가르치지 못한 점에 대
해 깊은 사과를 드립니다. 비록 폭력을 휘둘렀지만 누구보다도 가장
큰 상처를 안고 살아가고 있는 것은 이 아이입니다. 아이가 이 일로
인하여 스스로 반성하며 자책하는 모습을 보면서 저도 동정과 아픔을
같이 느끼고 있습니다. 성빈이는 자신의 행동에 대해 깊이 반성할 뿐
만 아니라 강한 의지를 가지고 학교에 다니고 있습니다.

존경하는 재판장님!

앞으로도 학생 어머니와 본인과 계속 SNS를 활용해 소통하며 아이가
고등학교를 졸업할 수 있도록 최선을 다하겠습니다. 어머니께서도 중
랑구 건강가정지원센터에서 열리는 〈자녀와의 소통법〉 학부모 강좌
를 들으려 하시고 아이의 긍정적인 변화에 주목하여 자존감을 향상시
키려고 노력하고 계십니다. 저도 아이와 대화 시간을 더 많이 가지려
노력하겠습니다.
앞으로 성빈이가 고등학교에서 공부하며 생활하는 동안 최선을 다해
지도하고 돌보겠습니다. 재판장님께서 성빈이에게 기회를 주시기를,
간곡히 선처 부탁드립니다.

2012년 3월 28일

탄원인: 서울시교육청 비폭력 평화교육

컨설팅지원단 책임교육과 파견교사

송형호 (인)

전화 010-△△△△-2391

아이가 자라려면 온 마을이 필요하다

학창생활의 꽃이라 불리는 수학여행은 학생생활지도부장에게는 가장 긴장되는 시간이기도 하다. 학생생활지도부장으로서 고1 학생들의 제주도 수학여행을 인솔하다가 학교폭력이라는 괴물을 만났다.

"선생님. 다른 학교 애들이 저희 방에 와서 애들을 때렸어요. 너무 억울해요."

수학여행 첫날 밤 같은 숙소에 투숙했던 타 고등학교 아이들이 사소한 시비 끝에 십여 명이 집단으로 몰려와 우리 학교 학생 두 명에게 폭행을 가했다. 결과로 보자면 때린 것은 한 녀석이지만 옆에서 공포 분위기를 조성한 모든 학생이 다 공범이다.

"여러 사람이 범죄에 가담한 경우, 그 가담자 각자가 범죄 구성요건에 해당하는 행위를 직접 스스로 수행하여야만 공동정범이 되는 것은 아닙니다. 공동의 행위자 사이에 어떤 범죄적 행위를 공동으로 실행하려는 의사, '공동가공의 의사'가 있고, 각자 역할을 분담하여 불법적 행위를 공동으로 실행한 사실(역할분담에 의한 기능적 행위지배)이 있으면 '공동정범'으로 취급됩니다."

내 중학교 동창이기도 한 장성관 전 부장판사가 보내준 학교폭력 관련 법률 해설의 일부다.

아이들의 신고가 접수된 후 나는 학년부장과 함께 먼저 CCTV 증거부터 확보했다. 그런 다음 즉각 우리 교육청 스쿨폴리스 이상인 경관님께 전화를 걸어 상의했다. 수학여행지 관할 경찰서인 제주서부경찰서 상황실로 연락해서 우리측이 원할 경우 즉각 112 출동을 하겠다는 다짐도 받아두었다. 오리발을 내밀거나 사과가 충분치 않거나 행위가 반복되면 바로 출동을 요청하려고 한 것이다.

다행히 상대 학교쪽에서 관련 학생을 전원 찾아내고 인솔책임자이신 교감선생님이 직접 사과하며 재발방지를 약속했다. 가해한 학생도 피해를 입은 우리 두 학생에게 용서를 빌었다. 그 학교 선생님들이 모두 모여 있는 자리에서 학교폭력 안내 교육을 하고 사안을 종결 처리했다.

싸움이 벌어졌을 때 옆에서 팔짱만 끼고 있었어도 피해학생이 두려움을 느꼈다면 그 자리에 있던 모두가 공범이 된다. 개념 없는 녀석들을 참을성 있게 대해준 두 학생과 같은 방에 있던 친구들에게 깊은 존경을 표하였다.

"어려운 일 겪으면 112, 117 대신 010-△△△△-2391 눌러주세요. 끝까지 해결해 드립니다!"

스쿨폴리스 이상인 경관님과 제주서부경찰서의 협조 덕분에 자칫 패싸움으로 번질 뻔한 상황이 멋지게 해결되었다. 이제 더 이상 학교와 경찰이 서로 낯가림을 해서는 안 된다. 아이들이 제대로 성장하려면 온 마을이 필요하다는 인디언 속담을 되새겨본다.

날 좀 보소: 관심 학생을 위한 특별활동

자연 속을 걷다 보면 마음의 병이 저절로 치유된다. 그래서 오래전부터 등산반, 하이킹반, 호연지기반, 미래탐험반 등 이름만 달리 붙인 상담 동아리를 운영해 왔다. 담임할 때 반 아이들을 열심히 꼬드겨서 가능한 많은 아이들이 등산반에 들도록 했다. 어떤 해는 대여섯 명, 어떤 해는 열 명까지 가입했다. 등산을 같이 하면 상담 시간을 따로 낼 필요가 없다. 아이들이 '등산'이라는 말을 부담스러워 해서 '하이킹반'으로 이름을 슬쩍 바꾸기도 했다. 학생생활지도부장이 된 후로는 학교의 선수 꾸러기들과 산천을 걸으며 상담하려고 이름을 '호연지기반'으로 바꿨다. 어느 해에는 상담복지부 기획으로 복지 대상 학생들을 대상으로 '미래탐험반'을 운영했다.

특수반으로 배정받았는데도 특수반에 가지 않고 굳이 일반 학급에 남아서 별의별 부적응 행동을 하는 지적발달장애 학생이 있었다. 샤프로 친구 몸을 찍어 상처 내기, 침 모아서 친구 얼굴에 뱉기, 교복 안주머니에 돌멩이 넣어갖고 다니며 시비만 붙으면 던지기, 흡연, 무단외출, 방화, 여교사 화장실 엿보기 등 일당백으로 사고를 치는 아이였다. 학생생활지도부장으로서 이 아이를 호연지기반이라는 CA부서에 가입시켜 함께 다녔다. 이 녀석이 호연지기반에 들어와 6개월을 지내더니 녀석 근처에서 사고가 사라졌고 무사히 졸업도 했다. 녀석 도 관심을 원했나 보다.

[호연지기반 연간 계획]

날짜	활동내용	이수시간	담당자	비고
4/10	북한강 철교 걸어서 건너기 http://cafe.naver.com/ket21/4489	2		
4/24	운길산 수종사 트래킹 http://cafe.naver.com/ket21/759	2		
5/8	양평 5일장 http://cafe.naver.com/ket21/4332	2		
5/22	양평 국수리 물고기 잡이 체험 http://cafe.naver.com/ket21/784	2		
6/12	신원역에서 양수리 트래킹 http://cafe.naver.com/ket21/5107	2		
6/26	양수리 세미원 탐방 http://cafe.naver.com/ket21/4333	2		
8/14	양수역 물레길 연꽃 감상	2		
8/21	용마산 긴고랑 수영하기(수영복)	2		
9/4	용마산 모델 사진찍기 http://cafe.naver.com/ket21/716	2		
9/25	용마산 아치울 물고기(가재) 체험 http://cafe.naver.com/ket21/786	2		

학교폭력 예방을 위한 교사의 역할

학교폭력이 한참 사회적으로 이슈화되던 2000년 대 초 여름방학에 방배동에 연수가 있어 갔다가 우연히 청소년폭력예방재단 건물이 눈에 띄어 찾아간 적이 있다. 거기서 임재연 실장님을 만났다. 당시 임 실장님이 학교폭력을 주제로 박사 논문을 준비하던 터라 나에게 현장 전문가로서 학교폭력예방을 위한 교사의 역할에 대한 인터뷰를 요청했다. 그때 말씀드렸던 내용을 임 실장님이 정리해서 보내주셨다.

학교폭력이 학생생활기록부(생기부)에 기록이 되느냐 안 되느냐의 문제는 학교폭력 문제 해결의 본질이 아니다. 그런데도 〈학교폭력예방 및 대책에 관한 법률〉(이하 학폭법) 제정 이후 학생의 가해 사실 기록에 국가도 교육부도 학교도 매몰되고 있다. 가해니 피해니 하면서 모든 관계자가 거기 매달린다. 하지만 학폭법이 제정된 목적은 가해, 피해학생 모두를 보호하는 것이다. 그렇다면 이 해결 과정 자체가 보호조치가 되어야 한다. 그래서 사안 발생 초기부터 이 일을 통해서 우리 어른들이 얻을 이익이 무언가를 먼저부터 생각해보자는 근본적인 질문을 던져야 한다. 사실 가해학생이나 피해학생의 부모는 자신의 자녀가 왜 이런 지경에 이르게 됐는가를 잘 알고 있다. 우리 아이의 어떤 특징 때문에 이런 일이 벌어졌는지 이미 알고 있다. 이미 알고 있는 문제인 바에야 이런 일이 재발되지 않으면 되는 것이다. 한걸음 더 나아가 이 일을 계기로 해서 우리 아이가 우리 사회의 일원으로 더 건강하게 성장한다면 어른으로서는 남는 장사를 하는 셈이 아닐까? 그래서 사안 발생 초기 때부터 일관되게 환기를 시켜드린다. "이번 기회를 통해서 아무개가 성장할 수 있기를 기대하고 있습니다." 그러면 나중에 교사와 학부모가 원수가 되지 않는다. 가해학생에게 필요한 것은 사과의 기술이다. 제대로 된 사과를 받지 못하면 상대측이 더 화가 난다. 피해학생에게는 용서의 기술이 필요하다. 누구 좋으라고 용서를 하는가. 나를 위해서 용서하는 거다. 용서는 가장 이기적인 행위다. 내가 누군가를 미워하는 것이 나의 고통이기 때문이다.

2011년에 어느 학교에 가서 학교폭력 강의를 하고 나오는데, 생활지도 담당교사가 다가와 한 사연을 털어놓았다. 아이가 학교폭력으로 징계받아 보호처분으로 사회봉사를 하게 되어 아이 어머니께 알려드렸더니 어머니가 이렇게 말씀하셨단다. "우리 애는 내가 알아서 할 테니 선생님들은 학교 일에나 신경 쓰시죠." 새로운 차원의 학부모님이 출현하고 있는 것이다. 그 사례를 듣고 당황스러워서 관련 원서를 검색해가지고 세 권을 수입해서 탐독했다. 책의 주제는 'How to deal with difficult parents', 즉 '까칠한 학부모 대하는 법'이다. 다 읽고 나서 좀 후회했다. 학생 상담의 원리와 별반 다르지 않았기 때문이다. 그러니까 학부모가 오셨을 때 먼저 공감부터 해드려야 한다. 내교하신 어머님들은 잘 우신다. 긴장이 돼서 오셨는데 차 한 잔 드리고 부드러운 표정을 지으면서 "자식 키우기 진짜 힘드시죠?" 하고 말을 건네면 공감받아 곧 울컥해지며 펑펑 우신다. 잔뜩 긴장을 하고 왔다가 무장해제가 돼버리는 것이다. 이 사람은 나와 싸울 사람이 아니라 동반자로구나 생각하게 된다.

그다음은 절차에 대한 친절한 안내가 필요하다. 어떤 결과가 나올지 모르는 상황에서 학부모는 학교측의 조치를 불신하기 쉽다. 불신이 없게 하려면 과정을 명징明澄하게 보여주는 것이 필요하다. 일을 맡은 사람으로서는 재심이나 행정소송, 민사소송 같은 일 폭탄을 안 맞으면 좋겠다는 생각을 하는 것은 인지상정이지만 그렇게 진행될 수도 있다는 사실을 초기부터 투명하게 안내를 해주는 것이 좋다. "학교가 어떤 조치를 내리느냐는 오로지 학교폭력자치위원회(학폭위)에서 결정하는 것이고, 저도 거기에 한 위원으로서만 참여를 할 뿐입니다. 그래서 저도 어떤 결과가 나올지를 모릅니다. 이후 재심, 행정심판, 민사소송도 있을 수 있습니다. 저는 늘 부모님 입장에 서서 도와드릴 겁니다." 처음에 이렇게 해야 한다. 부모 입장에서는 '저렇게까지 명징하게 과정을 다 보여주니 저 사람 믿을 수 있겠다'고 생각하기 마련이다. 나중에는 재심으로 가고 싶어도 "우리 선생님한테 미안해서 못 하겠다"고 하는 경우가 많다. 실제로 면목고에서는 단 한 차례도 재심이 없었다.

화를
대하는
기술

Children have more need of models than of critics. – William Wordsworth
부드러운 바다는 결코 숙련된 바닷사람을 만들지 못한다. – 윌리엄 워즈워스

교사 역할 훈련

고등학교 2학년 수업시간. 한 학생이 첫 시간부터 소설책을 읽고 있다. 수행평가에 반영되는 문제지를 나눠주어도 책만 읽고 있다가 답안지를 걷을 시간쯤 되면 재빨리 옆에 앉은 아이 것을 베껴서 써내고는 다시 자기 책을 읽는다. 반에서 1, 2등을 다투는 광현이다. 그러려니 하고 내버려두곤 했는데 어느 날은 과제하는 시간인 것도 모른 채 책에 몰두하다가 과제 걷는 시간이 되니까 당황해서 눈을 부릅뜨며 따진다. 과제를 못 내서 점수가 깎이는 건 싫었던 모양이다. 그림사전 같은 걸 왜 하냐고, 자기는 다 아는 거라고 화를 낸다. 당황스러웠지만 침착하게 대응했다.

"아, 너는 이런 수업이 마음에 들지 않는 모양이구나. 하지만 학기 내내 원칙으로 해온 일이라 너에게만 예외를 인정하기가 어렵겠는데 어쩌지."

욕이라도 할 기세로 쳐다보던 광현이가 이내 다시 책으로 눈길을 돌린다. 그렇게 뻘쭘한 상태로 수업을 마쳤다.

광현이의 공격성 정도가 심해지고 있는 것 같아 담임선생님에게 광현이에게 무슨 일이 있냐고 여쭈었다. 담임선생님은 이내 눈치를 채고 광현이 어머니 사정을 말해주셨다. 말기암으로 치료 중이시란다. 안타까운 한편으로 나도 모르게 안도의 한숨이 쉬어졌다. 아이의 까칠함에 맞서 싸우지 않길 잘했다 싶었다. 11월 어느 날 광현이가 결석을 했기에 이유를 물어보니 어머니가 돌아가셨단다. 아이들이 부조를 하는 것 같아 나도 그편에 약간의 부조를 보냈다. 일주일 지나 상을 마치고 학교로 돌아온 광현이 얼굴을 보고 깜짝 놀랐다. 아이 얼굴이 전과는 달리 어두움이 가셔 있었다. 수업시간에 소설책도 더 이상 읽지 않았고 수업 과제에도 참여했다. 마치 다른 세상에 다녀온 아이처럼….

"생각하기 싫어서 책을 읽는 사람이 의외로 많다"는 유태인 속담이 있단다. 광현이 경우가 그랬지 싶다. 무협지, 판타지 소설, 만화에 빠지는 아이들 마음속에 이런 우울이 번져 있지는 않은지 살펴볼 일이다.

교사는 문제 소유 영역^{problem ownership}을 구별할 줄 알아야 한다. 토머스 고든^{Thomas Gordon}은 『교사 역할 훈련』에서 상대방이 문제를 소유하는지 내가 문제를 소유하는지 구별해야 한다고 했다. 교사들은 아이의 영역에 속한 문제를 자신을 공격하고 있다고 착각하는 경우가 많다. 소진의 위기에 처한 교사는 아이가 가출을 한 것도 자신을 괴롭히기 위해서라고 오해하기도 한다. 가출 목표의 대부분은 부모가 어떻게 행동하는지 떠보기 위해서인데 말이다. 90% 이상의 아이들은 교사를 공격할 만큼 한가하지 않다. 자기 코가 석자라는 얘기다.

매년 3월, 처음 만나는 아이들에게 나는 항상 이렇게 말해둔다.

"앞으로 담임한테서 어이없는 칭찬을 들을지도 모릅니다. 하지만 칭찬이야말로 사람의 성장을 가장 빠르게 하는 보약이므로 담임은 끊임없이 칭찬을 할 것입니다. 담임은 아부의 화신이구나 하고 생각하고 있으면 편합니다."

황당한 칭찬에 당황하지 않도록 미리 일러두는 것이다.

교사가 유의할 일은 아이들이 뾰족하게 말하거나 거칠게 행동할 때 그것이 나 때문이라거나 혹은 나한테 화가 났다고 생각하지 말아야 한다는 것이다. 그런 상황에서 아이와 맞서게 되면 아이의 화에 말려들어 서로 비극적인 결과를 초래할 가능성이 높다. 우울을 이기는 것은 더 큰 우울뿐이다.

✓ Tip

기분부전증^{Dysthymia}이란 만성적으로 우울하거나 짜증이 나는 기분을 특징으로 하는 기분 장애(식이 및 수면 장애, 피로, 자존감 저하 등)로 '기분부전장애'라고도 불린다. 수업 중에 아무 것도 안 하고 멍하니 있는 아이를 보고 있는 것은 결코 쉬운 일이 아니다. 하지만 아이는 기분부전장애를 겪고 있을 가능성이 높다. 그런 아이와 맞서려 하지 말고 짐짓 못 본척 해야 한다. 나는 이럴 때 팝송 "Let it be."를 패러디한 노래를 속으로 읊조린다. "내비둬. 내비둬. 내비둬 내비둬. 지혜의 그 목소리. 내비둬. 우~" 그러다 어느 순간 조금이라도 변화하는 모습을 보였을 때 놓치지 말고 칭찬해 긍정적인 행동을 강화시켜주는 것이 중요하다.

왜 우리만 청소해요?

소아청소년 전문의의 우울증 강의에서 들은 일화다.

3월 학부모총회를 앞두고 대청소 날에 담임선생님이 번호순으로 청소구역을 다 나누어 주었더니 한 학생이 이렇게 물었단다.

"그럼 선생님은 어디 하시게요?"

다른 아이들은 흥미로운 듯 담임을 쳐다본다. 담임이 어떻게 나오나 하고 긴장하고 지켜보거나, 아무 생각 없이 막 따라 웃기도 한다. 이럴 때 담임으로서 대응하기가 만만치 않다. 아이의 즉흥적인 농담일 뿐이지만 담임은 당황하기 쉽다. 당혹감을 숨기고 "선생님은 감독해야지"라고 말하자 아이가 "그거 제가 하면 안 돼요?"라고 맞받아친다. 이러면 목 뒤에서 열이 올라올 것이다. 치솟는 열을 간신히 억누르며 담임이 말한다.

"여기는 너희들이 생활하는 공간이니까 너희들이 해야지!"

아이가 또 이렇게 받아친다.

"그런데 교무실은 왜 우리가 청소하죠?"

도인이 아니고는 참기 어려운 상황이다. 그런데 이렇게 예리하게 따지고 드는 그 아이의 뇌 속에는 이런 생각이 펼쳐져 있단다.

"세상이 공평하다고? 웃기고 있네! 세상은 어차피 불공평한 거라고!"

"모두가 소중하다고? 웃기고 있네."

이런 생각을 하고 있기 때문에 교사에게 그런 식의 공격성 질문을 했을 가능성이 높다고 한다. 이런 가치관을 갖게 되는 데에는 가정 불화, 성적에 따른 차별, 교우관계 불만 등 여러 요인이 있다. 자기 주변의 생활에서 경험한 불만으로 인해 우울에 시달리는 증상이다.

이 강의를 듣고 난 다음, 종례신문에 이런 글을 실었다.

세상에 불공평한 일도 있을 수 있지요. 하지만 모두 다 불공평하다고 생각하지는 마세요. 세상 밖으로 화를 토해내지 말고 자신의 화를 정성스런 마음으로 돌봐줄 일입니다. 불쑥불쑥 가슴에서 불덩이가 치밀어 오르는 이들은 올가을 우리 반 학급문고 중에서 『행복을 훔치는 도둑 우울증』(토르실 베르게·아르네 레폴 지음, 손화수 역, 문예출판사)이나 틱낫한 스님의 『화』(틱낫한 지음, 최수민 역, 명진출판사)를 읽어보기를 권합니다. 다 읽고 부모님께 빌려드려도 됩니다. 결혼 생활로 볼 때 권태기에 접어들 가능성도 높고 생리적 현상으로 우울증이 오기 쉬운 부모님께도 좋은 선물이 될 듯합니다. 내게 안 좋은 일이 꼬리를 물고 일어난다는 〈머피의 법칙〉을 믿는 것도 우울증이랍니다. 참! 친구가 수업시간에 감정을 내세운 돌출 행동을 보일 때 여러분은 어떻게 해야 할까요? 박수 치고 동조하면 그 아이의 우울의 덫에 여러분이 낚이는 거예요. 『칭찬은 고래도 춤추게 한다』(켄 블랜차드·타드 라시나크·처크 톰킨스·짐 발라드 지음, 조천제 역, 21세기북스, 2003)에서 켄 블랜차드는 "못난 행동은 외면하라!"고 했습니다. 고래의 엉뚱한 행동을 제지하려고 힘을 주면 오히려 더 세게 반항하지만 아무 반응 없이 놔뒀다가 다음 공연에 내보내지 않으면 스스로 슬퍼해서 문제행동을 덜 하게 되더라는 내용입니다.

✓ **Tip**

"선생님은 왜 청소 안 하세요?"라고 따지는 학생은 교사를 공격하기 위해서 그러는 걸까? 이 아이는 자신에게 다가오는 불행을 억울하게 생각하고, 세상을 불공평하다고 느끼고 있다. 그걸 매순간 확인하지 않으면 견딜 수 없어서 사사건건 따지고 드는 심한 경우도 있다. 그런 아이는 극도로 자기중심적인 사고를 하고 있기 때문에 교사가 일일이 맞서다가는 절대 승산이 없다. 여유를 가지고 "왜? 선생님도 같이 했으면 좋겠니?"라고 질문의 의도를 물어보는 것도 좋은 방법이다.

슬픔이 화가 되는 시간

학교 안에서 온갖 문제로 교사들 입에 오르내리는 한 꾸러기를 보살피기 위해 학부모님을 코칭했다. 정서행동고도위험군 학생의 학부모님과 꾸준히 대화하면 확실히 효과가 있다. 아이들의 낯선 행동을 다루는 기술과 더불어 학부모 상담도 교사의 생존을 위한 필수 기술이 되고 있다. 요즘 시대 교사들은 참 고민이 많다.

천호중 영어교사 송형호입니다. 십대와 소통하는 건
여간 힘겨운 일이 아닙니다. 카톡으로 정보를 나누어요~

학교달력 파일을 보내드립니다.
아이들과 대화의 소재가 될 것 같아 보내드립니다.

제가 학부모님들께 강의한 영상입니다.
https://youtu.be/Ta8C2dKIgL4
버럭 화내지 않고 아빠의 감정을 잘 전달하는 기술,
아이의 행동을 변화시키는 방법을 담으려 노력했습니다.
조회수 3만 넘는 걸 보면 공감하시는
학부모님들이 좀 계셨나봅니다.

"어? 우리 아들이 변했네!"라고 하루 한 번만 하시면
애들은 변해요. 아빠는 아이들의 하늘이라서요.

출석 체크를 하다보니 기현이가 이번 주 결석이
하루도 없더군요. 동료들에게 박수쳐주자고 했습니다.
아이들과 소통하는 말투가 점점 부드러워져 갑니다.

'정상'적인 방식으로도 친구들의 호감을 살 수 있다는 걸
느껴가고 있는 듯합니다. 이번 주말 기현이가 좋아하는
음식으로 외식시켜주셨으면.

"이번 주에 결석 한 번도 없었다며? 고맙다"라는
말씀도 부탁드려요. 애들은 열 번 변한다지요.
아버님 협조 고맙습니다♡

어쩌면 기현이가 학교에 적응하지 못하는 것은
할머니 돌아가신 애도가 채 가시지 않았기 때문일지도
모른다는 생각이 듭니다. 어려움을 겪는 아이를
위해 학부모님들간에 멘토링을 한 사례입니다.
http://cafe.naver.com/ket21/6706

아이들과 밥먹고 놀아주려고 학교 앞 탁구장에 갔습니다.
수십 년 만에 탁구채를 잡았습니다. 제가 놀아주는 건지
애들이 저와 놀아주는 건지 구별이 안 됩니다.
"지독한 외로움에 쩔쩔 매는" 아이의 곁에
그냥 함께 있어 주기.

기현이가 처음으로 공부에 관심을 보이네요.
중요한 전환점입니다.

내일 체육대회입니다. 기현이가 초등 때처럼
스타가 되었으면 좋겠습니다. 격려 금일봉이라도~

아이가 자존감이 높아지면 더 이상 문제행동 안
한답니다. 더 이상 그럴 필요가 없어져서요. ^^*
기현이가 오늘 하루 종일 친구들과 함께
있었고 중요한 역할을 했습니다. 소속감과 자존감이
우울감을 이겨낼 검증된 특효약입니다.

아버님과 제가 협력하니
슬슬 변화가 시작됩니다.

기현이가 오늘 수업에는 정말 차분하게
최선을 다하는군요.

기현이가 여태까지 주로 자기 이야기만 했는데
오늘은 친구들에게 다리 안 아프냐고 묻기도 하고
노래도 자기 틀고 싶은 노래만 틀더니
오늘은 친구들한테 신청곡 받아서 틀어주고
연극 대본 읽기 수업도 집중해서 리드해나갑니다.
수업 끝나고 가면서 제게 "샘, 고맙습니다"라고
이유를 알지 못할 인사를 합니다. 코끝이 찡해집니다.
인정받고 싶어 그동안 먼 길을 돌아왔나 봅니다.
아빠의 관심이 아이를 부쩍 성장시키네요.
고맙습니다.♡

얼마 전에는 상담복지부 기획담당으로서 정서행동고도위험군 학
생의 학부모님과 특별 상담 동아리를 운영했다.

금요일 오후, 학교 앞 탁구장 체험학습을 다녀왔는데 아이들은 역시 신체학습자임이 실감났다. 탁구 치는 영상을 페이스북으로 생중계했는데 조회수가 430이나 됐다. 페이스북 생중계는 아이들 평판이 워낙 나빠서 좋은 평판을 만들어 주려고 한 것이다. 내 교직 35년 경험으로 미루어볼 때 아이들이 보이는 낯선 행동의 가장 으뜸가는 원인이 우울감이다.

　기현이는 할머니가 작년에 급성췌장암으로 돌아가신 이후 잔뜩 화가 난 상태였다. 정신과 전문의 김현수 원장에 따르면 애도가 충분하지 못할 경우 우울감이 2년까지 지속될 수 있다고 한다.

　오스트리아 출신의 정신과 의사 드레이커스$^{\text{Rudolf Dreikurs}}$는 소속감과 자존감을 향상시킴으로써 우울감을 해소할 수 있다고 보았다. 아이들이 하고 싶고, 잘하는 일을 함께해주는 것이 중요하다. 지독한 외로움에 쩔쩔 매는 아이 곁에 '그냥 있어주기'가 동아리의 목표였다.

수업 스타일 vs 학습 스타일

저는 올해 고등학교로 신규 발령을 받아 문과 반을 맡아 가르치고 있습니다. 어느 반에 선의를 가지고 배려하는 교사에 대해서 인내심의 한계를 시험하듯 영악하게 구는 아이들이 있습니다. 징계 사유에 약간 못 미치는 수준까지 막 나가는데 엄격한 교사 앞에서는 꼬리를 내리는 태도로 바뀌더군요. 그 반에 일주일 세 번 수업을 들어갑니다. 문제행동을 하는 학생들을 아예 무시하고 싶기도 한데 함부로 행동을 하면서도 공부를 좀 잘하는 학생도 있습니다. 무작정 미워할 수도 없는 것이 수업 중에 적극적으로 질문을 한다는 사실 때문입니다. 기가 센 소수가 질문을 독점하고 따지듯이 질문하는 태도가 지나쳐 보이긴 하지만요. 최대한 긍정적으로 생각해서 아이들이 에너지가 넘치고 수업을 듣고자 하는 의욕이 있다고 대견하게 여기려고 하지만 그래도 이제는 너무 힘들고 지칩니다. 수업 시작종이 친 후인데도 여유롭게 매점에서 사온 간식을 입에 문 채로 아무렇지도 않게 자리에 앉습니다. 그래서 수업을 제시간에 시작한 적이 거의 없었어요. 지각 처리를 하려고 하면 학생들은 왜 그러냐고 적반하장이구요. 제가 다소 내성적인 성격이라 무심하게 넘기기가 쉽지 않습니다. 〈돌봄치유교실〉에서 답을 찾아보고는 있지만 너무 답답해서 장문의 글을 보냅니다.

어느 선생님이 SNS로 보낸 질문에 이렇게 답을 보내드렸다.

그 반 아이들이 질문을 많이 하고 과목 평균도 높다면 아이들이 의도를 가지고 문제행동을 하는 것은 아닌 것 같습니다. 학생은 보통 관심을 끌거나 앙갚음을 하고자 하거나 힘을 과시하고 싶든가 실패를 회피하려는 의도로 문제행동을 선택하는데 말씀하신 아이들의 행동에서는 그런 의도가 크게 보이지는 않습니다. 그렇다면 이는 다름에 따른 갈등으로 보입니다. 성격이나 가치관의 차이는 갈등을 일으키는 주 원인 중 하나입니다. 혹시 그 학교에서 다요인 인성검사를 했다면 반별 평균을 한번 살펴보시기 바랍니다. 제가 2009년 문과 이과 학생 평균을 비교해보니 문과 학생들의 정열성이 52점, 이과 학생들이 48점 가량이어서 놀란 적이 있습니다. 검사전문가에 따르면 1점만 높거나 낮아도 반 분위기가 달라질 수 있다고 했습니다. 선생님은 내성적이라고 하셨는데 아이들이 선호하는 학습 스타일과 선생님의 수업 스타일이 갈등을 일으킬 가능성이 매우 높습니다. 다요인 인성검사 결과 도덕성 항목에서 문과가 48, 이과가 52가 나온 점도 중요한 변수였습니다. 가치관이 서로 다른 것이지요. 아이들은 그까짓 거 수업 시간에 좀 늦었다고 지각을 체크한다는 건 "있을 수 없는 쪼잔한" 행동으로 보겠지요. 게다가 선생님 과목이 〈법과 사회〉라니 더욱 갈등이 클 수도 있겠습니다.

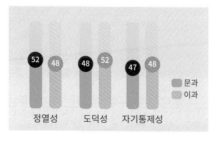

○○고등학교 2학년 인성검사 결

과를 보면 2학년 문과 학생들은 정열적이고 도덕성과 자기통제성이 낮습니다. 선생님께서 학생 시절 학습 스타일이나 생활습관이 조용하고 도덕적이고 자기통제성이 높았다면 이 학생들은 성격이 다른 것이지요. 모든 교사는 일정한 수업 스타일이 있겠지만 아이들에게도 학습 스타일이 있는 것입니다. 그래서 교사는 다양한 수업 방식을 모색해야 하지요. 정열성이 높으니 수업 활동 중 차분한 명상음악을 틀어줄 수도 있겠고 수행평가 결과를 모니터에 띄워놓고 즉시 결과를 알려주어 학생들의 자기 통제력을 높이는 것도 방법입니다. 도덕성이 낮으니 수업규칙을 함께 정하고 수업의 흐름을 미리 공지해 이를 일관되게 유지하는 한편, 같은 내용을 가르치더라도 감성 영상 등을 활용하는 것이 좋습니다. 자기통제성이 낮으면 주의가 산만하기 쉬우므로 매시간 번거롭더라도 칠판에 수업 목표와 순서를 기록하고 순서를 마치면 √체크를 하여 수업의 진행상황을 시각화하는 것이 좋습니다. 어차피 교사는 다양한 아이들을 만나기 마련입니다.

✓ Tip

여학생이 까칠하게 굴고 비판적인 말을 할 때 교사는 그런 말을 수용할 줄도 알아야 한다. 『소녀들의 심리학』(레이첼 시먼스 지음, 정연희 옮김, 양철북, 2011)에 잘 나와 있듯이 여자 아이에 대한 사회 이데올로기인 '예쁘다, 착하다, 얌전하다'가 아이들을 억압하고 있다. 사실 '예쁘다, 착하다, 얌전하다'는 사람에게 할 칭찬의 말이 아니다. 이건 애완 동물에게나 해야 한다. 얌전한 게 칭찬받을 일이 돼선 안 된다. 여학생이 교실에서 목소리를 내면 "좋아, 그거야, 브라보, 굿잡"하고 격려해준다. 뒤에서 불평하지 말고 앞에서 따지라고 말해준다. 선생님이 학생의 따끔한 가시 돋친 말을 먼저 품어줘야 한다. 그다음에 제대로 된 표현법을 알려준다. "네가 ~하니 내 마음이 ~하다. 왜냐면 난 ~하니까." 영어 시간에 연습하기 좋다. "I feel blah blah, when you blah blah, cause I blah blah." 자기 감정 표현법을 연습시키면서 다양한 감정형용사도 끼워 팔 수 있다.

아버지의 화, 아버지가 풀다

2011년 학생생활지도부장을 할 때 일이다. 고1 학생 박조현 군은 중2 때 어머니가 돌아가신 후 슬픔을 제대로 치유하지 못해 학교 부적응의 어려움을 겪고 있었다. 학교에 안 나오거나 늦게 오거나 무단 조퇴를 일삼았다. 주변의 꾸러기 친구들과 함께 집에 모여서 이런저런 일탈행위를 했다. 아버지는 아들의 이런 행동에 무척 화가 났지만 어떻게 하면 치유할 수 있을까 하고 담임인 내게 수시로 전화로 문의하셨다. 그래서 주말을 이용해 〈면목고 아버지교실〉을 열었다. 이날은 특별한 손님 한 분을 강사로 모셨다. 고2 때 39명중 38등을 하던 박주민 학생의 아버지다. ADHD 등 숱한 어려움을 겪었으나 부모와 담임의 기다림과 지원으로 이를 극복하고 서울의 모대학 컴퓨터공학과에 진학한 박 군은 대학에서 전액 장학금을 받으며 4학년에 재학 중인데 박사학위까지 꿈꾸고 있다고 한다. 이날 박조현 군 아버지와 박주민 군 아버지, 1대1 멘토링을 진행했다.

오전 10시쯤 함께 모인 자리에서 먼저 멘티 아버지가 아들이 처한 현재의 위기 상황을 설명하고 이를 들으신 멘토 아버지가 아들의 특이했던 어린 시절을 설명하면서 아이에 대한 좌절과 분노를 극복하고 울타리 되어주는 법, 자녀의 장점에 주목해주는 법, 자존감을 향상시키는 기술 등을 알려주었다. 점심시간을 넘겨 자리가 파한 뒤 학교 앞 백반집에서 막걸리를 반주로 늦은 점심을 함께하고도 못내 아쉬워 막걸리 세 통을 사서 비 내린 용마산에 들어 한잔씩 더했다.

이후 생각날 때마다 조현 군 부자와 연락을 주고받았다. 이 아이가 고3 때 직업반으로 갔다. 조현 군의 근태상황으로 보아 직업반에서 받아주지 않았을 텐데 그해에 직업반이 대폭 확대되어 가능했던 듯하다. 직업반에 가서 배관기능사 국가기술자격증을 취득했다는 소식을 듣고 아버님께 특별용돈을 주시도록 부탁드렸고 아이에게는 합격수기를 써달라는 요청을 했다. 약간의 교정을 본 후 이 기쁜 소식을 60명 면목고 교직원에게 SNS로 공유했다.

> **TALK**
>
> 3학년 직업반 박조현 학생이 지난 28일 배관 기능사 실기까지 최종합격 통보를 받았답니다.
> 응시자 중 재학생으로서는 유일하게 합격했다고 합니다.
> 보시면 축하해 주시고요. 보일러 업계의 큰 일꾼으로 면목고에 크게 기여하리라 믿습니다.

아이에게는 원고료로 문화상품권 5천 원권을 주었다. 그후 아이는 보일러기능사 시험에도 합격했고 모두 네 개의 자격증을 땄다고 한다. 한 해에 네 개를 따는 경우는 내 교직생활 30년에 처음 보는 일이었다. 기쁨에 넘친 나머지 두 분 아버님께 연락을 드려 3년 만에 재회를 요청했다. "중앙선을 타고 양수역에 내리십시오." 운길산역까지 북한강철교를 시원한 강바람을 맞으며 함께 건넜다.

욱하는 성격 대응법

시험 기간 중이었다. 방과 후였다. 학부모 항의 전화를 받았다.

시험 종료 시간이 지났는데 건우가 답안지 마킹을 다 못했다. 해당 시간 감독교사는 원칙대로 시험지를 거두었다. 집에 간 건우는 울고불고 하며 다음 날 시험공부도 하지 않았다. 당황한 어머니가 담임인 나에게 전화를 걸어 사정을 한다. 나는 건우에게서 상세한 상황 설명을 들은 후 어머니를 설득했다.

"건우도 어머니도 답답하고 화가 나는 상황이라는 점은 충분히 이해가 갑니다. 하지만 건우가 시험지를 집에 가지고 간 지금, 시험 문제지에 체크된 답이 있다고 해서 그걸로 답안지를 작성하게 할 수는 없지 않겠습니까. 공정성과 객관성이 훼손된 상황이라 재고는 불가능합니다."

그후 한 시간쯤 지난 뒤 퇴근한 아버지가 돌아와 상황을 듣고 담임에게 또 전화를 했다.

"시험시간이 종료되었어도 아이 시험지에 체크되어 있는 답은 옮길 시간을 주어야 하는 것 아닙니까?"

나는 일단 아버님의 화에 공감을 표하며 수첩을 꺼내 들고 아버님 말씀의 요지를 하나하나 적어가며 되묻기도 하면서 대화를 해나갔다. 하지만 아까 어머니와 아이에게 말한 것처럼 시험지 자체가 감독교사의 범위 밖으로 나간 지 상당한 시간이 지난 상황이라 답안지 재마킹은 곤란하다는 것이 담임인 나의 변함없는 입장이다. 하지만 아버지는 화를 삭이지 못하고 교감·교장을 찾아가 선처를 호소해 보겠다고 했다.

학교가 교장이나 교감에 의해 움직이는 것이 아니라 규정에 의해 움직이는 조직이라 아버님 마음은 공감이 되지만 어렵지 않겠느냐고 잘 말씀드렸지만 건우 아버지는 여전히 수긍을 안 하려 한다. 이럴 때는 일단 건우 아버지의 흥분이 좀 가라앉기를 기다리는 수밖에 없다.

"그렇다면 제가 먼저 교무부장님과 상의를 해보고 잠시 뒤에 전화를 드리겠습니다." 전화를 끊은 뒤 수행평가 자료 입력하던 것을 마저했다. 이럴 때 굳이 서두를 필요는 없다. 이때 필요한 것은 학부모가 흥분을 가라앉히고 객관적 판단을 할 수 있는 시간뿐이기 때문이다. 이를 〈행동 유보하기Defer Action〉라고 한다. 십여 분 뒤에 교무실에 가보니 마침 교무부장님이 안 계신다. 그때 아이 아버지가 다시 전화를 걸어왔다. "교무부장님께서 점심 중이시네요. 오시면 바로 전화 드리겠습니다." 사실 나는 교무부장님이 식당에 계신지 정확히 모르는 상황이었다. 복도를 지나오다 보니 회의실에 교장선생님 모습도 보이고 아마도 교무부장님은 회의 중이신 듯하다. 5분도 채 안 되어 또 전화가 왔다. "아버님, 죄송합니다만 부장님이 현재 회의 중이셔서 책상 위에 끝나서 돌아오시는 대로 전화 주십사고 메모 남겨놓고 저도 기다리는 중입니다." 건우 아버지는 사업에 바쁘신 터라 마냥 기다릴 수 없는지 이렇게 말씀하신다. "전 이제 다시 직장에 나가봐야 하니 애 엄마와 애를 학교에 보내겠습니다." 그런데 나는 오후 두 시에 ○○여 고 자율연수 학급운영 강의를 가야 하는 처지다. "아, 이런. 제가 오늘 오후 두 시까지 출장을 가야 해서 어머니를 못 뵙겠네요. 죄송합니다." 그렇게 전화를 끊고 강의를 하러 갔다. 마치고 휴대전화를 열어보니 건우 어머니 번호도 찍혀 있고 문자도 남겨져 있다. "심려를 끼쳐드려 죄송합니다." 얼른 답문자를 보냈다. "○○여고에서 교사 대상 강의 중이어서 전화를 못 받았습니다. 어머니도 마음고생이 많으시겠습니다." 잠시 후 어머니가 전화를 주셨다. 아버지께서 다시 직장으로 간 뒤 건우와 상의하고 학교에는 안 오셨다고.

대부분의 교사는 이런 류의 항의성 전화를 받을 수 있다. 이런 대화의 부담감을 수치화하면 어느 정도일까. 스트레스 수치를 1점부터 5점까지로 하면 이 경우는 5점에 해당하는 고위험군의 상황이다. 『Managing Difficult, Frustrating, and Hostile Conversations』 (Georea J. Kosmoski Corwin Press)

상황의 심리학적 이해

나는 학부모총회에 오셨던 건우 어머니를 통해 건우 아버지가 아이를 때리면서까지 엄하게 교육시키며 성격이 대단히 급한 분이라는 것을 알고 있었다. 화가 나면 충동조절이 안 되는 이른바 '욱하는 성격'이라고 들었다. 이런 경우 차분히 경청하는 자세가 무엇보다 중요하다. 자칫 함께 흥분을 하게 되면 일이 걷잡을 수 없는 소용돌이에 빠지고 만다. 한편으로는 아버지의 욱하는 성향을 건우가 닮아가고 있는 것으로 보인다. 아이가 겸손하게 선생님께 선처를 호소했다면 감독선생님이 기회를 주실 수도 있었을 텐데 아이가 옳고 그름을 항의하듯 따지고 들어 스스로의 발등을 찍었을 것이다. 어머니께 이런 의견을 드렸더니 당신께서도 건우가 아버지 성격을 닮아가고 있는 듯하여 걱정이 된다 하신다. 건우 아버지께 『열받지 않고 십대와 싸우는 법』(루이즈 펠튼 트레이시 지음, 이양준 옮김, 글담, 2003)이라는 책을 권했다. 이어서 아이 아버지가 퇴근하고 돌아오시면 담임이 "아버님이 참 합리적인 분"이라고 칭찬했다고 전해주시고 반주라도 준비하여 위로해주십사 부탁드렸다. 한편 이 모든 해결이 어머니께서 아이와 아버님 사이에서 중심을 잃지 않으시고 노력했고 학부모총회 때 이런 가족 내 상황을 솔직하게 공유했기에 해결의 실마리가 하나 둘 열려 가는 것이라고 어머니를 충분히 격려해 드렸다.

상황에 대한 심층적 이해

이번 상황을 통해 내가 알게 된 것은 아버지가 아이를 때리는 이유가 학업 문제 때문이라는 점이었다. 아이의 학습태도가 안 좋다고 여겨지거나 성적이 떨어지거나 하면 아이를 체벌하는 것이다. 시간을 못 지켜 객관식에서 수십 점이 날아간 상황에서 아버님의 체벌이 두려운 아이는 이를 막아보려고 무리를 했다. 학교의 부당한 조치로 자신이 그 피해자가 되었음을 호소하여 아버지에게서 벌을 받는 상황을 피하고 싶었던 것이다.

추가적인 조치

다음 날 아침, 나는 건우와 어머니에게 문자를 보냈다.

> ✉
>
> 살다보면 이런저런 불행을 겪게 되지만
> 그런 이들만이 지혜와 여유를 갖게 됩니다.
> 기운 내세요. ♥

건우

> 으흑흑. 오늘은 그런 실수 안 했어요.
> 이제부터 상황 판단을 그때그때 잘해야 할듯요.

중간고사가 끝나고 단기방학에 들어가기 전에 나는 건우에게 학급문고에서 『욱하는 성질 죽이기』(로널드 T. 포터-에프론 지음, 전승로 옮김, 다연, 2014)라는 책을 빌려주어야겠다고 생각했다. 건우가 축구를 좋아하니 학업으로부터 받는 스트레스를 운동으로 그때그때 풀어가도록 격려했다. 아버지의 훈육방식에 대해서는 어머니와 상담을 통해 해결책을 찾으시도록 안내했다.

그러고 보니 학급 안에 충동조절장애로 애먹고 있는 아이와 가족들이 많은 것 같다. 나는 비슷한 문제를 지닌 가족들에게 아차산 매점에서 막걸리나 한잔씩 하자고 청해두었다. 아무래도 5월 15일 전후해서 자리를 함께하는 것이 좋겠다고 생각했다. 가족을 넘어선 공동체적 치료의 지혜를 모아야 한다. 사라진 〈스승의 날〉 즈음에 초빙하면 거절들 못 하시겠지, 하고 나는 홀로 음흉한 미소를 지었다.

6교시

√ Tip

- 화가 잔뜩 난 학부모, 관리자를 대하는 건 교직의 일상사라고 생각하자.
- 화가 난 사람을 대할 때는 목소리를 낮추고 어휘 선택에 신중을 기한다.
- 화에 낚이지 말자. (Don't be baited.) 문제 해결은커녕 오히려 확대된다. 그 화는 교사를 향한 것이 아니다.
- 흥분한 상태에서는 바른 해결책이 나오기가 어렵다. 가능하면 행동을 유보시키자. 얼굴 표정, 몸짓(끄덕임) 등으로 교사가 진심으로 관심을 가지고 걱정을 하고 있음을 표현하자.
- 화가 난 사람에게는 그가 모르는 상황에 대해 설명하려고 애쓰기보다는 그 사람 말을 경청하는 것이 좋다. 화가 난 사람에게 필요한 것은 더 많은 정보가 아니라 경청과 공감, 배려다. 설명에 집착하다가는 상황만 악화된다.
- 상대방이 너무 흥분하여 정상적인 판단이 힘들어 보일 때는 흥분을 가라앉힐 수 있는 시간을 가질 수 있도록 상황을 유도해 보자.
- 학생과 관련된 정보를 기회가 있을 때마다 수집해둔다. 특히 학부모총회에 오신 부모님들에게서 가족의 핵심사항, 올해 관심사 등을 자세히 듣고 잘 기록해둔다. 이는 향후 학생 지도와 가족문제 발생 시 문제 해결의 출발점이 되어준다. 중간고사 끝나고 2차 학부모총회를 여는 것도 좋다.
- 화난 분들과 응대하는 응답 목록을 만들어두자. "얼마나 걱정이 되시겠어요, 충분히 공감이 됩니다, 참으로 안타까운 일이 벌어졌군요" 등등.
- 진작 이런 걸 알았더라면 그때 그 문제가 안 생겼을 거라는 회한으로 씁쓸해질 수도 있다. 하지만 인생의 문제가 늘 준비된 채로 오지는 않는 법. 다음에 더 잘할 수 있는 원동력으로 삼자. 더 중요한 것은 실패의 체험마저도 함께 나누는 교직문화가 절실하다는 점이다. 옆에 있는 동료교사의 행복이 학교의 행복이 된다. 아이들이 즐거운 마음으로 학교에 올수록 교사의 수업도 즐거워지니까.
- 위의 원칙들은 비단 학부모와의 관계에서만 적용되는 것은 아닐 것이다.

시험기간, 교사의 화를 돋우는 학부모 괴담

1. 학생이 시험 보는 날 아침에 지각을 해서 시험을 못 보았는데 담임이 부모에게 연락을 안 해서 그런 것이니 학교 책임이라 한다면?

2. 시험 끝나고 집에 간 아이가 시간이 부족해 마킹을 못 했다며 시험지에 답이 체크되어 있으니 지금이라도 답안지에 답을 마킹하게 해달라는 학부모 요청을 받으면?

3. 컨닝페이퍼가 적발되어 선도위원회 회의를 개최하고 부모님을 모셔 해당 쪽지를 보여드리니 이걸 쏙 입에 넣고 씹어 먹어버린다면?

4. 선도위원회 회의 결과 학생에게 사회봉사 처분이 결정되었는데 학부모가 "우리 애는 내가 알아서 할 테니 선생님은 학교 일에나 신경 쓰라"고 한다면?

'…구나'군 '…겠네'양

아내가 초등학교 5학년 학생들을 데리고 올림픽공원으로 체험학습을 다녀왔다. 다음 날 아내는 한 학부모에게 전화를 받았다.

> 어제 미슬이가 집에 오더니 "우리 선생님은 마술사"라고 하더라고 요. 자유시간에 회장 아이가 아이들 애기도 잘 안 모으고 그냥 밍숭밍 숭 시간을 보내 아이들끼리 서로 화가 나 있었답니다. 그러다 친목시 간이 그냥 흐지부지 끝나버렸어요. 담임선생님이 잘 놀았냐고 물었을 때 모두들 하나도 재미가 없었다며 입을 쭉 내밀고 있는데 선생님이 "아, 별로 못 놀았구나? 재미가 없어서 실망했겠네"라고 하셨고, 애들 이 모두 "네에, 선생님"하며 금세 표정이 환해졌다고요. 미슬이가 어 쩜 선생님은 단 두 마디로 아이들 마음을 녹이냐고 하면서 감탄했어 요. 선생님이 마술사 같대요.

3년 전 우리 반에 지적능력발달 장애 2급 학생이 있었다. 특수 학 급이 아직 생기지 않은 때라 일반 학급 수업에 적응하기 어려웠을 것 이다. 이 아이는 교무실 주변을 음악을 들으며 돌아다녔다. 땡땡이는 일상이었다. 평소 아이의 행태를 못마땅히 여기던 한 선생님이 어느 날 아이와 사소한 말다툼 끝에 버릇을 고치겠다며 아이를 교무실 안으로 끌어오려고 했다. 아이는 죽기 살기로 저항했다. 이 학생의 순간적인 힘도 보통이 아니었고 극도로 흥분한 선생님도 마찬가지였다. 다행히 교무실에 계시던 몇 분 선생님이 힘을 합해 간신히 두 사람을 떼어놓았다. 아이의 흥분이 극에 달해 금방 무슨 일이라도 일어날 것 같은 불안감이 들었다. 나는 조용히 아이를 데리고 나가 등나무 아래에서 말로 토닥였다. "선생님이 …해서 …했나 보구나?", "그래서 … 했겠네"를 예닐곱 번 주고 받았을까? 아이는 빠르게 평상시 모습으로 돌아왔다.

 "…구나"랑 "…겠네" 일곱 번이면 살인도 막을 수 있겠다는 생각이 들었다. 그날 일이 계기가 되었는지 그 선생님은 명예퇴직을 신청하셨다. 그분에게도 "…했군요", "…했겠네요" 해드릴걸 하는 생각이 든다. 상처받은 교사는 누가 돌볼 것인가. 우리 선생님들에게도 돌봄과 치유가 필요하다.

방과 후

교실
밖에서

A loving person lives in a loving world, a hostile person lives in a hostile world.
Everyone you meet is your mirror. – Ken Keyes, Jr.
사랑하는 사람은 사랑스런 세계에서 적대적인 사람은 적대적인 세계 속에 산다.
당신이 만나는 모든 사람이 당신의 거울이다. – 켄 케이즈 주니어

그림자와 싸우지 말자

재건축한 아파트도 입주한지 20여 년이 지나자 마루바닥이며 벽지며 곳곳에 묵은 때가 낀다. 일본 여행에서 일행에게 세제에 관한 정보를 얻은 김에 개학을 앞두고 아내와 함께 집안의 묵은 때를 벗기기 시작했다. 20년 묵은 바닥 때가 쑥쑥 벗겨지니 집안이 훤해지고 가슴까지 맑아지는 듯했다. 기쁜 마음에 벽지의 찌든 때에도 도전했다. 마음을 담아 벽을 닦는다. 그런데 어쩐 일인지 식탁 옆 벽지가 유난히 더러워 보인다. 다시 세제를 뿌리고 수세미로 닦아보지만 여의치가 않다. 그거 참 이상하다 싶어 멈추고 두세 걸음을 뒤로 물러나 고개를 갸웃하며 그 부분을 바라보았다. 아뿔싸. 그건 묵은 때가 아니었다. 벽을 닦느라 옆으로 옮겨둔 식탁 위에 놓여 있던 꽃병 그림자였다.

나는 그림자와 싸우고 있었던 것이다.

교사는 아이들의 낯선 행동 때문에 마음고생이 많다. 낯선 행동은 아이들 우울의 그림자다. 우울은 씻어낼 방법이라도 있지만 그림자는 결코 닦아낼 수 없다.

그걸 이해한다 해도 때로 그림자가 미울 수 있다. 때로는 벽을 부숴버리고 싶을 만큼.

내가 혹한에도 기어코 산에 가는 이유다. 미움에 치이지 않으려는 몸부림이다.

학부모와 함께

담임 업무 중 하나는 학부모와의 소통이다. 문자를 통해 아이에 대한 다양한 정보를 공유한다. 특히 시험 기간에는 집에서 아이를 배려해주는 법을 문자로 제안한다. 시험이 끝난 뒤 이에 대한 학생들의 선호도를 조사해보았다.

[1위]

> 국어 잘 봤다고 자랑하는데 "그럼 수학은?"
> 이러시면 빵점 엄마!
> 축하한다. 기쁘겠구나 해주세요.

> 여러 면으로 항상 실질적인 도움의 말씀을 주셔서
> 정말 너무도 감사합니다. 실은 제가 요즘 들어
> 우리 삐딱이는 제가 아무리 노력해도 안 되는구나
> 하는 생각에 많이 힘든 상태였는데 선생님 말씀에
> 반성을 합니다. 거듭 감사드립니다.

> 맞습니다. 잘한 것에 대한 칭찬이야말로
> 아이들에게 용기와 자신감을 주는 것이겠지요.
> 고맙습니다.

맞아요, 아이 마음을 편하게 해주는 것이
엄마의 몫이겠지요. *^^*

[2위]

시험 끝나는 날 외식해주시거나
아침에 특별용돈 주시면 결과보다
과정 중시하는 멋쟁이 부모님! ^^

네, 친구랑 점심 사주기로 했습니다.
선생님의 코치 덕분에
모자 사이가 좋아졌어요.

하늘이 주던 하얀 눈의 기쁨도
시험 때문에 누리지 못하다가
내일이면 얻게 될 자유에 마음 들뜨는
아이를 보며 마음 짠한 저녁입니다.
선생님. 늘 감사해요. 좋은 저녁 시간 되세요.

[3위]

부모님의 따뜻한 격려가 부담스러운지
많이 진지해졌습니다.
주말에 깜짝 외식이라도. ^^*

고맙습니다 덕분에 많이 가까워졌습니다.
아들에게 말하기 전에 한 번 더
선생님 말씀 생각해봅니다.

[4위]

> 부모님 협조 덕에 기적이 일어나고 있습니다.
> 간식은 애가 평소 좋아하는 것으로
> 공부 시작하고 15분쯤 뒤에 슬그머니♡

> 제자들을 사랑하시는 마음이
> 큰 감동으로 전해오네요.
> 넘넘 감사합니다. 평안한 밤 되세요★

[5위]

> 시험 첫날입니다. 시험 끝나고
> 허전하거든 떡볶이라도 사먹으라
> 특별용돈 좀 주셨으면. ^^;;

> 찬바람 도는 아침, 달려오셔서
> 지혜의 말씀 전달하시니 감사.
> 선생님도 밝은 미소로 화이팅이요!!

[6위]

> 내일부터 기말고사입니다. 특별한 반찬과
> 간식으로 "어, 엄마가 왜 이러지?"
> 하게 해주세요. ^^"

> 아 오늘 시장 봐야겠네요.
> 늘 배려해주셔서 감사드려요.

추파춥스의 가성비

교실이 아닌 공간, 수업이 아닌 시간은 교사가 학생을 새롭게 바라볼 수 있는 장이 되어준다.

수련회 둘째 날 아침. 산책을 하다가 축구부 아이들 여덟이 스트레칭을 하고 있는 모습을 보게 됐다. 주말에 경기가 있으니 수련회에 가서도 운동을 하라는 감독님 지시가 있었다고 한다. 그 여덟 중 다섯이 내가 담당하는 영어교과에서는 영 별로인 학생들이다. 수준별 수업 하반 소속으로 학습 의욕도 낮고 수업 태도도 좋지 않다. 하지만 그날 아침 녀석들 운동하는 모습은 자발적 의욕이 넘치고 태도도 성실했다. 아이들이 아침 운동하는 장면을 휴대전화 카메라로 찍어서 체육부장님께 보내면서 상점 좀 주시라는 문자를 넣었다. 아이들에게 그 부탁 문자를 보여주니 90도로 꾸벅 인사를 한다.

준비해간 미니 하리보(곰돌이 모양의 젤리 과자)를 하나씩 주고 매점에 가서 음료수도 사주었다. 교사 텐트로 데리고 가서 전날 수련원측에서 간식으로 준 치킨 세 상자를 전자레인지에 데워 먹이고 콜라도 나누어 주었다.

이른바 〈낯선 장면에서 아이들 새롭게 바라보기〉를 시도한 것이다.

십대를 움직이는 가장 큰 원동력은 자존감과 소속감이다. 이게 어느 정도 충족이 되어야 공부를 하려는 의욕을 스스로 갖게 된다.

맛있게 먹는 아이들을 보며 속으로는 '이 녀석들이 내 의뭉스런 속내를 눈치 채려나'하고 눈치를 살폈다.

아이들을 낯선 장면에서 새롭게 바라보는 것은 교사가 교실 밖 활동을 통해 얻을 수 있는 최대 이득이다. 교외활동을 인솔할 때 쵸콜릿, 미니 하리보, 츄파춥스 등 아이들이 좋아하는 간식을 챙겨 가방에 넣고 다니면서 아이들이 바람직한 행동을 할 때마다 즉시 꺼내어 은밀하게 손에 쥐어주곤 한다. '나는 니가 한 멋진 행동을 알고 있어'라는 의미다. 평소엔 원수가 따로 없다 싶을 정도로 밉상인 아이들과 관계를 개선하는 데 이만한 가성비를 내는 것도 없다.

나는 마중물

자양고 학생들에게

여러분, 저는 왜 수업을 할까요? 여러분이 오늘 당장 학교를 그만 두더라도 평생 영어에 대한 호감을 가지고 영어를 여러분의 친구로 즐겁게 이용하는 동반자로 만들기 위해서입니다. 여러분 스스로 영어를 통해 삶을 끊임없이 풍부하게 할 수 있게 펌프의 마중물 같은 역할을 하는 것이죠.

마중물이라는 말 생소하시지요? 80년대까지만 해도 서민 주택의 안마당을 지키던 펌프는, 공기 중에 있는 수분이 얼어붙는 겨울 아침이면 작동이 안 되기 일쑤였어요. 그럴 때면 뜨거운 물 한 바가지를 퍼서 펌프 속에 부으면서 동시에 손잡이를 부지런히 움직여야 했지요. 그러면 금세 쏴아 하고 땅속에 머물러 있던 물이 퍼올려집니다. 처음에 붓는 그 한 바가지 물이 바로 마중물이랍니다.

마중물이 몰고 온 물로 얼굴을 씻고, 밥솥에 밥물을 잡아 주며 먼지를 닦아낸 걸레를 빨았어요. 마중물 덕에 아침이 생기 넘쳤지요.

마중물은 한 바가지의 아주 작은 물에 불과합니다. 저는 그 역할을 위해 오늘도 '자양 영어'에 한 바가지씩의 물을 붓습니다. 이 마중물을 따라 여러분들이 열심히 따라오고 친구들과 소통하다 보니 어느새 영어교육의 커다란 호수가 만들어진 느낌입니다.

누가 처음처럼 하자 그랬어?

1989년 전국교육노동조합(전교조) 출범 때였다. 나는 전교조에 가입했다가 교단에서 쫓겨났다. 1994년에 복직했지만 그토록 돌아오고 싶었던 학교는 예전의 학교가 아니었다. 신세대의 출현으로 '교실 붕괴' 악몽에 시달리던 때였다. 지금도 그때의 충격을 잊지 못한다. 초심으로 돌아가자는 마음으로 학교에 갔는데, 적응하기가 너무 어려웠다. 교사 혼자 50분 동안 설명하는 수업방식에 아이들의 반응이 매우 싸늘했다. 복직 즈음에 신영복 선생의 〈처음처럼〉이라는 글귀가 유행했다. 복직 교사에게는 더욱 가슴 떨리는 말이었다. 하지만 복직해서 온갖 고초를 다 겪다보니 이런 말이 절로 나왔다.

"누가 처음처럼 하자 그랬어?"

그 시절의 세대 변화는 〈서태지와 아이들〉의 등장이 상징적인 터닝포인트(전환점)였다.

「교실 이데아」

됐어 됐어 이제 됐어 이제 그런 가르침은 됐어

그걸로 족해 족해 이제 족해

내 사투로 내가 늘어 놓을래

매일 아침 일곱시 삼십분까지 우릴 조그만 교실로 몰아넣고

전국 구백만의 아이들의 머리속에 모두 똑같은 것만 집어넣고 있어

막힌 꽉 막힌 사방이 막힌 널 그리고 우릴 덥썩 모두를 먹어 삼킨

이 시꺼먼 교실에서만 내 젊음을 보내기는 너무 아까워

좀 더 비싼 너로 만들어 주겠어

니 옆에 앉아 있는 그애보다 더

하나씩 머리를 밟고 올라서도록 해

좀 더 잘난 네가 될 수가 있어

왜 바꾸지 않고 마음을 졸이며 젊은 날을 헤맬까

왜 바꾸지 않고 남이 바꾸길 바라고만 있을까

국민학교에서 중학교로 들어가면 고등학교를 지나

우릴 포장센터로 넘겨 겉보기 좋은 널 만들기 위해

우릴 대학이란 포장지로 멋지게 싸버리지

이젠 생각해봐 대학

본 얼굴은 가린 채 근엄한 척할 시대가 지나버린걸

좀 더 솔직해봐 넌 알 수 있어

세상은 빠르게 변하고 있었다. 식민지와 전쟁과 독재의 상처를 간직하지 않은 첫세대였다. 경제적 풍요는 자유로운 사고를 불러왔고, 갓 피어난 디지털문화의 시각적 자극에도 이들은 익숙했다. 서태지는 말 그대로 신세대의 출현을 알리는 신호탄이었다.

그러던 어느 날, 교실 구석에 덩그러니 놓여 있던 프로젝션 TV를 보고는 아깝다는 생각이 들어, 동료 교사들과 〈PC활용 영어수업 연구〉를 시작했다. 마침 교육부에서 실시하는 공모전이 있어 500만 원의 예산을 지원받아 연구에 착수했다. 이 연구는 2001년 2월 교육부장관상을 받았다. 기적 같은 일이었다. 그러나 진짜 기적은 교실에서 일어났다. 수업시간에 컴퓨터가 활용되자, 괴물 같던 학생들이 영어수업을 재미있어하기 시작한 것이다.

학생들에게 본문 외우기나 단어장 만들기 대신 〈교과서 컴퓨터 예습〉 숙제를 내줬다. 학생들에게 영어교과서를 한쪽씩 맡아 컴퓨터를 이용해 단어와 구문을 마음껏 표현해오라고 했다.

한 학생이 컴퓨터로 'besides(게다가)'라는 단어를 배우 김태희 씨의 프로필에 붙여 왔다.

이 그림파일을 화면에 띄우자, 교실 전체에 까르르 웃음소리가 넘쳤다. 이걸 만든 학생의 변. "얼굴도 예쁜데 '게다가' 공부도 잘하잖아요."

어떤 학생은 영화의 한 장면을 가져왔다. 한 모범생은 교과서 단어들로 〈가로세로 낱말 퍼즐〉을 만들어 왔다. 외국 사이트에 있는 채팅로봇 주소를 알려줬더니, 몇몇 학생들이 밤새 채팅로봇과 영어로 대화했다고 했다. 아이들이 영어를 좋아하기 시작한 것이다.

아이들이 망가졌다고 생각했는데, 그게 아니었다. 디지털 세대의 소통 방식이 다른 건데, 그런 아이들을 문제아로만 대하니 갈등만 커졌던 것이다.

수업 교재도 학생들이 제출한 숙제를 활용한 것으로 바꾸었다. 학생의 자존감 향상을 위한 노력이다. 학생의 목소리를 반영하기 위해 2003년부터 〈자체 수업평가·담임평가〉를 실시했다. 해마다 수업한 교실과 담임을 맡은 학급 학생들에게 20문항 내외의 설문지를 나눠주고 평가를 받았다.

학생은 혼낼 대상이 아니라, 돌볼 대상이다. '꼴찌'도 '반항아'도 마음의 상처를 안고 있다. 그들이 스스로를 존중하도록 자존감을 키워주는 게 교사의 역할이다.

✓ Tip

어느 해 학급 내 1인1역 평가에서 〈책걸상 이름표 부착 담당〉이 1위를 차지했다. 일의 양으로 봐서는 그다지 큰 역할이 아닌데 어째서 1위인가 의아했다. 알고보니 그 아이가 만든 이름표가 '무한도전 이름표'였다. 아이들에게 「무한도전」이라는 TV프로그램은 각별한 의미가 있었다. 재미도 있지만 그속에서 멤버들의 도전을 지켜보며 간접적인 스릴을 맛보고 있는 듯했다. 아이들의 코드를 읽지 못하면 교직이 정말 힘들어진다. 그런 의미에서 『젊음의 코드를 읽는다』(카야마 리카 지음, 김영진 옮김, 황금가지, 2005)를 읽어보는 것이 많은 도움이 된다.

선배와 동료, 책으로부터 배운다

2007년 겨울방학에 가족들과 함께 터키 여행을 다녀왔다. 몇 년간 계를 부으며 기다려온 여행이었건만 당시 중학교 3학년과 초등학교 6학년이던 두 아이와 동행하다 보니 예상치 못한 스트레스에 시달려야 했다. 종일 티격태격 다투며 말썽을 부리는 두 아이…. 애들 싸움이라 큰 소동은 없었지만 9박 10일이라는 꽤 긴 여정 내내 곁에서 이를 지켜보자니 여간 힘겨운 게 아니었다.

여행이 막바지에 이르던 어느 날 아침, 호텔 로비에 앉아 함께 여행 중이던 다른 가족의 어머니에게 애들 싸움 때문에 머리가 아프다는 하소연을 했다. 그러자 고등학생과 대학생 자녀를 둔 그분이 의외로 곧바로 해결책 하나를 던져줬다. "그냥 싹 모른 척하세요. 말려들지 말고."

과연! 이 분야 선배의 조언은 틀리지 않았다. 관심을 끊자 아이들의 싸움도 쉽게 사그라졌다. 여행 끝무렵에야 이 방법을 알게 된 것이 억울할 정도였다.

여행을 마치고 돌아온 지 사흘만이던가, 『What Great Teachers Do Differently』를 동료 교사의 추천으로 읽게 되었다. 목차부터 훑어보는데 이 대목에 눈길이 갔다. chapter 12: Ability to Ignore(제12장: 모른 척하는 솜씨). 훌륭한 교사가 교실의 소란을 어떻게 다루는지에 대한 내용으로 불과 며칠 전 여행에서 온몸으로 깨달은 사실이 정확하게 묘사되어 있었다. 물론 단순한 모른 척은 아니다. 문제의 시발점을 인식하고 이를 다른 학생들이 알아채지 못하게 조용히 해결한 후 다시 수업의 흐름을 효과적으로 이어가는 방식이 흥미롭게 기술돼 있었다.

때론 동감하고 때론 감동하며 왠지 모르게 움찔거리기도 하며 책한 권을 순식간에 읽어 내렸다. 어찌 보면 소소할 수 있지만 노력과 관찰 없이는 깨닫기 힘든 교훈이 가벼운 책 한 권에 가득했다. 이 책을 처음 알게 해준 동료가 그랬던 것처럼 나도 주위의 교사들에게, 특히 함께 공부하는 모임의 교사들에게 적극 추천하고 토론도 했다. 그리고 이런 나의 노력을 어찌 알고 방송대출판부 〈지식의 날개〉에서 이 책의 번역서 출간을 준비하고 있다며 내게 번역을 의뢰해 왔다.

이 책의 주제를 한마디로 표현하자면 '교사 리더십, 어떻게 변화해야 하는가' 정도가 되겠다. 교사의 전통적 권위와 훈육의 붕괴는 이미 피할 수 없는 경향으로 보인다. 이런 흐름의 옳고 그름에 대한 논의는 차치하고, 교사의 전통적 권위와 훈육을 대체할 수 있는 새로운 리더십 모델이 얼마나 절실한지에 대해서는 모든 교사가 통감하고 있을 것이다. 이 책은 바로 이러한 요청에 상당히 만족스러운 대답을 들려주고 있다. 특히 학생들의 신장된 인권의식, 학교교육에 대한 학부모들의 높은 기대 수준에 부응하기 위해 치열하게 고민한 흔적이 곳곳에서 엿보인다.

저자 토드 휘테커Todd Whitaker는 현직 교사와 교장, 대학교수를 두루 경험한 미국의 교육자다. 교사나 교장에 머물지 않고 교수직을 수행함으로써 '훌륭한 교사의 차별성'을 학문적으로 객관화하여 많은 찬사와 공감을 받았다. 무엇보다 그는 이 책을 통해 이러한 연구물을 교육학 이론을 동원해 지루하게 나열하기보다 노변정담처럼 구수하게 다양한 예화를 들어 흥미롭게 풀어나간다. 게다가 교육계의 까칠하고 예민한 현안이라고 할 수 있는 성과급, 학력고사 등의 문제도 피해가지 않고 교육의 본질 속에서 진지하게 다루고 있다. 이 책을 순식간에 읽어 내릴 수 있었던 이유는 바로 이러한 넘치는 매력 때문이었다. 저자의 다른 작품들도 국내에 많이 소개되어 읽혔으면 하는 바람이다.

✓ Tip

훌륭한 교사
- 문제의 해법을 사람에게서 찾는다.
- 희망에 초점을 맞춘다.
- 문제 발생 시 예방에 집중한다.
- 충분히 생각하고 의미를 담아 말한다.
- 학생에게 높은 기대치를, 자신에겐 더 높은 기대치를 갖는다.
- 교실 안의 최대 변수는 교사임을 알고 있다.
- 학생이 받을 영향을 생각한다.
- 모두에게 존경심을 갖고 대한다.

- 긍정적인 태도를 공유하려 애쓴다.
- 관계개선에 힘쓰며 먼저 사과할 줄 안다.
- 사소한 소란과 실수는 모른 척할 줄 안다.
- 매사에 계획과 목적을 갖고 행동한다.
- 우수한 학생을 항상 염두에 둔다.
- 노력하는 사람을 불편하게 만들 결정은 피한다.
- 학생의 눈으로 자신을 돌아본다.
- 학력평가를 총체적인 관점에서 바라본다.
- 변화를 이루는 감정의 힘을 안다.

평범한 교사

- 문제의 해법을 프로그램에서 찾는다.
- 규칙에 초점을 맞춘다.
- 문제 발생시 처벌에 집중한다.
- 아무 말이나 쉽게 반복해서 말한다.
- 학생에겐 높은 기대치를 갖지만 스스로에겐 별반 기대를 갖지 않는다.
- 학생, 학부모, 사회환경을 변수라 생각한다.
- 자신이 받을 영향을 생각한다.
- 특정 상대에게만 존경심을 표한다.
- 불평과 불만을 생각 없이 퍼뜨린다.
- 날카로운 지적, 꼼짝 못할 반박을 일삼는다.
- 사소한 소란에 말려 전쟁을 선포한다.
- 주사위 구르는 대로 하루하루를 보낸다.
- 중간층 아이 위주로만 생각한다.
- 노력하는 사람까지 불편하게 만들 결정을 내린다.
- 자신이 어떻게 비치는지 잘 모른다.
- 학력평가 자체에 집착한다.
- 말만으로 동기를 유발하려 한다.

−토드 휘테커의 『훌륭한 교사는 무엇이 다른가』 중에서

성찰이 이루어지는 징계 또는 보호처분

아이들의 문제행동에 대한 형식적인 징계 방법을 바꿔야 한다. 예를 들어 게임중독인 학생에게는 『심리학 테라피』(최명기 지음, 좋은책만들기, 2013)처럼 게임중독 관련 글을, 우울한 아이에게는 우울증 관련 글을 입력하게 하고 독후감을 작성하게 한다. 책을 안 읽던 아이들도 컴퓨터로 글자 하나하나 입력하는 과정에서 내용에 공감하고 변하기 시작한다.

어느 가을 토요일 오후 세 시경 용마산을 오르는 길에 학생 오십여 명을 만났다. 인근 고등학교 학생들이었다. 한 학생에게 특별활동이냐고 물으니 그게 아니고 벌점 받은 거란다.

내려오는 길이 대원고등학교 뒤편이라 상당히 가파르고 미끄러운데 등산화는 고사하고 교복 치마바람에 내려오는 여학생도 보인다. 이건 아니지 싶었는데 아니나 다를까 한 여학생이 왼쪽 무릎에 손수건을 대고 내려온다. 피가 3cm 가량 흘러내린 채였다. 내려오는 길에 미끄러져 넘어진 듯했다. 비상약도 준비 못 한 모양이다.

아이들과 산행을 하는 것은 여러모로 좋은 아이디어다. 자연은 치유의 힘이 있으므로. 다만 사전에 철저한 준비(특히 등산화 및 복장)와 위기 상황에 대비한 조치(부상 학생을 호송하기 위한 차량 대기 등)가 있어야 한다. 학생 안전이 최우선이어야 한다.

벌점 등산은 극기 훈련이라기보다 오며 가며 교사와 학생간의 자연스런 대화가 있어야 하는데 아차산으로 올라가 용마산으로 내려오는 코스는 위험하기 짝이 없다. 그래서 면목고에서는 '극기 훈련'이라는 말 대신 '숲속 걷기 명상'이라는 이름을 붙였다.

하산해서는 목표를 성취한 데 대한 위로와 격려로 음식 제공도 필요할 듯 한데 50명이나 되어서 어찌했을지 궁금했다.

아이들을 고생시키기보다 스스로 성찰할 수 있도록 이끄는 것이 중요하다.

교사의 시^時테크

교사는 점점 더 바빠질 것이다. 그러므로 시테크가 절실하다. 시테크의 기본은 중요한 일을 먼저 처리하는 것이다. 중요한 일이란 장시간에 걸쳐 다수에게 중요한 영향을 미치는 일을 말한다. 나는 오전에는 교재 계발이나 기획 등 중요한 일을 하고 절대 허드렛일이나 잡무를 하지 않는다. 수업연구나 아이디어의 문서화^{documentation}에만 집중한다. 자양고에 있을 때면 점심 후 학교 주변에 위치한 건국대학교로 가서 설립자 묘소 주변의 야산을 한두 바퀴 돈 다음 벤치에 앉아 쉬곤 했다. 더운 여름에 시간 날 때는 한숨 자기도 하고…. 종례신문 제작 등을 포함한 잡무는 수업이 끝난 세시부터 몽롱한 시간을 이용한다. 늘 닥쳐오는, 반드시 해야 하는 일이 꼭 삶에서 중요한 일은 아닐 수도 있다. 중요한 일에 집중하기가 나의 시테크다. 방학 중에도 오전에는 집필과 교재 연구를 주로 한다. 교재 연구는 겨울방학인 1월에 1년 치를 다 해놓는다. 학습지도 만들어 둔다.

중요한 일은 급하지 않아도 스스로를 다그쳐서 하게 된다. 옛날 일이지만 교과서CD의 검인정 도서 포함이 중요하다고 생각해서 교육부에 여러 차례 민원을 냈고 교과교실에 대해서도 오랜 동안 중요성을 주장했다. 아무도 시키지 않은 일이고 안 해도 누가 뭐라 하지 않지만 내가 중요하다고 생각하는 일이었기 때문이다.

앞으로 교직은 점점 더 많은 일에 시달릴 것이다. 이건 비단 우리나라에만 해당되는 것이 아니다. 교사의 시테크가 절실한 이유이다.

✓ **Tip**

교사처럼 늘 사람에 둘러싸여 생활하는 직업일수록 자기만의 시간을 갖는 것이 중요하다. 화에 낚이지 않으려면 자신과 대면하는 시간을 가져야 한다. 일주일에 세 번 정도 취미생활을 하거나, 틈나는 대로 컴퓨터나 SNS로부터 떨어져 산책을 하거나 멍상을 하는 것이 좋다. 멍상이란 멍 때린다는 뜻이다.

특강

Shoot for the moon. Even if you miss, you'll land among the stars. – Les Brown
달을 겨냥하고 쏘아라. 실패한다 할지라도 어느 별엔가는 도달하지 않겠는가? – 레스 브라운

경찰관 여러분께 드리는 부탁 말씀:
폭력에 대처하는 우리의 자세

어느 학생생활지도부장님이 보내온 문자다.

학교마다 휴대전화 분실이 학생부 선생님을
힘들게 하고 있습니다. 우리 학교도 마찬가지로
휴대전화 분실이 일주일에 5-6번 일어납니다.
한 학생이 휴대전화를 절도했다는 소문이 돌아
그 학생을 상담하는데 어찌나 거짓말을 해대는지
도무지 해결책이 안 나와 송부장님의 전법 중
하나를 활용했습니다. 학생 앞에서 스쿨폴리스께
전화해서 휴대전화 절도죄는 몇 년 형에 처해지는지
벌금은 얼마인지 여쭈었습니다. 상습범은 소년원에
간다는 내용의 통화를 하고 다시 그 학생과 얘기를
이어가려 하니 학생이 조용한 곳으로 자리를
옮기자고 하며 휴대전화 절도한 사실을
다 이야기하네요. 참 신기하고 놀라운 전법이었습니다.
전화 한 통에 술술 자백을 하다니.
이틀 동안 상담하면서도 자백 안 한 학생이었는데요.
송부장님, 감사합니다.

교사들은 학교전담 경관님이나 스쿨폴리스 전화번호를 학생부장님께 여쭈어 휴대전화에 저장해 놓고 잘 부탁드린다는 문자 한 통 미리 보내놓는 것이 좋다.

언젠가 전국의 3백 여 학교폭력 담당 경관들을 대상으로 경찰교육원에서 강의할 기회가 있었다. 소중한 기회인만큼 학교 안팎의 여러 목소리들을 모아 함께 나누고자 노력했다. 다음은 그날 나눈 내용을 간략히 정리한 것이다.

폭력의 원인 공감

먼저 학생들이 저지르는 폭력의 원인을 들여다보아야 합니다. 학교 폭력의 원인은 더 이상 자존감에 상처를 받고 싶지 않아 생기는 방어기제로 볼 수 있습니다. 우울 등으로 인해 자존감의 약화되면 곧 화anger로 드러나고, 이어 이것이 외부로 향하면 폭력이 되며, 안으로 향하면 자살로 이어질 가능성이 높아진다고 합니다.

> 가해학생도 마음의 상처가 있는 아이들이에요. 상처가 화로 친구에게 확 쏟아져 나온 것이니 처벌보다는 지도와 치료를 부탁드려요. **- 현직교사의 부탁**

> 현상만 보고 판단하시면 아이들 마음에 더 심한 상처를 주게 되므로 답답하시더라도 효율적으로 일하실 마음을 일단 좀 내려놓으신 다음 아이들을 만나주셨으면 좋겠네요. **- 지역아동센터장님**

학생이 집에서 아버지나 어머니에게 당한 일로 화가 잔뜩 나있는데 누군가 자기 부모와 비슷한 말을 하면 순간적으로 착각이 일어나면서 부모에게 하듯 욱하고 대들게 됩니다. 교사나 경찰이나 모두 아이들 인격 존중 이전에 이런 어처구니 없는 일을 자초하지 않도록 유의해야 합니다. – 정신과 전문의 김현수 원장

저는 우리 사회에서 일어나는 범죄의 궁극적 원인이 상처^{trauma}에 있다고 봅니다. 이것이 화^{anger}로 표출되어 공격성^{aggression}으로 나타나는데 외부를 향하게 되면 폭력, 절도 등의 범죄가 되고 이를 넘어서 자기 안으로 향하게 되면 자살이 됩니다.
– 자살방지대책위원장 강지원 변호사 –

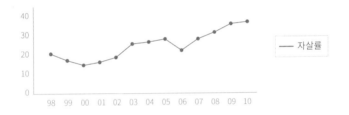

학생을 조사할 때는

각별히 부탁드립니다. 아이에게 보호자 주소나 연락처를 물을 때 부모 이혼 상태의 학생이 상처받지 않도록 해주십시오. 그리고 학생들에게 무서운 이미지를 주기보다는 공평하고 엄격하다는 느낌으로 다가가주세요. 학생에게는 강력한 처벌보다는 원칙에 따른 엄정하고 신속한 처벌이 중요합니다. 신속하려면 절차가 간편해야 하고 상시적

특강

으로 제도화되어야 합니다. 상이든 벌이든 원칙대로 신속하게 진행돼야 효과가 큽니다. 또한 억울함과 분노를 주는 징계보다는 감동과 재미를 주는 징계 방법을 계발할 필요가 있습니다.

> 놀다가 재미있어 죽는 징계가 최고의 징계다.
> **– 이수종 중랑재미지역아동센터장**

보호관찰 대상 학생에게 경찰이 멘토 교사를 지정해주는 제도를 운영하는 것은 바람직한 것 같아요. 다만 멘토링 비용 기안의 절차가 복잡하여 해당 교사에게 잡무가 되고 있으니 통장으로 입금해주셨으면 좋겠습니다. 소년범에 대한 이해를 위해 사법연수생과 로스쿨 학생들에게도 멘토링 봉사를 의무화하면 어떨까요?

경찰이 교내 사건에 개입할 때는 교사가 준비할 자료와 역할을 구체적으로 명시해서 매뉴얼화해줄 필요가 있습니다. 담임이 할 일, 생활지도부가 할 일, 경찰이 담당할 역할의 구분이 명확해야 합니다. 사전에 구체적으로 시행계획이 협의되어야 시스템을 운영하는 데 있어 혼란이 줄어들 테니까요.

> 학교 주변 우범지역에 대해 등하교 시간 순찰을 정례화하고 점심시간에 학교 식당 등 순회지도도 부탁드려요. 아이들의 생활속에 스며들 듯 계시면 좋겠습니다. 어른들의 눈을 피해 모여 있는 사각지대를 집중적으로 순찰해주셨으면 합니다.
> **– 어느 교사**

보통 학교폭력이 생기면 학생부와의 연계만 있고 때론 담임은 자세한 사안을 모르는 경우가 많은 데 담임과의 연계성을 높여서 이후 상담을 통한 선도가 가능하도록 해주세요. 사건에 연루된 아이들의 속내를 들여다보면 안타까울 때가 많습니다. 겉으로 드러나는 사안만으로 판단할 때면 담임으로 무척 화가 납니다. 사안 발생시 학생부로 바로 넘기기보다는 담임과의 상담으로 학생 스스로 잘못을 깨우치는 게 더 필요할 때가 있습니다. 그런데 무조건 경찰서에서 학생부로 넘기고 징계를 받다보니 그 학생들은 반성보다 학교와 교사에 대한 불신과 분노만 남는 것 같습니다. - 어느 교사

함께 힘을 모아

학교는 자퇴학생도 추수지도해야 합니다. 자퇴한 학생이 검정고시를 통해 학업을 유지하도록 지원하는 데에 경찰의 협력이 필요합니다. 자퇴학생이 건강하게 살아가는 게 학교와 사회의 평화에 적잖은 영향을 미치니까요.

수사기관은 동시에 범죄예방기관이기도 하지요. 학생생활지도부가 생활상담부로 진화하는 이유도 마찬가지입니다. 특히 재범 예방에 책임이 있습니다. 한번 수사를 한 청소년과 학부모는 담당수사관에게 지속적으로 추수 관리할 의무를 직무안에 포함시켜야 하겠습니다. 매월이 어려우면 분기별 또는 학기별 혹은 명절 등에 휴대폰 문자나 전화, 필요시 상담까지 의무화하고 이를 업무평가에 반영하도록 하면 어떨까요? 현재 상담부 교사는 네이스(NEIS)상에 상담 기록을 입력하

도록 되어 있으며 교원의 자기실적평가서에 학생과 학부모 상담을 기재하도록 하고 있습니다. 관련 청소년, 학부모와의 휴대전화 사용료를 상담교사에게 지원했으면 좋겠습니다.

길게 보고 멀리 가기

학교폭력은 단기처방으로는 절대 근절되지 않을 것입니다. 남을 향한 폭력을 강제로 막으면 자신을 향한 폭력, 곧 자살이 늘어날 개연성도 높고요. 청소년 범죄 전반에 대한 긴 안목을 갖기 위한 3년 기한의 연구기구를 만들면 어떨까요? 국회에서 예산을 지원받아 스토리가 담긴 학교폭력예방 매뉴얼을 만드는 겁니다. 그래서 교사와 학부모가 늘 곁에 두고 참고할 매뉴얼을 만들어 보급하면 도움이 될 것입니다.

학교전담 경찰은 여성청소년계에서 맡아주면 좋겠습니다. 여성청소년계도 청소년계를 분리 운영했으면 해요. 아이들이 끊임없이 진화하기 때문에 청소년 문제에 달인이 되기는 무척 어렵지요. 공립학교 교사가 5년씩 순환근무를 하듯 청소년계 담당자들이 최소 3년 이상은 근무해 청소년 전문 인력을 양성해나갔으면 합니다. 소년부 전문 검사 판사를 양성해 청소년 범죄에 대한 사법체계 내의 전문성을 향상시킬 필요도 있지요. 무엇보다 현재 스쿨폴리스로 활동하는 분들이 청소년 전문 경찰이 되어주는 것이 가장 중요합니다.

경찰에서 배움터지킴이, 학교보안관들과 모임을 가져주시고 생활지도부장 지구별 협의회에 꼭 참석하셔서 학교에 요청할 내용도 이야기하시면서 학교폭력 예방을 위해서 공감대를 형성해 주세요. - 어느 교사

지역 단위의 회복적인 협의체^{Restorative Circle} 운영도 절실합니다. 올해 새로 배치된 학교지원경찰관, 학교담당경찰, 지역아동센터, 위센터, 청소년수련관, 수련원 관계자, 대안학교 관계자 등과 협의체를 구축해 지역네트워크를 구성하여 적어도 학기에 한 번씩 만나도록 해야 합니다. 교사냐 아니냐 낯을 가리는 일은 이제 구시대의 유물로 넘깁시다. 퓨전이 대세입니다.

법원과 경찰 등 사법기관, 구청 등 행정기관, 사회복지기관, 청소년 관련기관, 의료기관, 시민단체, 자원봉사자 등으로 지역공동체 망을 구성하여 그 지역 청소년의 인성교육과 범죄예방을 함께 하고 궁극적으로 청소년으로 하여금 건전한 성인으로 성장할 수 있도록 인생항로적 관점에서 지속적으로 끌어 주는 지역 시스템이 반드시 필요하다.
- 서울동부교육청 학교지원경찰 이상인 경위 (광운대학교 범죄학과 박사과정)「청소년의 범죄실행과정에 관한 근거이론적 연구」 중에서

학교폭력의 원인에 대해 교사들과 토론회를 가지고 공감대를 형성하는 것도 필요합니다. - 어느 현장 교사

돌봄과 치유로 학교 튼튼! 나라 튼튼!

– 송샘과 스쿨폴리스 경관님들

학부모와의 만남: 까칠한 자녀와의 소통법

학교폭력이 심각했던 2012년, 서울시교육청에 파견 근무하면서 수십 개 학교를 방문하여 학부모 연수를 했다. 다음은 그 영상을 가지고 우리 집 둘째가 받아쓴 내용이다. 물론 아르바이트 비용은 지불했다.

엄마는 서러워

저는 작년까지 면목고등학교 생활교육지도부장에 있었어요. 제 얼굴 보시면 학생생활지도부장 같은가요? 앞으로는 이런 스타일이 학생부장이다, 이렇게 생각해주시면 됩니다. 일단 오늘 강의 제목에서 까칠하다는 표현을 썼는데 두 아이를 키우면서 애들이 왜 이리 까칠한지 저도 상처를 많이 받았거든요. 요즘 가정에서 어머니로서의 존재감이 팍팍 드나요? 아니시죠? 저희 어머니와 밥상머리에서 대화를 나누다가 "엄마, 엄마는 우리를 키우다가 가장 서러울 때가 언제였어?"라고 여쭈니까 어머니가 잠시 심각해지시더니 이런 말씀을 하셨어요. "너네 누나 고등학교때다. 학교 갔다 집에 왔는데 얼굴이 시무룩해져 보여서 어떤 일인지 물으니 엄만 몰라도 된다면서 자기 방으로 쏙 들어가 버려 그날 밤새 울었다." 벌써 수십 년전 일이에요. 별 얘기도 아닌 듯한데 어머니는 그날 왜 우셨을까요? 오늘 여기 오신 어머니들도 아이가 갑자기 "엄마는 몰라도 돼"라고 하면 눈물을 떨구시나요?

전두엽은 공사중

요즘 아이들은 또래 아이들을 제일 무서워합니다. 엄마는 전혀 안 무서워해요. 마찬가지로 선생님도 아이들에게 두려움의 대상이 아니죠. 어머니께서 명심해야 될 건 아이의 친구를 욕하면 안 된다는 거에요. "넌 어떻게 친구를 사귀어도 그런 애를 사귀냐?" 이러시면 엄마가 애들한테 아웃돼요. 지금은 엄마보다도 친구가 더 소중한 시기입니다. 오죽하면 북한이 남침을 못하는 이유가 중학교 2학년이 있기 때문이라는 우스갯소리가 유행하겠어요? 도무지 종잡을 수가 없기 때문이거든요. 중2 학부모도 그렇고 중2 담임들도 그런 점을 잘 알고 계시지요. 전세계적으로도 중2가 제일 어렵대요. 왜 그럴까요? 뇌가 리모델링되는 시기이기 때문입니다. 전두엽이 급격히 발달하는 시기가 15세거든요. 전두엽은 뇌의 앞쪽 부분으로 기억력, 사고력, 추리, 계획, 운동, 감정, 문제해결에 관여하는 인간의 고등 능력을 관장하는 부분이랍니다. 리모델링을 제대로 하려면 가구를 다른 곳으로 옮겨 놓고 해야 하는 데 그냥 놔둔 채 리모델링을 하니 굉장히 어려운 공사를 하는 셈이지요. 말은 번지르르하게 하는데 행동은 영 아니라고 비난을 하시게 되는데 그 과정에서 제일 힘든 건 아이 본인입니다. 그걸 안쓰럽게 봐줘야 합니다.

우울한 잠꾸러기

아이들이 까칠한 두 번째 이유는 우울입니다. 학업은 우리가 핀란드와 1, 2위를 다투는데 행복지수가 문제예요. 우리가 꼴찌예요. 그런데 성적으로 꼴찌도 행복하지 않아요. 꼴찌면 행복해야 되는데. 요즘 담임선생님들이 1인 1역을 준다든지 학급신문을 만든다든지 여러 가지 노력을 기울입니다. 왜 그러느냐면 아이들에게 역할을 줌으로써 자신이 공동체에서 한 구성원이라는 생각을 갖게 해 안정감을 주기 위해서죠. 상처받은 아이들의 자존감을 위해서 애를 쓰고 계시는 거죠. 애들은 「개그콘서트」를 너무 좋아합니다. 그런다고 우울증이 아니라고 생각하지 마세요. 그건 가면입니다. 진짜 웃고 있지 않아요. 기억하세요. 아이가 짱귀몰(짱나, 귀찮아, 몰라)을 달고 산다면 우울증이 아닌가 생각해보셔야 됩니다. 어머님들은 우울하시면 새벽에 눈이 딱 떠집니까, 아니면 푹 잡니까? 자살이 가장 많은 시간이 오전 4, 5시쯤이랍니다. 다시 새날이 오는 것을 감당하지 못하고 죽는 것이죠. 그런데 아이들은 다릅니다. 청소년 우울증과 성인 우울증은 양상이 달라요. 잘 살펴보셔야 합니다.

안절부절 병

다음으로 까칠한 아이가 ADHD로 어려움을 겪는 아이들입니다.

전 이런 아이를 실제로 겪었어요. 몸무게가 100kg인데 15초 간격으로 고개를 돌려요. 뒤보다가 옆보다가 하루 종일 그래요. 참 신기하다 싶었어요. 그런데 학부모총회 때 어머니께서 오셔서 아이가 병원의 학습클리닉을 다니는데 ADHD 진단을 받아서 초5 때부터 약물치료를 하니 잘 지켜봐 달라 하시더군요. 그때부터 ADHD에 대해서 알아봤어요. 서울 선생님들이 가장 어려움을 겪는 경우가 ADHD 학생입니다. 아이가 정서불안인데 왜 그런지 이해를 못하면 미쳐버리는 거예요. 그래서 제가 이제는 ADHD를 말하자고 설득하고 다녀요. 이것을 피하면 학교가 존립할 수가 없어요. 학부모님들도 "담임이 ADHD를 알겠어?"라고 의심하지 말고 다 털어놓으셔야 돼요. 이제는 그런 시대입니다.

ADHD아이들은 부모님께서 문구점에 가셔서 플래너라는, 일정을 적을 수 있는 수첩을 사주시는 게 좋아요. 부모님도, 아이도 메모하는 습관을 기르는 게 좋습니다.

온라인으로 사라진 아이들

다음은 인터넷 중독이예요. 요즘 아이들이 어느 정도로 하냐면, 선생님들은 아십니다. 깨워도 깨워도 안 깨요. 밤새 달린 겁니다. 오죽하면 급식시간까지 계속 잡니다. 새벽까지 쿨하게 달린 겁니다. 근데 왜 우리 아이들이 이렇게 되었을까요. 가치관이 획일화된 사회, 경쟁사회인 나라에 이런 현상이 많습니다. 가치관이 단일화되면 루저가 나올 수밖에 없는데 인간이라면 누구든지 루저로서는 살아갈 수 없습니다. 무엇으로든지 위너가 돼야 하는데 성적은 투자한 만큼 잘 되지 않지만 게임은 투자한 시간만큼 올라갑니다. 그렇다면 우리는 이 아이가 상처받은 적은 없는지를 먼저 생각해봐야 합니다. 자존감이 상처 입지 않으면 그런 일은 없죠. 눈빛이 흐리고 불러도 짜증만 내고 아이가 그렇게 게임에 몰두하면 우리가 봐줘야 될 건 뭡니까? 바로 이 아이가 자존감에 상처가 있진 않나 꼭 잘 봐줘야 됩니다.

거기에 최근 휴대전화 중독이 문제가 되지요. 아이들은 자판도 안 보고 문자를 찍어요. 그래서 서랍 속에 넣고 사오십 통씩 보내요. 선생님이 필기하는 동안 보내고 필기하는 척하면서 보내고. 게다가 요즘은 스마트폰 하나면 가만히 앉아서 전 세계 아이들과 소통할 수 있어요. 통계에 따르면 SNS 하는 애들은 거의가 우울하다고 합니다. 집에서, 학교에서, 여기서 행복해져야죠. 어머님. 솔직히 대답해보세요. 자녀가 집에서 행복한가요? 학교에서 행복한가요? 나이키의 경쟁상대는 퓨마가 아니라 인터넷 게임이라는 말이 있어요. 왜냐? 애들이 앉아만 있고 뛰놀지 않아서 신발이 닳지를 않으니까요.

제가 퀴즈를 내보겠습니다. 교사의 경쟁상대는 누구일까요? 인터넷 게임이 아니라 PC방 주인입니다. 어머님들 이 강의 끝나고 점심 드시고 PC방 한번 가보세요. 시험 때가 대목입니다. 현장 체험학습한다는 생각으로 한번 가보세요. 그리고 이거 지금부터 실천해야 됩니다. 하지 말라고 무조건 아이를 누르시면 안 됩니다. 바로 PC방 갑니다. 그러니까 협상을 해야 합니다. 누르면 어디가? 누르면 얼마든지 PC방 갈 수 있거든요. 아빠들은 애들하고 오목이라도 같이 둬주세요. 저희 때는 여름에 바깥에서 놀다보면 피부가 다 까졌는데 요즘은 안 그래요. 바깥에서 안 놀아서….

강요는 금물

   아침에 깨우실 때도 조심하셔야 됩니다. 깨우실 때 조심스럽게 깨우셔야 합니다. 저는 아이 깨우는 신호가 노크입니다. 가서 "야! 안 일어나?" 하면 안 됩니다. 피곤할 텐데 엄마들이 안마 좀 해줘야 돼요. 게으름 속에 우울증이 있어요. 공부를 잘하는 아이들도 우울증이 있어요. 전교 2등하던 애가 있는데 계속 유지하거나 올라가야 하니까 우울해서 옆반에 가서 물건을 훔쳐요. 이런 청소년 우울증을 〈초자아 우울증〉이라고 부릅니다. 부모의 기대에 미치지 못할 것 같으면 아예 그 기대를 포기하도록 하려고 의도적으로 사고를 내는 경우입니다. 가끔 욕하면서 부모님께 달려들 때도 있어요. 그때 잘해줘야 돼요. 욕 속에 우울이 있으니까요. 아이가 욕할 때는 뭔가 이 아이에게 아픔이 있다는 거에요. 여기서 돌발퀴즈! 소년원에 오는 아이들의 특징은 뭘까요? 밥 먹을 때, 축구할 때, 여느 아이들과 다른 거 하나 없는데 소년원 오는 아이들이 다른 게 있다면 그건 바로 욱하는 성질입니다. 지금 욱하는 게 문제가 되고 있어요. 학교가 폭력으로 시끌벅적하지만 대체로 장난으로 그래요. 40%는 장난이고, 20%는 몰라서 그래요. 폭력의 나머지 원인이 바로 욱하는 성질입니다. 전달하는 방법을 몰라서 그래요. 먼저 부모들이 싸우지 말아야 됩니다. 그 감정이 아이에게 그대로 전해지거든요. 그리고 아이들에게 스트레스 주지 말아야 합니다. 외고 가라, 특목고 가라 이러지 말아야 됩니다. 그만 멈추셔야 됩니다. 굶어 죽지 않으니 걱정 말라고, 하고 싶은 거 하고 살라고 저는 그럽니다. 그래도 아이들은 스트레스 받아요. 그러니 그나마 집에서라도 스트레스 주지 말자는 겁니다. 그리고 애들에게 꿈을 강요하지 말아야 합니다. 이미 사회가 아이들에게 스트레스를 주고 있어요. 가정에서라도 이 아이들을 안아줄 수 있어야 됩니다. 어딘가 쉼터는 있어야 될 거 아니에요. 요즘 선생님들 다들 고생하십니다. 저녁에 피곤한데도 서울에 연수하러 가서 교육받고 오고….

이제 남의 몸에 손대는 시대는 종쳤습니다. 손대는 순간 자기 삶에 커다란 주름이 몇 년씩 갑니다. 재미로 했어도 폭력이고 몰라서 했어도 폭력이고 욱해서 했어도 폭력입니다. ADHD 아동의 학부모는 담임과 친구가 되어야 하고 우울증 아동 학부모는 자녀 친구와 친구가 되어야 합니다. ADHD라고 생각이 되시면 담임선생님과 친구하시고 아이가 조그만 변화라도 보이면 그걸 잡아내서 잘 보살펴야 합니다. 담임과 친구가 되어야 합니다. 우울증 아이의 친구와 친구가 되어야 합니다. 아픔이 있는 아이들은 비슷한 아이들끼리 같이 다녀요.

아이의 현재를, 가능성을 보자

저는 우리반 아이들에게 이렇게 얘기합니다. "반 친구들을 상대로 경쟁하기엔 다들 너무 훌륭하다. 전세계 사람을 대상으로 경쟁해라." 저희 딸이 초등학교 6학년 때 경시대회에서 39점 맞고 와서 막 기뻐하는 거예요. 자기보다 못하는 사람이 열 명도 넘게 더 있다고요. 근데 애가 주말만 되면 문구점, 팬시점 가서 물건을 막 사들여요. 그래서 고민되었죠. 39점 맞은 걸 공격하지 않고 물건 사는 걸 타박하지 않고 어떻게 얘기를 할 수 있을까. 그래서 얘기했습니다. "너는 제품 디자인을 해라." 여름방학 때 같이 명동 투어를 했죠. 전문 디스플레이어의 손길이 닿은 가게를 돌아보고 카레전문점에 가서 점심도 먹었지요. 아이가 어디서 들었는지 DSLR 카메라를 사달라고 하는데 그 대목에서 좀 고민했어요. 그때 이런 생각을 했죠. 제품디자인을 하려면 지금부터 좋은 작품들을 찍어놔야지! 해서 DSLR 60만 원짜리를 사주었어요. 이게 바로 39점 맞은 아이와 공존하는 법이죠. 부모가 자녀에게 보여줄 수 있는 가장 소중한 자산이 뭔가요? 행복입니다. 헬렌 켈러의 글 한 대목 읽어보죠. "행복의 문 하나가 닫히면 다른 문들이 열린다. 그러나 우리는 대개 닫힌 문들만 멍하니 바라보다가 우리를 향해 열린 문을 보지 못한다." 우리 아이에게 닫힌 문도 있지만 열린 문도 있어요. 그걸 봐주는 건 부모죠. 사소한 걸 봐주는 것이죠. 인정의 기준은 그 아이의 무엇일까요? 남과의 비교가 아니라 그 아이의 현재입니다. 절대 기준선은 그 아이의 현재입니다. 몇점 도달하면 뭐 해준다는 말 하지 마세요. 그렇지만 아이하고 목표를 서로 협상해서 정하는 것도 방법 중 하나입니다. 처음에 내적 동기가 일어나면 나중엔 스스로 자긍심을 느껴 잘합니다. 시험 기간에 잔소리 말고 반찬이나 잘해주세요. 그러면 아이가 "어? 엄마가 왜이러지? 시험기간이라서?"하고 스스로 깨닫고 잘합니다. 시험기간엔 에너지 소모가 많은 기간이니 특별히 잘 차려줍시다. 그리고 실제로 학생들이 좋아하는 언어는 이런 것입니다. "가능성이 보인다." 이 말을 "너 참 잘한다"라는 칭찬보다 더 좋아합니다. 발전의 가능성을 말해주는 것이죠. 칭찬 언어보다는 고맙다, 기특하다, 감사하다 같은 감정언어를 사용하는 것이 좋습니다. 성취한 것에 대한 칭찬보다는 가능성에 대한 믿음을 더 좋아해요. "넌 할 수 있어" 같은 거요. 그리고 손으로 하이파이브 하거나 손뼉 마주치는 거 좋아해요. 시험 보는 날 아침에는 '로우 파이브'해주시고 좋은 표정으로 토닥토닥해주시고요. 예정에 없던 작은 선물도 좋아요. 공부중인 아이에게 간식을 주는 가장 좋은 타이밍은 언제일까요? 공부 시작한지 15분 됐을 때입니다. 가장 집중할 시간입니다. 우쭐해하며 공부하고 있을 때 간식을 주러 들어갑니다. 아이들에게 칭찬을 줄 타이밍입니다. 시험 첫날, 제과점에서 파는 고급 초콜릿을 사서 남편에게 전해줍니다. 아빠가 직접 산 것처럼 주라고 시켜요. 남편도 키우기 나름입니다. 그리고 시험 때 물을 마시면 성적이 좋아진다는 보도도 있습니다. 음료수 및 초콜릿을 통해 남편에게 아이와의 관계를 만회할 기회를 주세요.

지금까지 말한 거 잘 기억하시기 바랍니다. 끝으로 책 두 권 소개할게요. 『부모와 십대 사이』, 『다시 태어나는 중년』입니다. 『다시 태어나는 중년』은 원래 폐경기 중년 여성에 대한 전문 의학 책인데 좀 더 쉽게 읽히도록 만들어진 책입니다. 남편이 갑자기 싫어진 중년에게 추천해 드립니다. 마음공부로는 주1회 등산을 추천합니다. 도봉산 근처에 사시는 어머님들은 정말 행운이십니다. 자주 바람을 쐬셔야 됩니다. 도봉산에서 남편과 냇가에서 막걸리 한잔하다보면 다시 애정이 핍니다. 마주보기를 하셔야 돼요. 까칠한 우리 아이들을 위해 어른들이 다시 뭉쳐야 됩니다. 그래야 까칠한 아이들을 돌볼 수 있습니다.

✓ Tip

내 아이를 건강하고 안전하게 키우는 추천 도서 목록

"아이가 얼마나 까칠한지 말도 못 붙이겠어요!" 학부모총회 때마다 듣는 말이다. 십대 자녀와의 대화는 참 어렵다. 하지만 대화는 아이는 물론 가족 건강의 생명선이다. 학부모를 위한 필독서를 엄선해 정리했다.

❖ 자녀와의 대화에 도움이 되는 책

1. 『심리학, 열일곱 살을 부탁해: 대한민국 10대를 위한 유쾌한 심리학』 이정현 지음, 걷는나무, 2010
2. 『내 아이를 위한 감정코칭』 존 가트맨, 최성애, 조벽 지음, 한국경제신문, 2011
3. 『아이의 사생활』 EBS 아이의 사생활 제작팀 지음, 지식채널, 2016
4. 『부모와 아이 사이』 하임 G. 기너트 외 지음, 양철북, 2003
5. 『스스로 도전하는 아이의 인생에는 막힘이 없다』 EBS 기획 다큐멘터리–동기 지음, 거름, 2007
6. 『칭찬은 고래도 춤추게 한다』 켄 블랜차드 지음, 조천제 옮김, 21세기북스, 2014
7. 『남자아이 여자아이』 레너드 삭스 지음, 이소영 옮김, 아침이슬, 2017
8. 『열받지 않고 십대와 싸우는 법』 루이즈 펠튼 트레이시 지음, 이양준 옮김, 글담, 2003

❖ 자녀의 진로지도에 도움이 되는 책

1. 『강점지능 살리면 뜯어 말려도 공부한다』 다중지능연구소 엮음, 아울북, 2006
2. 『지력혁명: 평범한 사람도 비범한 성취를 가능케 하는』 문용린 지음, 비즈니스 북스, 2009
3. 『공상이상 직업의 세계 – 청소년을 위한 문화콘텐츠 직업 이야기』 김봉석 외 지음, 한겨레출판, 2006

4. 『내게 맞는 직업은 뭘까?』 도나 더닝 지음, 임정재 옮김, 재승출판, 2008

❖ 자녀의 정서적 문제 이해에 도움이 되는 책

1. 『행복을 훔치는 도둑, 우울증』 토르실 베르게, 아르네 레폴 지음, 손화수 옮김,
   문예출판사, 2007
2. 『ADHD의 이해』 크리스토퍼 그린 킷취 지음, 민지사, 1999
3. 『리틀몬스터–교수가 된 ADHD 소년』 Robert Jergen 지음, 조아라, 이순 옮김,
   학지사, 2005
4. 『용서가 있는 삶』 딕 티비츠 지음, 한미영 옮김, 알마, 2015

❖ 부부간의 소통과 중년의 이해에 도움이 되는 책

1. 『다시 태어나는 중년』 이상춘 지음, 한문화, 2009
2. 『왜 사랑하기를 두려워하는가: 사랑에 관한 심리학 강의 16장』 한스 옐루세크
   지음, 김시형 옮김, 교양인, 2008
3. 『엄마의 마흔 번째 생일』 최나미 지음, 사계절, 2012
4. 『엄마, 외로운 거 그만하고 밥먹자』 장차현실 지음, 한겨레출판, 2008
5. 『욱하는 성질 죽이기』 로널드 T. 포터 에프론 지음, 전승로 옮김, 다연, 2007
6. 『이혼, 부, 모, 아이들–당당한 관계를 위한 심리학』 리처드 A. 워샥 지음, 황임란
   옮김, 아침이슬, 2005

부록 / 방학 편

Leaders are more powerful role models
when they learn than when they teacher. – Rosabeth Moss Kanter
지도자는 가르칠 때가 아니라 배울 때
더욱 강력한 역할 모델이 된다. – 로사베스 모스 캔터

✓ Tip
여행 직무 연수

신샘

방학 중 해외여행(공무 외 해외여행)을 연가로 올릴 때와 제41조 연수로 올릴 때의 차이점이 뭔가요? 관리자 분들이 연수로 처리하는 걸 꺼리셔서요.

한샘

연가로 쓰실 경우 선생님의 연가 일수에서 빠지고 공무 외 해외여행 계획서 및 보고서를 제출하지 않으셔도 되지요. 41조 연수로 가시게 되면 말 그대로 연수이기 때문에 가시기 전 계획서 작성 및 다녀오신 후 보고서를 제출하셔야합니다

심신의 부조화로 부득이 쉬어야 할 경우 병가 2개월을 다 쓴 후 연가를 쓰게 되어 있는데 그런 연가를 먼저 소진하도록 하는 건 납득하기 어렵겠네요. 계획서를 정성껏 써서 제출하면서 이런 말씀 드리고 혹시 그래도 어려워하시면 해당 교육청 교원정책과에 문의를 해봐도 되겠는지 정중히 여쭤보세요.

방학을 앞두고 단체대화방에서 나눈 대화다. 방학 중 교사가 집에만 있다면 직무유기가 된다. 교사의 방학 중 여행을 교육공무원법 제41조(연수기관 및 근무 장소 외에서의 연수)로 하도록 하는 공문이 오래전에 시행되었다. 교사에게 여행은 41조를 넘어 직무연수로 인정되어야 한다고 본다.

그리스 고린도 운하에서: 꼬리야 일어나라

나에게 겨울방학은 새해 구상의 화두를 찾는 기간이다. 이번에 그리스와 터키 여행을 위한 가방을 꾸리면서 곰곰 생각한 끝에 『What Great teachers do differently』(Todd Whitaker)와 역서 크리스 앤더슨의 『롱테일 경제학The Long Tail』(크리스 앤더슨 지음, 이호준 외 옮김, 랜덤하우스코리아, 2006)을 가방에 넣었다. 화두 찾기에 도움을 얻기 위해서였다. 버스로 엇비슷한 풍광을 지닌 시골길을 지날 때 등 틈이 나는 대로 읽었다.

『롱테일 경제학』을 챙긴 것은 향후 10년 혹은 그 너머의 교육생태계 변화를 읽을 수 있을 것 같았기 때문이다. 책은 제목 그대로 경제학 책이다. 영어교사가 웬 경제학일까. 아이들의 참여와 소통을 기반으로 한 내 수업이 교육 분야에서 선행 모델이 없어 부득이 변화에 가장 능동적일 수밖에 없는 경제 분야에서 도움을 받고자 해서다. 최근 10여 년 동안 방학 중에 읽은 책 대부분이 웹기반 경영학 책일 수밖에 없었다.

책의 내용은 이렇다. 거대 방송과 신문사가 주도해오던 대중문화는 이미 정체 혹은 하향세를 보이고 있다고 한다. 이것은 인터넷을 기반으로 한 디지털 혁명을 통한 변화의 물결이다. 롱테일^{The Long Tail}이라는 소위 〈긴 꼬리 현상〉이라고 불리는 이 용어는 유명 IT 잡지인 「와이어드^{Wired}」의 편집장 크리스 앤더슨이 구글, 아마존 등 사업적으로 성공을 이룬 유명 IT 기업들을 연구하는 과정에서 만든 단어라고 한다. 이들에게서 공통된 특징은 상품의 다양성인데 온라인 매장이라는 것은 오프라인과 달리 진열할 수 있는 상품의 개수가 무한대이며 다양한 사용자들이 이를 접할 수 있다. 롱테일은 이러한 다양한 상품에 대한 소비자 욕구가 긴 꼬리를 이루고 있으며, 실제로 이러한 의미 있는 매출 효과를 낳고 있다고 한다. 롱테일과 대조되는 것이 〈80:20의 법칙〉, 즉 〈파레토의 법칙〉이다. 이 법칙은 20%의 상품이 매출의 80%를 발생시킨다는 이론으로 전통적인 마케팅에서 흔히 이용되는 방법이다. 백화점이나 소매점에서는 잘 팔리는 20%에 집중되고 나머지 제품은 재고 창고에서 자리만 차지하다 사라진다는 것이다.

오프라인에서는 유통의 마케팅 비용 때문에 다양한 제품이 사용자들에게 선보일 기회도 없이 사라지게 되지만 재고나 유통에 드는 비용이 종래 소매점보다 훨씬 저렴한 온라인에서는 그간 간과됐던 80%의 상품도 진열할 수 있게 된다. 아마존이나 이베이 등에서는 매장에 진열되지 못했던 도서나 중고 물품을 틈새시장으로 발전시켜 전체 매출의 20~30%를 차지하고 실제 이익 면에서도 50%에 달하는 현상을 보여준다. 이러한 새로운 유통 모델이 만들어지고 있다는 것이 바로 긴 꼬리 현상, 즉 〈롱테일 이론〉이다.

처음 〈80:20의 법칙〉을 접했을 때 많은 분야에 이것이 적용되는 것 같아 놀라기도 했다. 교육 부문에서 "창조적 소수가 전국민을 먹여 살리는 시대"라고 호들갑을 떨었던 것도 바로 그때쯤이었다. 하지만 팔리기를 기다리는 상품 분야에서는 그럴지도 모르지만 사람이야 어느 분야의 상위 20%가 모든 분야의 상위가 될 수도 없으려니와 또다른 관점에서 볼 때는 그들이 꼬리에 위치한 사람일 수도 있다. 창조적 소수가 회사의 매출액을 획기적으로 늘릴 기획을 할 수는 있겠다. 그러나 그 매출을 실제 실현시키는 사람은 소수의 그들이 아니라 다수의 노동자들이다.

몇년 전 중국 진시황의 병마용 유적지에 갔을 때다. 가이드가 구경을 마치고 나오면서 이 발굴터의 입장료가 1인당 만 원인 데 하루 평균 3만 명이 다녀간다고 했다. 놀라는 우리를 보고 연변 출신 가이드는 이렇게 말했다. "병마용을 만드는 데 참여한 인민들은 병마용의 비밀 유지를 위해 모두 살해되었습니다. 중국 사람들은 인민을 희생시켜 만든 병마용이 중국의 인민을 먹여 살리고 있다고 우스개처럼 말하곤 합니다."

만리장성도 이와 크게 다르지 않다. 그러나 진시황이라는 천재 덕분이 아니라 실은 삶의 저 끄트머리에서 진시황의 혹사에 신음하고 무참히 죽어간 이들 덕분이 아닐까.

이번 그리스 여행에서 세계 3대 운하 중 하나라는 고린도 운하를 방문했다. 이 운하는 펠로폰네소스 반도로 돌아가는데 걸리는 시간을 절약하기 위해 만든 것으로, 가이드의 설명에 따르면 로마의 네로 황제가 1,000명의 노예를 데리고 와 금으로 된 삽으로 시공했으나 그의 죽음으로 중단되었다가 19세기 말에 완공된 것이라고 한다. 지금은 운하의 역할뿐 아니라 고린도 최대의 관광자원 역할을 하고 있다. 하지만 네로 황제의 창의성 덕분에 고린도 운하가 만들어져 현재까지 그리스의 중요한 관광자원이 되었다고 하는 것은 지나친 비약이리라. 〈80:20의 법칙〉을 교육계에 적용하려는 것 역시 우리 교육의 최고 이상인 홍익인간의 이념과 배치되려니와 디지털 시대가 되면서 더 이상 현실과도 맞지 않게 되었다.

돋보이는 인기 상품만으로 우리가 살아가는 것이 아니다. 오히려 인기 상품 위주의 경영학이나 수월성 위주의 교육철학은 제한된 자원과 공간을 지닐 수밖에 없었던 시대에서 온라인 시대로 전환되면서 절로 힘을 잃을 가능성이 높아졌다.

책을 읽으면서 나는 흥분을 감출 수 없었다. 디지털 시대에 일등 위주의, 인기 대학 위주의 교육이 종말을 고할 수밖에 없겠구나, 빛을 발하지 못하고 긴 꼬리에 있던 우리 아이들이 점차 제 빛을 발할 수 있겠구나….

이제 교사들은 한걸음 더 나아가 꼬리를 들어올려 평평한 그래프를 만드는 역할을 해야 할 것 같다. 앞으로 교사 자신도 모르게 인기 상품 위주의 교육 이데올로기에 사로잡혀 있어 꼬리 부분을 제대로 볼 수 있는 눈이 아직 미약하다고 본다. 새해에는 꼬리에 있는 아이들을 위한 틈새시장을 노리고 그들이 자신만의 분야로 굳건히 발전시키는 데 도움을 주고 싶다.

아고라에서 중앙정보부를 생각하다

아테네 시내를 다니면서 흥미로웠던 것은 로터리쯤 해당하는 곳이면 어김없이 광장이 가운데 자리한 모습이었다. 가이드 이영란 씨에 따르면 그리스에서는 아고라라 불리는 광장의 문화가 고대에서부터 이어져 내려와 지금도 그런 전통을 지켜오고 있단다. 아테네 사람들은 정보를 나누고 습득하는 주된 방법으로 광장에서의 대화를 이용했단다. 그 설명을 들으니 소크라테스가 대화를 통해 제자들의 깨달음을 얻게 했다는 〈산파술〉이 떠올랐다. 해박하고 깊은 지식으로 우리 일행을 즐겁게 해주던 이영란 씨는 이어 "우리나라의 문화는 이와 달리 비기秘記의 문화이지요"라고 하면서 비기를 자식 세대에게 제때에 물려주지 못하고 죽어 주위를 안타깝게 했다는 배꼽 잡는(아마도 꾸며낸) 일화 두어 편을 들려주었다. 지식정보사회 혁명이 교육에 갖고 오는 변화에 관심을 갖고 있는 교사로서 그 말이 무척 의미심장하게 들렸다. 어찌된 일인지 나 자신도 어렸을 때부터 정보는 나만이 간직해야 하는 비밀이라는 인식이 있었다. 게다가 권위주의 시대 정권의 친위기구로 숱한 민주인사들을 고문과 조작으로 고통에 빠트린 기구가 '중앙정보부'라는 이름을 가지고 있어 정보라는 말에 대한 부정적인 인식이 더욱 심했던 것 같다. 하지만 다행히도 디지털 원주민digital native

라 불리는 1995년 이후 세대에게 정보는 확연히 다른 개념이다. 그들은 지식의 공유를 통해 자신의 능력을 과시하기도 하지만 그런 공유 활동이 엄청난 자기 발전을 가져온다는 것을 경험한 세대다. 그래서 국내 포털사이트의 지식 검색에는 사용자인 네티즌들이 올려놓은 엄청난 양의 정보가 축적될 수 있었다. 교실에 종종 쥐가 들어와 사물함 뒤에 숨는데 쥐를 퇴치하는 방법을 단번에 찾은 곳도 인터넷이다. '쥐를 퇴치하는 법'을 검색하니 이미 여러 건의 지식이 올라와 있어 간단히 해결할 수 있었다. 재미있는 것은 검색의 세계 최고로 자리 잡은 구글에서는 정작 이 내용으로 검색이 되지 않았다. 이상해서 왜 그런가 하고 검색을 해보니 국내 일부 포털의 경우 자신의 웹 사이트에서 검색로봇의 검색을 막고 있다는 것이다. 〈검색로봇 규약〉이라는 것이 있어서 검색로봇 거부권을 행사할 수 있도록 되어 있다는데 그 규약의 취지는 한 개인의 정보 유출 위험을 막기 위함이었다고 한다. 그런데 국내의 일부 검색 사이트는 검색로봇 규약을 자사의 자료를 독점하기 위해 사용하고 있다. 사용자들이 자유로운 이용을 위해 공개한 지식과 정보를 독점하여 우물 속의 제왕이 되려는 것이다. 포털들은 또 다른 지식정보 민주화사회를 가로막는 '21세기 중앙정보부' 역할을 하며 나라의 발전에 장애물이 되고 있다. 나눌수록 커지는 것이 정보이거늘…. 저들이 음침한 울타리 안에서 아고라로 걸어 나와야 할 텐데…. 정보란 정을 보듬고 나누는 것이거늘….

맹견의 재롱

아테네 파르테논 신전 입구에서 기막힌 장면을 보았다. 우리나라에서
는 맹견으로 분류될 덩치 큰 개들이 관광객이 가는 도로변에 아랑곳
않고 누워 잠을 자는 모습이었다. 가이드 이영란 씨 설명에 따르면 그
리스 사람들은 개를 사랑해서 개들이 이처럼 아무 곳이나 목줄 없이
다닐 뿐 아니라 사람들이 하도 예뻐해서 사람을 보면 늘 꼬리를 흔들
며 다가와 쓰다듬어 주기를 바란다는 것이다. 정말 그럴까 궁금해 꼬
리를 흔들며 다가오는 개를 쓰다듬어 주었다. 그랬더니 이 녀석이 아
예 '클 태^{太}' 자로 벌렁 누워버리는 것이 아닌가? 파르테논 신전에서만
그런 것이 아니었다. 어디를 가든 개들은 사람들의 귀여움을 받고 있
었다.

그리스에서 둘째 날 아침, 큰 아이 영찬이가 간밤에 꿈을 꾸었는
데 개에게 고추가 물리는 꿈이었단다. 가족이 모두 웃었다. 물려서 아
픈 느낌이 지금도 고추 끝에 남아 있다고 했다. 곰곰 생각해 보니 영
찬이는 어제 개 근처에는 얼씬도 하지 않았던 것 같다.

"아빠가 보기엔 영찬이가 개를 무서워해서 그 기억이 꿈으로 나타
난 거 같다."

"아니에요, 개가 더러워서 만지지 않은 거예요."

"하하, 그런 걸 합리화라고 해. 꿈은 기억의 저장창고에서 잠든 사이 제각각 역할극을 하는 곳이지."

프로이트는 1900년에 『꿈의 해석』이라는 책에서 꿈을 무의식적인 요소가 잠을 자는 동안 표출되는 것이라 설명했다. 사람은 자신이 의식하기 두려워하는 대상을 무의식 속으로 억압한다. 하지만 잠이 들어 사람의 의식이 억압하는 정도가 약해지면 무의식적인 요소들이 꿈을 통해 나타나는 것이다. 무의식적 요소들은 불안을 일으키는 경우 다양하게 왜곡 또는 치환된 형태의 꿈으로 나타난다.

동북고 가족이 첫 야식을 즐기며 이야기를 나누던 1월 21일. 에게해에서 보낸 그날 밤 나는 동북고로 복직하는 꿈을 꾸었다. 설레는 마음으로 동북고를 어떻게 바꿔 나갈까 고민하는 꿈이었다. 꿈에서 돌아가신 박재천 교감도 뵈었다. 이처럼 꿈은 억압된 기억의 놀이마당이다.

내가 등산을 시작한 건 1999년, 과로로 병가 2개월을 지내고 난 다음부터다. 등산 초창기에 아주 이상한 일이 있었다. 산행 도중 자꾸만 다른 사람의 모습에서 교직에 처음 발을 내디뎠을 때 나를 힘들게 했던 주임 선생 얼굴이 떠올랐다. 헤어진 지 10여 년도 더 지났는데 느닷없이 그 사람 얼굴이 왜 다른 사람 얼굴과 겹쳐 나타나 나를 놀라게 하고 미움을 되살리는지…. 이 어처구니없는 현상이 두 달 가량이나 산행 중에 계속되었다. 그런데 시간이 지날수록 그 사람에 대한 미움이 얇아지더니 어느 날 저절로 사라져버렸다. 최근 몇 년 사이 알게 된 것이지만 명상이나 상담의 심화과정에서 자기 마음을 들여다보는 일환으로 이런 것을 의식적으로 체험하도록 한단다. 자신을 억누르고 있는 무의식을 해소하는 과정이란다.

내가 거의 매일 산에 다니다시피 하면서 아내는 콩알 만했던 내 속이 주먹만 해진 것 같다며 이제는 내가 산에 안 가면 오히려 불안해한다. 등산이라고는 해도 느려터진 성격 그대로 어기적거리며 걷는다. 어머니 말씀대로 행여 땅이 꺼질까 두려운 듯이 살살 걷는다. 그것도 늘 혼자서. 어떤 분은 혼자 다니면 심심하지 않느냐고 묻는다. 뭐, 그러려고 가는 것인데.

산에서 내가 보고 느끼는 것은 나무와 하늘과 흙이다. 그런데 이들이 슬픈 마음을 달래주기도 하고 교만에 찬 가슴을 녹여주기도 한다. 어느덧 산행은 나의 마음 공부방이 된 듯하다. 이제는 사흘을 산에 못 가면 가슴이 아려온다. 산이 내게는 교회, 성당, 절과 같은 역할을 하게 된 것이다. 아마도 평생 이렇게 살게 될 것 같다. 사랑받으면 맹견도 애완견이 될 수 있다는 아테네의 교훈처럼 자연의 품속에서 나도 마음속 경계를 허물며 아이들을 온전한 눈으로 바라볼 수 있을 것 같았다.

터키식 샐러드

그리스와 터키 여행을 다녀온 직후 우리 집 식탁이 전에 없이 풍성해졌다. 영찬이가 아침을 빵으로 먹겠노라 하면서 엄마에게 바게트라는 빵과 슬라이스 햄, 사과, 오렌지, 샐러드 등을 준비해 달라고 했고 이 요구를 아내가 받아들였기 때문이다. 아침 밥상을 보니 무슨 잔칫상 같아 카메라로 사진 한 장 찍어 두었다. 출근 준비로 바쁠 아내가 이렇게까지 아침을 준비하니 왠지 마음 한켠에 불안한 마음이 스쳐갔다. 그러지 않아도 늘 바쁜데 이렇게 여러 가지를 준비하고 치우자면…. 아니나 다를까 아내는 연신 둘째 영현이에게 빨리 밥 먹어라, 옷 입어라 하며 잔소리를 퍼붓는다. 결국 아침 설거지할 시간마저 없어 시어머니께 부탁을 하고 부랴부랴 인사도 못 하고 나간다.

며칠 전 저녁에는 한바탕 소동이 일었다. 영찬이가 저녁 식탁에 오른 샐러드가 맛이 없다며 짜증을 낸 것이다. 터키에서부터 감자샐러드를 해달라고 졸랐다. 터키 여행 중 영찬이는 아내에게 식탁 위에 놓인 샐러드를 포크로 가리키며 "엄마, 샐러드 이렇게 해주세요"라고 했었다. 아내는 반복되는 아들 녀석의 주문에 짜증이 난 듯 "알았어, 맛있게 해주면 되잖아"하며 말을 막으려 했다. 그때 내가 개입했다. "영찬아, '이렇게'라는 말은 구체적으로 무엇을 뜻하니? 분명하게 말하지 않으면 엄마는 알 수가 없어요"라고 말했다. 영찬이는 "아, 그냥 이렇게만 해주면 된단 말이에요."라고 했다.

　　이 일을 상기시키며 "거봐라, 내가 구체적으로 말하라고 했잖니? 니가 원하는 것이 뭐야?"했더니 "드레싱 말고 마요네즈 뿌려주세요"라고 했다. 맛이 없는 이유를 콕 집어 말하기 어려워 그만 그 선에서 접으려 한 듯하다. 애써 준비한 드레싱인데 아내는 어이없어 하며 "이제 그만 알았으니까 먹든지 말든지 해"라고 거의 고함을 쳤다. 이런 일은 3대가 함께 사는 우리 집에서 좀처럼 보기 힘든 일이다. 나는 '아니 이것들이 어디서 소리를 지르고?'하며 욱 화가 치밀었다. 내가 위가 별로 좋지 않아서 애들끼리 아웅다웅하더라도 밥상머리에서만큼은 늘 자제하도록 해온 터라 더욱 화가 치밀어 "어디 밥상머리서 큰소리들이야!"라고 그만 먹던 밥그릇을 싱크대 위로 내던졌다. (이렇게 하면 안 되는데, 이건 또다른 폭력인데 싶었지만 그만 일을 저지르고 말았다.) 불쑥 일을 내고 머쓱해서 어디 몸 둘 곳이 없어 그냥 거실 쇼파에 앉아 있었다. 한 5분여를 지났을까? 큰 녀석이 방에 들어갔다 나와 무릎을 꿇고 종이 한 장을 내밀며 말한다. "아빠, 죄송합니다. 다시는 안 그러겠습니다." 눈물까지 흘리면서…. 쪽지에는 가족을 배려하지 못한 자신을 용서해 달라는 내용의 글이 적혀 있었다. 내 행동에 나 자신도 멋쩍었던 터라 나는 정말 탈출구를 만난 느낌으로 "영찬아, 고맙다"하며 우는 아이를 보듬어주었다.

그날 우리는 소통 방식의 미숙함을 모두 드러냈다. 영찬이는 구체적으로 자신의 의사를 표현하지 못했고 아내는 아내대로 상대방의 진의를 해석하려는 노력이 부족했고 나와 아내는 상황마다 피어오르는 분노를 그때그때 말하지 못하고 그만 불쑥 화를 내고 말았다. 사태가 걷잡을 수 없이 되어버린 것이다. 평소 감정 표현의 도사가 되자며 강의를 하고 다니면서…. 역시 의사소통은 반복해서 훈련해야 한다. "나는 니가 …하면 기분이 …해져"를 아예 관용어구로 해야 한다. 영찬이는 자신의 머릿속에 있는 요구를 말로 전달할 수 있어야 한다. 말로 해도 오해가 생기는데 말 않고 이해받기를 원하는 것은 교만이다. 생각과 가치관이 다를 수밖에 없는 3대가 같이 살아가려면 수다쟁이가 되는 수밖에 없다.

그래도 건질 만한 소통의 모범이 있었다면 바로 영찬이었다. 사과할 일이 생겼을 때 바로 토 달지 않고 자신의 잘못에 집중하여 용서를 구한 것이다.

소통 능력은 가장 기본적인 리더십이다. 우리 모두 격려하고 실천해서 배워야 한다. 우리 모두 수다쟁이가 되자. 나의 생각과 느낌을 정확하게 표현하고 상대방의 생각과 감정을 잘 이해하기 위해서….

아고라폴리스 대토론: 역사는 발전하는가

파르테논 신전 부근을 아고라폴리스라고 한단다. 이곳은 민주정치의 요람이 아니던가? 가이드의 안내로 파르테논 신전과 박물관 관광을 마치고 나서 자유시간이 잠시 주어져 삼삼오오 사진을 찍은 다음 파르테논 신전 서쪽, 둘러앉을 수 있을 만한 바위 위에 옹기종기 모여 앉았다. 하늘이 도운 덕에 어제 오늘 그야말로 구름 한 점 없는 날씨라 우기雨期라는 게 믿을 수가 없을 지경이었다. 어찌나 햇볕이 따가운지 선글라스를 준비하지 않은 것을 후회했다. 하지만 그늘진 곳에 들어서면 묘하게도 서늘한 기운이 있어 파르테논 신전의 그림자 속에서 달콤한 휴식을 취할 수 있었다.

일행 중 철학과 출신의 윤 선생에게 아테네의 철학에 대해 한 말씀 청해 듣지 않을 수 없었다. 윤 선생은 사전 준비도 없이 일행의 시선을 한몸에 받게 되자 처음 잠시 당황하는 듯했지만 이내 이야기보따리를 풀어놓았다. 현명한 사회자 최 선생은 소크라테스가 "악법도 법"이라고 했다는 말에 대한 해석을 청했다. 윤 선생은 소크라테스가 직접적으로 "악법도 법이다"라는 말을 한 적도 없거니와 그런 말을 했을 거라고 해석할 수 있는 근거조차도 찾을 수가 없다고 했다. 오히려 소크라테스는 자신의 철학적 신념을 굽히지 않겠노라는 신념과 용기로 스스로 독배를 택했고 그래서 묵묵히 죽음을 받아들인 것으로 보인다고 했다. (유관순 여사가 옥사하시면서 "악법도 법이기에 나는 따르겠노라"했다고 상상해보자. 그러므로 우리는 모든 악법에 순종해야 한다고 아이들을 가르칠 수 있을까? 과거 권위주의 정권의 억압적인 법 집행을 정당화하는데 악용되었을 뿐임을 다시 한 번 깨달을 수 있었다.)

윤 선생의 명징한 설명에 고무된 최 선생은 "역사에 대해서는 어떻게들 생각하시나? 요즘 우리나라 꼴을 보면 그저 반복되는 것이 아닌가 생각이 드는데…"라며 특유의 장난기 어린 짓궂은 표정을 드러낸다. 여행 도중 황당하기 그지없는 썰렁한 질문일 수 있을 테지만 뉘엿뉘엿 해가 저무는 아고라폴리스 광장에서 우리는 모두 철학자가 되어서 진지하게 한마디씩 거들었다. 현재의 정치권에서 고전을 면치 못하는 민주세력의 모습에 한숨을 쉬는 사람도 있었다. 수구세력의 준동에 비관하는 이도 있었다. 하지만 정권이 곧 역사이겠는가? 정권이야 적절히 대립과 긴장 속에 오고 가는 것일 터. 그 안에 사는 민중들이 삶 속에서 관행에 저항하며 끊임없는 관심과 노력으로 인권과 민주화를 향하여 하루하루 노 저어가는 것이 곧 발전일 것이요, 그 노력의 총집합이 곧 역사 아닐까? 군이 정치를 포함하여 생각한다 해도 역사는 잠시 되돌아 갔다가도 또다시 나아가게 되어 있다. 껍데기뿐인 개혁은 그 어느쪽이든 곤란하다는 교훈을 이자로 주면서.

우리는 학교안의 인권과 민주화에 일신우일신日新又日新의 노력을 기울일 뿐이다. 그 자체가 발전이므로.

아주 오래된 미래

이번 여행에 우리 집 두 아이와 예리네를 제외하고는 동북고 교사모임 다른 가족의 아이들은 참여하지 못했다. 여행 사나흘 전에 이 말을 전해들은 영찬이는 일순간 긴장하더니 한동안 얼굴이 굳어져 있었다. 지호, 보연이, 슬이, 경이 없이 여행을 간다는 걸 상상하기 어려웠던 듯하다. 내내 한마디도 않더니 다음 날엔가 동생 영현이에게 볼멘 소리를 했다. "너 알아? 동북 애들 너하고 나만 간대!" 대학생이 된 예리야 더 이상 아이는 아니니 그 말이 맞다. 영현이 대답이 걸작이다. "그럼, 여행 가서 또 오빠랑 싸워야 된단 말이야?"

둘은 방학 내내 아웅다웅 싸운다. 싸운다고 해봐야 동물의 왕국에서 사자 새끼들이 서로 뒤엉켜 뒹굴고 때로는 무심결에 발톱으로 가벼운 상처를 주는 정도지만 옆에서 지켜보는 입장에서는 여간 힘겨운 게 아니다. 사자들이야 너른 초원에서 엉겨붙지만 창문도 꼭 닫고 사는 밀폐된 겨울 실내공간에서 그 모습을 지켜보기란 여간 어려운 일이 아니다.

터키행 비행기 좌석이 만원인지라 가족들이 뿔뿔이 흩어져 앉았다. 두 아이는 굳이 나란히 앉기를 원했고 비행하는 내내 사이가 좋았다. 싸우긴 해도 미움이 마음 속 깊이 자리 잡고 있지는 않다는 증거일 것이다. 하지만 여행 내내 서로 "안 빌려줘", "알았어, 미안, 때려" 이 시리즈는 하루에도 수십 번 계속되었다.

우리 가족은 3세대가 같이 사는데 방이 세 개뿐이라 사내인 영찬이 공부방은 베란다에 공사를 해 방을 들여 쓰고 있지만 시험 때가 되면 아파트 소음 때문에 영현이 방을 빌려 쓰는데 방을 빌려주니 안 빌려주니 하면서 아옹다옹하곤 했다.

우리 부부는 이 남매간의 다툼이란 것이 대체로 구경꾼이 있으면 더 심해지는 경향이 있다는 것을 은근히 눈치채게 되어서 가능하면 개입하지 않고, 나아가 못 본 척하기를 하려고 애쓴다. 그런데 아이들은 굳이 부모 눈앞에까지 와서 시위를 하며 복장을 뒤집어 놓고는 한다. 한마디로 부모가 애들 싸움에 감정적으로 말려드는 것이다.

〈못난 행동 외면하기〉는 켄 플리차드의 저서『칭찬은 고래도 춤추게 한다』의 핵심이다. 켄 플리차드의 다른 책『하이파이브』에 나오는 〈동기부여 3R 전략〉은 이미 내가 평생 급훈으로 사용하고 있었다. "서로 늘 인정하고 격려하자."『하이파이브』에서 바람직하지 못한 행동을 어떻게 변화시킬 것인가에 대한 내용이 부족했던 점이 아쉬웠는데,『칭찬은 고래도 춤추게 한다』에서 해결책의 단서를 제공해준 것이다.

사실 아이들의 다툼에 힘들어했던 주된 이유는 아이들의 그런 행동을 우리가 '지켜보았다'는 데 있었다. 주목받는 행동은 강화되기 마련이다. 설사 그것이 긍정적인 것이든 부정적인 것이든.

여행에『롱테일 경제학』과 함께 가져갔던 토드 휘테커Todd Whitaker의

『위대한 교사는 무엇이 다른가^{What Great Teachers Do Differently}』에서는 12장을 〈외면하는 능력^{Ability to Ignore}〉에 할애하고 있다. 여기서 저자는 작은 소동^{trivila disturbances}을 무시하여 부적절한 행동이 일어나는 상황을 악화시키지 않으면서 학생들의 성취에 주목하고 칭찬하는 능력이 있어야 훌륭한 교사라고 말한다. 마치 수십 가지 요리가 준비되고 있는 복잡한 주방 안에서 한 치의 흐트러짐도 없는 요리사처럼!

알고 보면 행동교정의 원리란 것이 그렇게 복잡하지 않다. 「우리 아이가 달라졌어요」라는 프로그램에서 보여주는 부적절한 아이 행동의 교정 과정이나 동물의 부적절한 행동 교정 과정을 보여주는 프로그램을 시청하다보면 그 유사성에 놀라게 된다. 언젠가 MBC에서 방영된 부부 스페셜 프로그램에서 들은 것인데 영국 BBC 방송에 개 훈련 전문가가 나와서 개가 성취를 보일 때마다 끊임없이 격려하고 인정해 주면 되듯이 남편에게 집안일 시키는 법도 마찬가지라는 내용을 방영했다가 남편들의 반발로 공식 사과까지 했다고 한다. 아마도 BBC측은 그렇게 사과 방송을 하고도 괄호 열고 코페르니쿠스처럼 이렇게 중얼거렸을 것 같다. "그래도 남편이나 개나 훈련시키는 것은 똑같거든!"

토드 휘테커는 같은 책에서 성취감과 자신감 있는 사람들조차 잘못을 지속적으로 지적받으면 자기방어 본능 때문에 움츠러들기 마련이라고 했다. 지속적인 비난^{Repeated Reprimand}이 결국 소외^{Rejection}를 낳게 되는 법.

못난 행동 외면하고 잘난 행동 귀신 같이 칭찬하는 센스가 필요하다. 뜻을 같이 하는 분들과 〈참여소통교육모임〉(http://ket21. njoysch-ool.net)을 만들었다. 처음 준비 회장을 맡았을 때는 모임의 이론적인 틀을 갖추어야 할 부담을 느꼈다. 하지만 참여소통의 원리야 이미 공자가 기원전 5, 6세기에 이미 설파한 바 있다. 참여해야 이해하게 된다는 것이 학문의 이치이다. ("Tell me, and I will forget. Show me, and I may remember. Involve me, and I will understand.")

아이들 행동교정의 원리나 참여소통의 원리나 모두가 다 아주 〈오래된 미래〉인 셈이다.

한밤중의 배관 수리 소동

터키 내륙 여행을 마치고 돌아온 이스탄불 호텔에서 작은 소동이 있었다. 호텔에 물이 갑자기 끊겨 예리가 샤워 중에 날벼락을 맞았다. 이러한 상황도 평생 잊지 못할 추억이 될 거라며 넘겼지만 정작 고장 수리에 나서야 할 호텔 프론트 직원들이 하는 질문이 걸작이다.

"프라블름Problem?"

(아니, 이 친구가! 물이 안 나온다는 데 그걸 질문이라고 해?)

30분이 지나서야 50대쯤 되어 보이는 기사 둘이 올라와 보수공사를 시작했다. 욕조와 수도를 고치는 데 한 시간쯤 걸렸을까? 변기 고치는 데 또 한 30분이 걸렸다. 밤 11시에나 일이 끝났을까? 급수 문제가 해결되자 이번에는 에어컨에서 바람이 나오지 않아 또 그걸 고치느라고 30분 정도를 허비했다. 그런데 고치는 과정을 지켜본 나는 이상하게도 화가 나지 않았다. 가이드 최지원 씨가 알려준 그들의 인샬라 정신을 이해해서가 아니었다. 저녁에 일행과 마신 술이 불콰하게 올라와 기분이 좋기도 했지만 나는 그들이 공사하는 모습을 내내 즐거운 마음으로 지켜보았다. 피로도 겹치고 잠도 부족한 터에 왜 짜증이 나지 않았을까?

문득 대학 1학년 여름방학 때가 생각났다. 아버지께서 연립주택의 배관공사를 도급 맡아 하실 때 나도 아르바이트 삼아 따라나선 경험으로 배관 일을 잘 알고 있다. 그래서 공사하는 과정을 지켜보면서 물 사정이 안 좋은 이 나라의 배관 사정을 알게 됐다. 변기를 나중에 고친 것도 욕조와 세면기에는 상수도를, 변기에는 중수도를 쓰기 때문인 사정을 이해했다.

쉽사리 고쳐지지 않는 에어컨 때문에 집사람은 온갖 짜증을 내며 지켜보다 못해 먼저 쓰러져 자고 있었다. 나도 몰려오는 피곤에 담요를 얼굴까지 덮어썼다. 그때 벼락처럼 스쳐가는 생각이 있었다. "알면 관대해진다!"

1995년 이후 아이들은 급격하게 달라졌다. 앞에도 썼지만 요즘 아이들은 디지털 원주민^{digital native}이다. 그에 비해 교사들은 디지털 에일리언^{digital alien}을 자처하고 있다. 외계인이 원주민을 이해할 수 없는 일인데. 디지털 이민자^{digital immigrant}라도 되어서 원주민인 척이라도 해야 살아남을 텐데…. 변화의 시기에 속앓이만 하고 있을 선생님들의 마음이 짠하게 느껴진다.

아이들을 이해하려고 애써야 하는데…. 아는 만큼 관대해지는데….

서유럽 단상

런던에서 배운 것들

어찌된 사연인지 알 수는 없지만 영국 일정이 단 하루인지라 강행군을 했다. 아침에 출근길 거리를 바라보니 아이들이 부모와 함께 등교하는 모습이 이채로웠다. 여기서는 그게 법이란다. 숙소에서 제공하는 아침식사가 대륙식이라는데 따뜻한 음식이라고는 계란 후라이 하나도 없다. 컵라면이나 뜨거운 커피와 함께 먹으면 그나마 낫다.

영국 운전석이 오른쪽에 있는 이유를 속 시원히 들었다. 런던에서 차의 시작은 마차였다고 한다. 지금도 마차 운행 당시의 길과 정류장은 물론이고 당시부터 운영되던 스낵코너가 시내 곳곳의 도로 한복판에 있다. 가이드의 설명에 따르면 당시 운전자는 왼손으로 고삐를 잡고 오른손으로 채찍을 사용했는데 휘두르는 채찍이 승객에게 맞지 않도록 오른쪽에 앉아야 했다는 것이다. 그래서 이후 자동차도 왼쪽으로 다니게 되었다고 한다. 건널목 바닥에는 차가 오는 방향을 주의하라고 〈Look right, Look left〉라고 페인트칠이 되어 있다. 아마도 관광객을 위한 배려이겠지만 이왕이면 영어를 모르는 사람들을 위해 그림을 사용했으면 하는 아쉬움을 느꼈다. 역마차 시절부터 기사 옆자리는 비워져 있었기에 오늘날까지도 택시 모양이 마차를 닮은 꼴로 설계되었다고 한다. 길이 복잡한 런던의 택시 기사는 2년의 교육을 받아야 면허를 얻는다고 한다. 버스나 트럭 기사는 거의 외국계인데 유독 택시 기사들만 백인이 많은 점이 그제야 이해가 된다. 영국 택시 회사의 이름에 역마차를 뜻하는 'coach'가 들어간 점도 그런 이유일 것이다. 우리 일행이 이용한 관광버스가 〈My Coach〉다. 차량과 관련된 용어가 역마차에서 유래했다는 것도 술술 이해가 되었다. 'pull up'이 '차를 세우다'의 의미가 된 것도 말의 고삐를 위로 잡아당기면 말이 서는 데서 유래했다. 현지에 거주한지 21년째라는 가이드에게 많은 설명을 들었다. 영국 사람들은 땅 밟고 살기를 좋아해서 아파트보다 주택형을 선호하며 오래된 집도 고쳐가며 사는 게 취미라고 한다. 석탄을 때던 당시, 런던을 스모그의 도시로 만들었던 굴뚝^{chimney}을 더 이상 사용하지 않는데도 그 모습을 그대로 유지하고 있다. 세계에서 가장 비싼 아파트가 영국에 있다지만 대부분의 영국 아파트는 가난한 사람들의 거주지이다. 우리가 관광한 곳은 1존이라 불리는 시내 중심가인데 길을 내기 위해 주택을 부수는 일이 없어 길이 매우 좁다. 'doubledeck bus'라 불리는 2층 버스는 이로 인한 교통난을 해소해 보고자 하는 필요에서 비롯된 것이다. 더블데크 버스가 모두 빨간 색인 것은 영국황실의 색이 'Red'여서다. 우체통 'post box'가 빨간색인 것도 우체통이 영국황실의 'royal mail'에서 유래했기 때문이다. 하지만 낡은 것만 있는 것은 아니다. 더샤드 빌딩^{the Chard}은 삼각형 유리구조물로 된 'the highest in Europe'이다. 오전에 테임스 강변의 타워브리지를 시작으로 출발해 국회의사당^{the British Parliament}, 웨스트민스터 사원^{Westminster Abbey}, 버킹검 궁전^{Buckingham Palace}, 하이드 파크^{Hyde Park}를 둘러보았다. 웨스트민스터 사원 입구에 "Pickpockets operate in this area"라 적힌 경고 문구가 이채롭다. 소매치기가 이 지역에 활개를 치니 주의하라는 뜻이다. 하이드 파크에는 디즈니 애니메이션 영화 「101마리의 개」에서 본 듯한 여러 종의 개들을 줄^{lead}에 묶지 않고 산책시키는 모습을 보았다. 개들이 짖지도 않고 사람에게 위협적이지도 않아 성대 수술이라도 시켰나 싶을 정도였다. 우리 나라 공원에서는 개들이 만나면 으르렁대고 싸우는 모습이 흔한데 이곳 개들은 그러지 않았다. 목줄 없이도 개 주인이 개를 잘 통제하고 있었다. 두 명의 주인이 손에 먹을 것을 쥐고 있다가 개가 바람직한 행동을 할 때마다 한 개씩 주는 모습이 이채로웠다. 이후 점심식사를 했다. 영국은 일 년에 250일이나 비가 오는 기후 탓에 작물이 잘 자라지를 못해 음식 문화가 크게 발달하지는 못했다는 것이 현지 가이드의 설명이다. 세계 각국에 중국, 일본, 이태리, 베트남, 타이 식당은 있어도 영국 음식점은 없지 않냐고 하는 말이 실감났다. 역시 다 잘하려고 해서는 안 된다. 선택과 집중이 필요하지 싶다. 모두 다 잘하려다 질식해가고 있는 우리 교육 현실이 떠올랐다. 점심식사 후에는 'the first museum in the world'인 대영박물관$^{British\ Museum}$에 갔다. 입장료는 무료이지만 대신 입구에 가마솥처럼 생긴 유리그릇에 자발적인 기부^{donate}를 받고 있었다. 대영박물관은 영국의 문화재보다는 메소포타미아, 바빌로니아, 아시리아, 그리스와 이집트 등 고대 문명의 유적들을 보존하고 있었다. 그리스 파르테논 신전에 있던 신들의 조각, 이집트의 잘 생긴 람세스 조각, 미라^{mummy} 등을 보았다. 이집트 벽화 속 여인들이 'make-up'의 원조였다. 머리를 짧게 깎고 가발을 썼다. 영화 「클레오파트라」의 주인공 모습이 왜 그런지 절로 이해가 됐다. "요즘 젊은

이들은 싸가지가 없다"는 말이 쓰여 있다는 로제타석을 마주하니 감회가 새롭다. 젊은 애들이 싸가지가 있는 사회는 발전이 멈춘 사회다. 오후 세 시를 조금 넘긴 때였는데 초등학생이 보호자 손을 잡고 박물관에서 나오는 모습이 많이 보였다. 박물관을 체험학습장으로 활용하는 모습이었다. 일정을 마치고 런던 웰링턴역에서 고속철을 타고 도버해협 해저터널을 통해 두 시간여 만에 파리북역에 도착했다. 잠자리에 드니 12시가 넘었다. 잠에서 깨니 새벽 세 시. 아내를 깨우지 않으려고 이불을 뒤집어쓴 채로 보고서를 쓰고 있다. 그러다 보니 도로 졸립다. 하지만 잠은 안 온다. 조바심을 낼 이유가 없다. 덕분에 이렇게 보고서도 쓰니 인생은 복불복이다.

파리의 싸움 구경

파리 뒷골목에서 점심을 먹고 나와 일행을 태울 버스를 기다리는데 골목 안에서 실랑이가 벌어졌다.
파리는 교통난 해결을 위해 공영자전거 시스템을 운영하고 있다. 어느 곳이든 저렴한 값에 빌려 타고 본인의 목적지 근처 자전거 주차장에 놓고 가면 된다. 자전거가 일부 지역에 몰릴 수 있으므로 자전거를 분산시키기 위해 트럭을 개조해 만든 듯 보이는 운반 차량이 자전거 주차장을 다니며 자전거를 분산시키는 것 같았다. 싸움의 발단은 좁은 길에 주차한 자전거 운반 차량이 정차 중 자전거를 수거하는 동안 뒤따르던 오토바이 운전자가 자전거를 치워달라고 한 데서 비롯된 듯하다. 차량 기사는 혼자서 운전도 하고 작업도 해야 했다. 자전거 한 대를 차에 실으려고 하자 오토바이 운전자가 자신이 먼저 지나가겠다는 듯 자전거를 오토바이로 툭 밀었다. 트럭 기사는 어이없다는 듯 흘 끗 쳐다보며 뭐라 말하고는 자전거를 차에 싣고 내려왔다. 화가 난 오 토바이 운전자는 오토바이를 뒤로 후진시켰다가 엑셀을 돌려 자전거 를 넘어뜨렸다. 우리 일행은 긴장하여 지켜보았다. 자전거 기사가 어 이없다는 몸짓을 하고 나서 자전거를 일으켜 세워 차로 옮겨 실으려 할 때였다. 바로 뒤를 따르던 오토바이에 타고 있던 30대 가량의 여인 이 손으로 트럭을 가리키며 오토바이 기사에게 뭔가 정식으로 항의를 하였다. 또 지나가던 40대로 보이는 신사분도 트럭을 가리키며 그를 나무라는 듯 보였다. 결국 오토바이 운전자는 당황해하며 그 공간을 조용히 빠져나갔다. 주변에 구경꾼 중 우리 일행을 제외하고 파리 시 민은 그 둘뿐이었다. 상황이 정리되고 나서 우리 가족에게 무엇이 인 상적이더냐고 물었다.

딸은 "사람 사는 곳은 어디나 다 똑같구나"하는 생각이 들었다고 했고 아내는 "싸우더라도 멱살을 잡지는 않는구나"라고 했다. 뒤에 있던 오토바이 탄 여인과 지나가던 신사가 오토바이 남자에게 항의하 는 모습은 못 보았냐고 물었더니 둘 다 인식하지 못했다고 했다.

나는 그 장면에서 이게 바로 프랑스의 살아 있는 민주주의구나 하 고 코끝이 찡했는데…. 쓸데없이 남의 일에 간섭하는 파리 사람들! 그 런데 소매치기 집시는 못 없애는 건지 안 없애는 건지 헷갈리기 시작 한다. 안녕 파리지앵!

파리를 떠나 랭스로 향하는 버스 안에서

패키지 여행 중 틈새 멍상

　이번 서유럽 연수도 여행사를 통한 패키지 일정이다. 그러다보니 원래 짜여 있는 일정에 맞춰야 하는 탓에 화장실 이용 시간마저 빠듯했다. 그런데 이탈리아 피사의 사탑 관광 여정 중 뜻밖에 한 시간이나 되는 자유 시간이 주어졌다. 패키지 여행 중에 쇼핑 같은 특별한 주제 없이 한 시간이나 주어지는 자유 시간은 매우 드문 일이다.

　일행에게 양해를 구한 뒤 내가 택한 자유는 매점 앞에서 커피 한 잔을 마시며 '멍상'을 하는 것이었다. 명상보다 내가 만든 '멍상'이라는 말을 나는 더 좋아한다. 교사 연수 출강 때도 정장을 하지 않고 평소 출근 복장인 등산복을 그대로 입고 간다. 일 무덤에 묻혀 사는 교사들에게 수시로 '멍상'이 절실하다는 메시지를 주기 위해서다. 교사의 복장은 이래야 한다는 내 나름의 콘셉트이다. 차 한 잔을 마주하며 유럽의 노천카페에서 노닥거리는 건 나의 오랜 로망이었다. 옆 좌석에서 담소 중인 두 젊은이와 사진도 찍고, 지나가는 금발의 여인의 뒤태도 먼발치서 한 장 찍었다.

　점심 식사 후인지라 따스한 날씨에 스르르 동공이 풀린다. 하늘이 기막히게 파랗다. 카메라에 담긴 하늘은 더 파랗기에 재빨리 사진을 찍었다. 햇살을 피해 앉았는데도 춥지 않고 늦봄처럼 그저 상쾌한 느낌이다. 잠시 정신을 내려놓은 채 살고 싶은 내 욕망을 슬금슬금 채워준다. 낯선 곳을 배회하며 정신줄 놓을 시간을 허하자. 그래야 세상이 모두 겨울인 날은 없었음을 떠올릴 만한 여유가 스며들 것이기에.

√ Tip
국외자율연수를 위한 공무 외 국외여행보고서 (예시)

1. 방문개요

가. 여행 목적: 학습자료 수집–서유럽 문화와 타이포그래피 활용 현황

나. 근거: 국외자율연수를 위한 공무외국외여행

다. 방문기간: 2015. 1. 6.~2015. 1. 17. (12 일간)

라. 방문국: 영국, 프랑스, 이태리, 오스트리아, 스위스, 독일

2. 주요 방문 일정

월일	출발지	도착지	연수기관명	연수 내용	비고
1. 6	인천	런던	대영박물관	해상무역강국의 역사 및 유적 탐방 및 미술작품 자료 수집	항공
1. 8	런던	파리	루브르미술관, 베르사유궁전	미술관 자료 수집, 르네상스 역사 자료 수집	버스
1. 10	파리	인터라켄	스트라스부르 옛시가지	중세시대 유적인 구시가지 및 등 인문환경 자료 수집	버스
1. 13	인터라켄	로마	융프라우	산악열차 체험, 알프스의 명봉 마테호른의 자연환경 자료 수집	버스
1. 16	로마	프랑크 프루트	고대로마유적지, 바티칸시국	콜로세움 등 고대유적지 자료 수집, 바티칸성당 견학 및 미켈란젤로 작품 자료 수집	버스
1. 18	베네치아	인천	두칼레궁전, 하이델베르크 성	비잔틴 문화양식의 자료 수집과 운하도시의 환경자료 수집	항공

3. 활동 내용

가. 1일차 런던을 향하여 http://cafe.naver.com/ket21/7933

나. 2일차 런던에서 배운 것들 http://cafe.naver.com/ket21/7934

다. 3일차 파리 기행 – 소매치기와 민주주의 http://cafe.naver.com/
ket21/7935

라. 4일차 파리의 싸움구경 http://cafe.naver.com/ket21/7936

마. 5일차 프랑스 꼴마 http://cafe.naver.com/dongbookhigh/95

바. 6일차 스위스 보고서 http://cafe.naver.com/ket21/7942

사. 7일차 이태리 피사의 사탑 http://cafe.naver.com/dongbookhigh/102

아. 8일차 이태리 바티칸박물관, 베드로성당 http://cafe.naver.com/
dongbookhigh/99

자. 9일차 이태리 피렌체 http://cafe.naver.com/dongbookhigh/101

차. 10일차 이태리 베네치아 http://cafe.naver.com/dongbookhigh/113
~ http://cafe.naver.com/dongbookhigh/117

4. 기타 참고사항 등

여행 팁 모음 – http://cafe.naver.com/dongbookhigh/100

저는 1984년 실업계 사립 고등학교인 인덕공고에서 영어교사 생활을 시작하였습니다. 영어에 흥미와 자신감을 잃은 아이들에게 어떻게 하면 쉽고 재미있게 가르칠 수 있을까 하는 문제에 관심이 많았습니다. 1988년에 사립 인문고인 동북고등학교로 옮겼다가 89년 여름, 전교조 가입으로 해직되었고 4년 반이 지난 1994년 공립학교인 여중으로 복직되었습니다.

고등학생만 가르치다가 중학생을 가르치려니 여간 힘겨운 것이 아니었습니다. 우선 중1의 경우 알파벳부터 가르쳐야 했는데 어떻게 가르쳐야 하는지 노하우가 없었습니다. 또한 여중생을 처음 대하다 보니 수업과 학급운영에 엄청난 애로를 겪었습니다. 이즈음이 이른바 공교육 붕괴가 시작되는 시기이기도 했지만, 교실에서 불과 두세 명 학생만이 수업에 참여하는 충격적인 현실을 접하며 수업준비로 밤 열 시까지 학교에 남아있던 일이 허다했습니다. 그러던 어느 날 수업에 전혀 참여하지 않던 한 학생의 연습장을 넘겨보다가 그 학생이 만화 그리기에 탁월한 소질이 있음을 알게 되었습니다. 그리고 어차피 공부하지 않을 거면 교과서의 단어를 소재 삼아 만화로 그려보라고 인심 쓰듯 종이 한 장을 건넸습니다.

다음 날까지 아이는 15컷의 만화를 그려서 가지고 왔습니다. 격려를 해주려는 의미로 만화 속 단어의 중간 철자 일부를 화이트로 지우고 밑줄을 그은 다음, 학급의 인원수만큼 복사해 수업시간에 나누어 주었습니다.

아이들은 복사물을 나누어주기가 무섭게 만화 퀴즈를 푸느라 고개를 숙인 채 정신없이 빈칸을 채워나갔습니다. 어디선가 째깍째깍 소리가 들려 고개를 돌려보니 벽시계의 초침소리였습니다. 아이들이 얼마나 몰입했던지 시험 때보다 조용해서 시계소리가 들렸던 것입니다. 그토록 산만하던 수업 분위기가 차분해지고 아이들이 집중하여 단어학습을 하는 모습을 보게 되었습니다. 저는 여기서 희망을 보고 이후부터 단어를 외우라거나 몇 번씩 써오라는 과제 대신 양식을 인쇄해 나누어주고 만화를 그려오라는 숙제를 내었습니다.

그야말로 '대박'이었습니다. 반마다 열 장 이상의 이미지 단어 학습지가 만들어지기 시작했습니다. 만화를 보고 단어를 맞추는 것은 학습이 아니라 '놀이play'였습니다. 아이들이 놀이에 참여하면서 스스로 학습하기 시작한 것입니다.

1990년대 말 전교조가 합법화되던 해에 우연히도 근무하던 학교의 영어교사 모두가 조합원이었습니다. 이제부터 뜻을 모아 참교육 모델을 개발해야 한다는 생각을 했습니다. 마침 교육부에서 500만 원의 지원금을 내걸고 현장 연구팀을 공모한다기에 조합원들과 함께 참여하기로 했습니다. 당시에 교실마다 40인치 내외의 프로젝션 TV가 보급되기 시작하던 때라 이를 칠판 대신 활용하는 방법을 연구해 보기로 했습니다. 고급 기술이 아니라 교사들에게 익숙한 한글프로그램을 프로젝션 TV를 활용해 수업하는 기술 등을 개발해서 첫 저작인

『손쉽게 시작하는 ICT 활용교육』(현재 절판)을 출간하게 되었습니다.

　이미지 활용 영어수업이 고등학교에서도 적용이 될까 하는 호기심이 생겨서 고등학교로 내신을 냈습니다. 입시 위주의 교육환경에서 실험을 하고 싶었던 것입니다. 아뿔싸! 막상 고등학교를 가보니 장비가 잘 갖춰져 있지 않았습니다. 하는 수 없이 첫 학기는 전통적인 수업방식으로 진행했습니다. 하던 가락이 있으니 설명을 잘하면 따라오겠지 했지만 학생들이 어찌나 집중을 안 하던지 스트레스로 급성 중이염이 생겼습니다. 이비인후과를 두 달 넘게 다녔는데도 치료가 되지 않자 의사조차 고개를 갸웃할 정도였습니다. 하지만 여름방학 과제를 과감하게 중학교에서 했던 방식으로 부과하자 아이들이 방학 중홈페이지 게시판에 활발하게 과제를 제출하였고, 학생들이 올린 과제를 수업에 활용하면서 학생들의 참여도 활발해지기 시작했습니다. 아이들은 스스로 발전해 교과서에 나오는 단어 만화로 그리기에서 나아가 사진이나 동영상으로 표현하기, 문장으로 표현하기 등 자신이 선호하는 방식으로 표현해 과제를 올립니다. 학생들 스스로 서로의 과제를 감상하고 즐기면서 자발적 학습이 이루어지게 되었습니다.

　미국의 교육학자 마크 프렌스키[Marc Prensky]는 이 세대를 일컬어 'Digital native' 라 명명하고 그 특징 중 하나로 'EOE 세대'라는 표현을 썼습니다. 이는 "Engage me or enrage me"의 첫 글자들을 모아 만든 말로 "수업에 참여시켜주지 않으면 화를 내는 세대"라는 의미입니다. 과제와 수업을 통해 이러한 특성을 이해하게 된 저는 '디지털 신인류'인 학생들과의 소통을 위해 메신저 채팅도 십분 활용하게 되었습니다. 일할 때는 물론 집에 있을 때도 늘 메신저를 켜놓고 아이들이 말을 걸어오면 함께 수다를 떨기도 하고 채팅으로 생활 상담이나 진로상담도 해주게 되었습니다. 채팅을 통해 사이버 영어과외도 했습니다. 학생들이 모르는 것을 질문하면 곧바로 답변해줍니다. 저는 이를 무료과외라 불렀고 채팅한 내용을 온라인공동체에 탑재하니 또 하나의 학습 콘텐츠가 되었습니다. 이런 방식의 수업과 학급운영의 효과를 절실히 느껴 노하우를 공유하고 전파시키고자 2006년 〈참여소통교육모임〉을 창립하여 온라인상에서 서로 이전에 알지 못했던 정보를 공유하기도 하고, 현장의 애로사항을 함께 나누기도 하는 등 많은 도움을 주고받았습니다.

하지만 2007년쯤부터 제가 어떤 식으로 수업하든 자거나 따지거나 수업을 방해하려는 아이들이 종종 생겨났습니다. 참으로 의아했지만 아이들에게 또다른 정서적 변화가 오고 있다는 느낌을 받았습니다. 이때부터 신경정신과 전문의를 초빙해 그런 아이들의 학부모님들과 함께 ADHD, 우울증, 인터넷 중독, 학습부진과 학습장애 등에 대해 공부했습니다. 협동이 아닌 경쟁을 능력이라고 우기는 시대의 억압 속에 아이들이 병들어 가고 있었음을 깨닫게 되었습니다. 2011년 생활지도부장을 맡아 각종 사안을 처리하면서 이 아이들에게 필요한 것은 체벌도 잔소리도 아닌 돌봄과 치유임을 더욱 절실하게 깨달았습니다. 그 마음으로 〈돌봄치유교실〉이라는 온라인 카페를 만들게 되었습니다. 처음에는 주로 새로운 생활교육과 학급운영 방법을 공유했으나, 교사는 수업을 통해 아이들과 대화하는 것이 가장 효과적이고 영향력이 크다는 것을 깨달아 카카오톡으로 수십 개의 교과 방을 개

설해 운영하게 되었습니다. 영어나 국어과의 경우는 참여자 수가 수천 명에 이르게 되었습니다. 처음에는 제가 주로 글을 공유했지만 지금은 방마다 교과별로 특색 있게 자율적으로 운영되고 있습니다.

서울시교육청에서도 돌봄과 치유라는 관점을 바탕으로 한 새로운 생활교육에 주목해주었고 이듬해인 2012년 서울시교육청에 〈비폭력 평화교육컨설팅지원단〉이라는 긴 이름의 직함을 받아 파견교사로 근무하였습니다. 학교폭력 예방과 새로운 생활교육의 전파를 위해 미친 듯이 일한 한 해였습니다. 1년 뒤 학교로 돌아와 다시 학생생활부장을 맡았습니다. 그동안 학교는 '학년 중심 체제'로 시스템이 바뀌어 생활지도부 인원이 최소한으로 줄어 있었습니다. 학교폭력 등의 업무가 과도해서 '멘붕' 상태에 이를 지경이라 정식 절차를 거쳐 학년부와 생활지도부 간의 업무 분담 안을 만들어 요청했으나 끝내 거부당했습니다. 이 일로 깊은 상처를 받아 우울증에 시달려 출근을 못할 지경에 이르렀습니다. 병가를 내고 쉬면서 이 상처는 단순 질병이 아닌 공무에 따른 것이니 공무상 병가를 신청해보기로 했습니다. 보통 과로는 초과근무로 입증을 하지만 제 경우는 학생부 교사 단체대화방의 생생한 대화 기록이 결정적인 역할을 해주었습니다. 채팅 기록을 한글프로그램에 옮겨 편집해보니 A4 용지로 600여 쪽에 이르러 바인더 두 권에 철해 제출했으니까요. 병가 중에 약물치료도 하고 우울증 관련 책을 여러 권 구입해 읽으며 스스로 인지치료를 하고 당일치기 힐링 여행도 다녔습니다. 경춘선과 중앙선 인근의 자전거 도로를 걸으면서 조금씩 몸과 마음이 회복되어 복직을 했지만 동료들에게 받은 상처가 워낙 커서 학교를 옮기고 싶었고 저는 확실하게 떠날 수 있는 방법으로 중학교로 가는 길을 택했습니다. 교사들이 고등학교를 선호하는 경향이 있어 중학교로 가는 것은 수월했기 때문입니다.

우여곡절 끝에 다시 찾은 중학교 아이들은 또 십 년 전 아이들과 많이 달라 보였습니다. 중학교는 주당 수업시수도 많아 육체적으로 힘겹게 지내던 중 〈자율연수휴직〉이라는 무급휴직제도가 시작되었습니다. 이 제도는 제가 교육감 공약으로도 요청해 서울의 경우에는 진보, 보수 측 모두 공약으로 채택이 되었던 것인데 국회 보좌관이던 후배의 도움으로 입법 발의되어 통과된 제도입니다. 당연히 저도 신청을 했습니다. 이 기간에 여행을 많이 다녔습니다. 더운 여름방학, 추운 겨울방학이 아닌 봄·가을의 여행은 환상적이었습니다. 특히 제주도에는 교사 연수 요청이 있을 때마다 2, 3일 일정으로 가서 일곱 차례나 올레길 걷기를 함께했습니다. 하지만 여행보다 더 중요한 제 삶의 전기가 있었습니다. 산행 중에 알게 된 약초꾼이 약초 산행을 한번 같이 가지 않겠냐는 제안을 하여 따라나선 일입니다. 볕 좋은 봄에 산속에서 새소리, 물소리를 들으며 좋은 약초를 찾아다니다 보니 교직에 들어와 수십 년 묵은 체증이 다 내려가는 듯했습니다. 깊은 산을 거닐며 직접 채취한 십여 종 약초로 달인 물을 매일 마시고, 일 년 넘게 담가둔 약초 술을 골라 마시다보니 많이 건강해졌습니다.

잘 쉬고 복직했다 싶었는데 그만 자연에 대한 상사병에 걸리고 말았습니다. 맑은 날 오후면 산속을 소요하던 모습이 아른거리고 가슴이 답답합니다. 탈출 방법을 찾던 중에 시간선택 근무제가 법적으로 가능함을 알게 되었습니다. 두 교사가 일주일을 절반씩 나누어 근무하는 제도인데 2, 3일만 근무할 수 있어 저에게 안성맞춤인 제도지요. 교육청에 이 제도의 시행을 요청했지만 잘 안 되었습니다. 법적으로는 가능하나 행정적으로 어렵다는 답변만 들었습니다. 남은 치료법은 자연으로 돌아가는 것뿐이었고 명예 퇴직을 결심하게 되었습니다.

교사 연수 때마다 강의 마지막에 선생님들과 함께 구호를 외치곤 했지요.

"돌봄과 치유로 명퇴 말고 정퇴하자!"

아이들을 돌보고 치유하면서 끝까지 버텨보자는 뜻이었지요. 그러던 제가 명퇴를 하게 되어 참 민망하고 송구스럽습니다.

어머니의 노환도 점점 심해져 요양보호사의 도움만으로는 부족해 가족 중 누군가의 도움이 필요한 시기가 되었습니다. 그동안 학생들을 돌보는데 전력을 다했다면 이제는 저 자신과 가족을 돌보고 치유할 때가 된 셈이죠. 교육 현장에서 힘들고 지친 선생님들도 돕고 싶습니다. 지금까지는 학생들의 낯선 행동을 이해하고 대응하는 방법을 연구했다면 이제는 치매 노모의 낯선 행동들을 이해하고 대응하는 방법을 연구하고 보급하려고 합니다.

이 책은 제 35년 교직의 구비에서 만난 아이들, 학부모, 동료교사와의 사연을 담은 것입니다. 책이 나오도록 지원해준 에듀니티 식구들에게 감사한 마음입니다.

교정과 윤문을 봐준 우리 가족에게도 감사합니다. 교직의 동반자가 되어준 〈참여소통교육모임〉 동료들, 〈돌봄치유교실〉 운영진에게도 감사드립니다. 함께 해직되었던 그리고 앞으로도 평생 함께할 친척보다 더 가까운 동북고 가족도 고맙습니다.

비록 퇴직은 하지만 저의 다음 근무지 역시 학교입니다.

숲속학교!

그 학교 소식을 전해드리겠습니다.

간간이 그동안 강의해온 〈영포자 없는 영어 수업〉, 〈까칠한 자녀와의 소통법〉, 〈학부모와의 소통법〉, 〈교직 사회 갈등해결법〉 등도 책으로 정리해 올리겠습니다.

〈돌봄 · 치유 · 성장〉을 위한 참고 자료

1. 단행본

- 『가르칠 수 있는 용기』 파커 J. 파머, 한문화, 2000
- 『갈등해결의 지혜』 강영진, 일빛, 2009
- 『감성교육』 송형호·홍영미 외, 즐거운학교, 2013
- 『감성지능』 대니엘 골먼 지음, 황태호 옮김, 비전코리아, 1996
- 『강점지능 살리면 뜯어 말려도 공부한다』 다중지능연구소, 아울북, 2006
- 『강함과 부드러움의 조화를 이룬 생활교육』 송형호 외, 서울교육과학정보연구원, 2010
- 『결정적 순간의 대화』 조셉 그레니 외, 시아, 2007
- 『공부하는 사람들』 손지선·송형호, 라이팅하우스, 2013
- 『교사상처』 김현수, 에듀니티, 2013
- 『교사역할훈련(T.E.T)』 토머스 고든, 양철북, 2003
- 『교사와 학생 사이』 하임 기너트, 양철북
- 『교사의 마음을 제대로 전하는 대화의 기술』 카우치 슈워, 양철북, 1996
- 『교실 밖의 아이들』 초등교실상담연구회, 즐거운상상
- 『교육과정을 통한 학교폭력예방교육』 송형호·우선하 외, 서울교육과학정보연구원, 2013
- 『교직과 교사』 이윤식 외, 학지사, 2007
- 『긍정심리학』 마틴 셀리그만 지음, 김인자 옮김, 물푸레, 2009
- 『긍정의 훈육』 시리즈, 제인 넬슨 외, 에듀니티, 2016
- 『남자아이 여자아이』 레너드 삭스 지음, 이소영 옮김, 아침이슬, 2007
- 『다시 태어나는 중년』 이상춘, 한문화출판사, 2009
- 『다중지능』 하워드 가드너, 지식하우스, 2007
- 『단호한 훈육』 Lee Canter, 학지사, 2013
- 『부모와 아이 사이』 하임 G. 기너트, 양철북

- 『리틀몬스터-교수가 된 ADHD 소년』 Robert Jergen, 학지사, 2005
- 『문제행동 예방 및 대응을 위한 생활지도 매뉴얼』 강은정 외, 교육부, 2013
- 『사과 솔루션』 아론 라자르, 지안, 2009
- 『사회적 기술과 감성코칭』 송형호 외, 서울교육과학정보연구원, 2011
- 『선생님의 심리학』 토니 험프리스, 다산초당, 2009
- 『설득의 심리학』 로버트 치알디니, 21세기북스, 2007
- 『소녀들의 심리학』 레이철 시먼스, 정연희 옮김, 양철북, 2011
- 『스마트폰 중독 이렇게 극복하라』 박종연, 혜성출판사, 2013
- 『스스로 도전하는 아이의 인생에는 막힘이 없다』 EBS, 거름, 2007
- 『슬픈 아이들의 심리학』 재니스 A. 디 차아코, Human & Books
- 『심리학, 열일곱 살을 부탁해: 대한민국 10대를 위한 유쾌한 심리학』 이정현, 걷는나무
- 『아이의 사생활 1,2,3』 EBS <아이의 사생활> 제작팀, 지식채널, 2016
- 『어울림 학교폭력예방 프로그램』 우선하 외, 한국교육개발원, 2013
- 『엄마, 외로운 거 그만하고 밥먹자』 장차현실, 한겨레신문사
- 『엄마의 마흔 번째 생일』 최나미, 청년사
- 『유쾌한 우울증 생활』 우에노 레이, 열린세상, 2007
- 『열받지 않고 십대와 싸우는 법』 루이즈 펠튼 트레이시 지음, 이양준 옮김, 글담, 2003
- 『우리 아이 자존감의 비밀』 조세핀 킴, 비비북스, 2011
- 『위기의 학교』 닉 데이비스, 이병곤 옮김, 우리교육, 2007
- 『왜 학생들은 학교를 좋아하지 않을까』 대니얼 T. 윌링햄, 부키, 2011
- 『용서의 기술』 딕 티비츠 지음, 한미영 옮김, 알마, 2008
- 『욱하는 성질 죽이기』 로널드 T. 포터 에프론, 전승로 옮김, 다연, 2014
- 『위기관리 커뮤니케이션』 티모시 쿰즈, 커뮤니케이션북스, 2001
- 『은퇴 후 40년 어떻게 살 것인가』 전기보, 미래지식, 2013
- 『이제는 제대로 화내고 싶다』 오가와 히토시, 비전코리아, 2013
- 『이혼, 부, 모, 아이들』 리처드 A. 워샥, 황임란 옮김, 아침이슬
- 『자율통제교실(The Self-control Classroom)』 송형호 외, 서울시교육청, 2009

- 『젊음의 코드를 읽는다』 가야마 리카, 황금가지, 2005
- 『청소년 감정코칭』 최성애·조벽, 해냄, 2012
- 『치유하는 글쓰기』 박미라, 한겨레출판, 2009
- 『칭찬은 고래도 춤추게 한다』 켄 블랜차드, 21세기북스, 2003
- 『팔로워십, 리더를 만드는 힘』 신인철, 한스미디어, 2007
- 『하이파이브』 켄 블리차드, 21세기북스, 2001
- 『학급경영의 원리』 제임스 레빈, 시그마프레스, 2008
- 『학대받는 아이에서 학대하는 어른으로』 낸시 벤벵가, 생활성서, 2003
- 『화성에서 온 남자 금성에서 온 여자』 존 그레이, 동녘라이프
- 『행복을 훔치는 도둑 우울증』 토르실 베르게, 문예출판사, 2007
- 『훈육의 새로운 이해』 알피 콘(Alfie Kohn), 시그마프레스, 2005
- 『훈육의 심리학』 토니 험프리스, 다산초당, 2010
- 『훌륭한 교사는 무엇이 다른가』 토트 휘태커, 지식의날개, 2012
- 『회복탄력성』 김주환, 위즈덤하우스, 2011
- 『행복한 교실을 위한 희망의 심리학』 김현수, 에듀니티, 2010
- 『ADHD의 이해』 크리스토퍼 그린, 민지사, 1999
- 『All Children Successful』 Vito Germinario, Technomic Pub., 1992
- 『Antisocial behavior in School』 Walker, Thomson, 1995
- 『Assessment Literacy』 Richard J., Stiggins, Phi Delta Kappan, 1991
- 『Beyond Standardized Testing: Assessing Authentic Achievement in the Secondary Schools, Reston, VA: National Association of Secondary School Principals.』 Archbald, D.A. & Newman, F.M., 1988
- 『Cooperative Discipline』 Linda Albert, Ags Pub., 1996
- 『Dealing with difficult parents: (and with parents in difficult situations)』 Todd Whitaker, Douglas J. Fiore, Eye on Education, 2001
- 『How to Deal With Parents Who Are Angry, Troubled, Afraid, or Just Plain Crazy』 Elaine K. McEwan-Adkins, Corwin Press, 2005
- 『Learner-centredness as Language Education』 Ian Tudor, 1996, Cambridge University Press

- 『Maintaining Sanity in the classroom, Accelerated Development』 Rudolf Dreikurs, Philadelphia, 1998
- 『Managing Difficult, Frustrating, and Hostile Conversations: Strategies for Savvy Administrators』 Georgia J. Kosmoski, Corwin Press, 2005
- 『The Self-Control Classroom』 Levin & Shanken-Kaye, Kendall/Hunt Publishing Co., 1996
- 『The self-directed learning handbook: challenging adolescent students to excel』 Gibbons, M., San Francisco: Jossey-Bass, 2002
- 『Social Marketing』 Philip Kotler, Sage, 2002
- 『What Great Teachers Do Differently』 Todd Whitaker, Eye on Education Inc, 2004

2. 연구논문과 강의원고

- 고광삼, 2013, 「교사의 마음소진」, 돌봄치유교실 (http://cafe.naver.com/ket21/6074)
- 고광삼, 2013, 「문제행동의 이해 및 대처」, 돌봄치유교실 (http://cafe.naver.com/ket21/6115)
- 고광삼, 2013, 「인권 중심의 생활지도」, 돌봄치유교실 (http://cafe.naver.com/ket21/6066)
- 고광삼, 2013, 「학교폭력사안 발생시 학생 및 학부모 상담법」, 돌봄치유교실 (http://cafe.naver.com/ket21/6012)
- 송형호, 2007, 「참여소통을 통한 학교폭력예방 전략」, 교육인적자원부
- 송형호, 2010, 「진로탐색과정으로써의 교외체험학습 및 봉사활동 운영모델 개발 및 적용」, 한국청소년정책연구원
- 송형호, 2012, 「학력제고의 비학습적 요인 연구」, 돌봄치유교실 (http://cafe.naver.com/ket21/2525)
- 오은진, 2013, 「언어폭력, 집단 따돌림 사안처리」, 돌봄치유교실

(http://cafe.naver.com/ket21/5629)

- 윤성관, 2007, 「**참여소통(Participation and Communication) 학습을 통한 수행평가 방안 연구**」, 동국대학교 석사학위논문
- 정명옥, 2012, 「**따돌림 예방 및 해결모색**」, 돌봄치유교실
  (http://cafe.naver.com/ket21/1919)
- 조두형, 2007, 「**참여와 소통을 위한 사이버커뮤니티 활용 한국근현대사 수행평가 사례연구**」, 서울시립대학교 석사학위논문
- 조영란, 2004, 「**영어교과 사이버 커뮤니티 활용을 통한 중학생의 자기 주도적 영어 읽기 학습 효과**」, 한국교원대학교 교육대학원 석사학위논문

3. 참고 사이트

- **돌봄치유교실** http://cafe.naver.com/ket21
- **참여소통영어교육모임** http://ket21.com
- **SCC 멀티사전** http://sccdic.org
- **참여소통교육모임** http://chamtong.org